MAPA DA RIQUEZA

Aline Elisângela Schulz

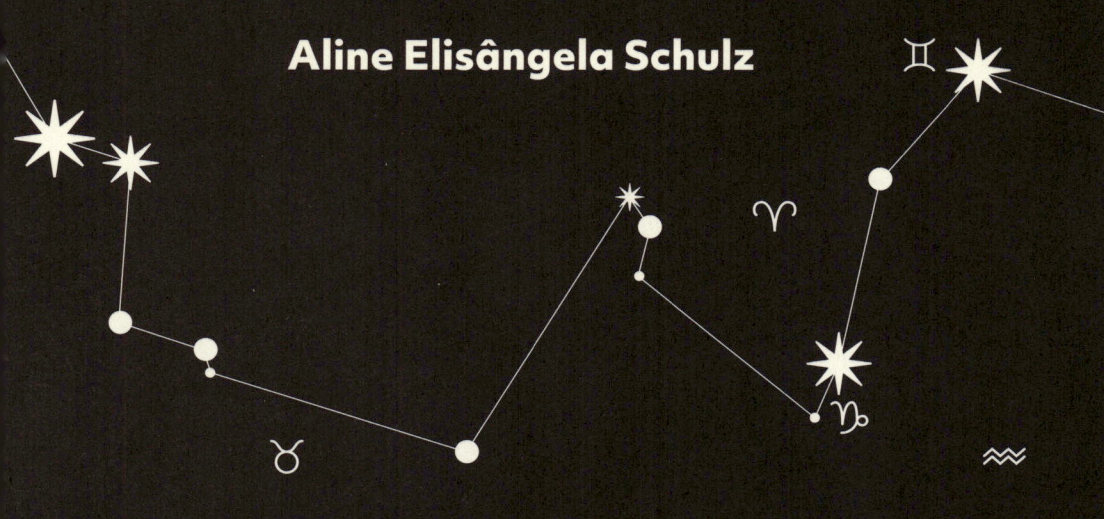

MAPA DA RIQUEZA

Ative o poder oculto do seu signo
e enriqueça mais rápido

Luz da Serra
EDITORA

Nova Petrópolis/RS - 2019

EDIÇÃO: Luana Aquino

REVISÃO: Kamila Wozniak e Gislaine Monteiro

CAPA E PROJETO GRÁFICO: Natália Corrêa

Dados Internacionais de Catalogação na Publicação (CIP)

S388m   Schulz, Aline Elisângela.

Mapa da riqueza : ative o poder oculto do seu signo e enriqueça mais rápido / Aline Elisângela Schulz. – Nova Petrópolis : Luz da Serra, 2019.

240 p. ; 23 cm.

ISBN 978-85-64463-82-0

1. Autoajuda. 2. Astrologia. 3. Riqueza. 4. Signos. 5. Desenvolvimento pessoal. 6. Autoconhecimento.

I. Título.

CDU 159.947
CDD 158.1

Índice para catálogo sistemático:

1. Autoajuda   159.947

(Bibliotecária responsável: Sabrina Leal Araujo – CRB 8/10213)

Todos os direitos reservados. Nenhuma parte desta obra pode ser reproduzida ou transmitida por qualquer forma e/ou quaisquer meios (eletrônico ou mecânico, incluindo fotocópia e gravação) ou arquivada em qualquer sistema ou banco de dados sem permissão escrita da Editora.

Luz da Serra Editora Ltda.
Avenida 15 de Novembro, 785 – Centro
Nova Petrópolis / RS – CEP 95150-000
www.luzdaserra.com.br
www.luzdaserraeditora.com.br
Fone: (54) 3281.4399 / (54) 99113-7657
editora@luzdaserra.com.br

DEDICATÓRIA

Dedico este livro a todos os internautas que me seguem nas redes sociais, em especial, aos que me acompanharam nas Maratonas dos Signos e no Desafio Impacto Astrológico, em meu canal do *YouTube*.

A cada pessoa que já apresentei seu mapa astral, pessoas que já me escutaram falar, inúmeras vezes, sobre como conhecer mais sobre este tema as ajudaria a se libertar de situações recorrentes, entender mais sobre suas vidas, além de compreender o motivo dos seus desafios.

A todas as pessoas que desejam tornar a riqueza uma realidade permanente em suas vidas; que sabem que estão a um passo de alcançar algo que já é seu, que já existe; porém ainda não chegaram lá.

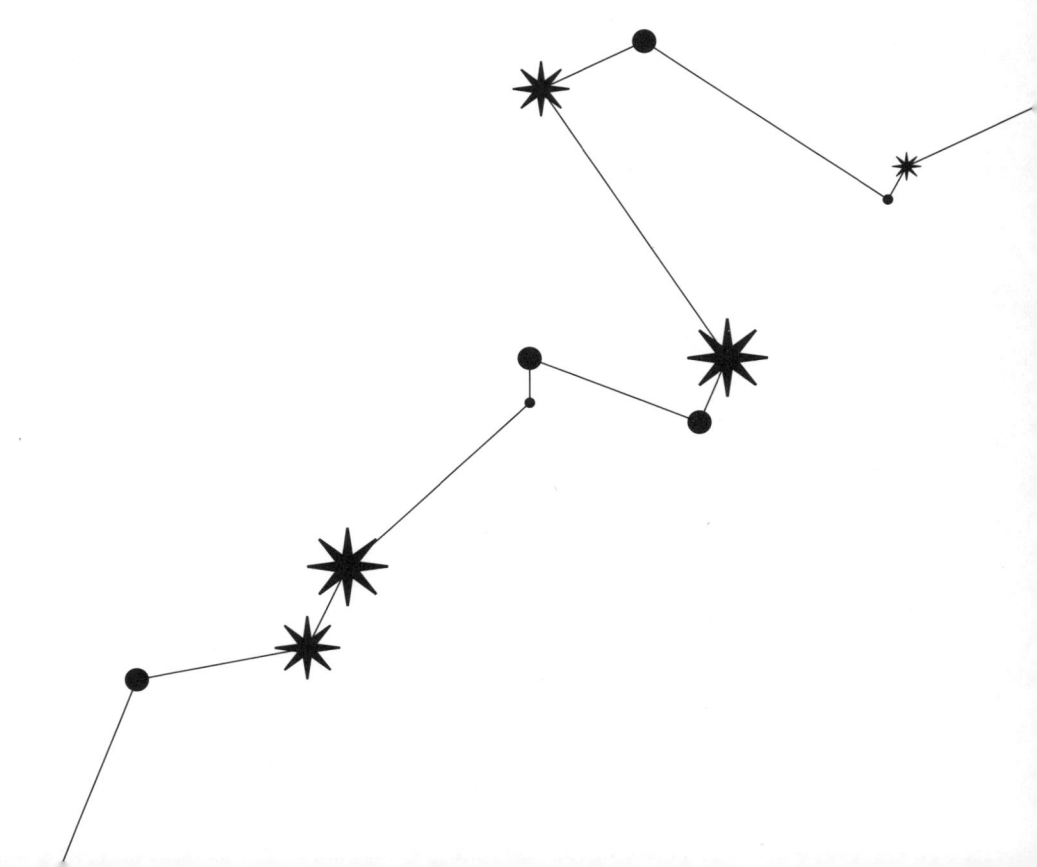

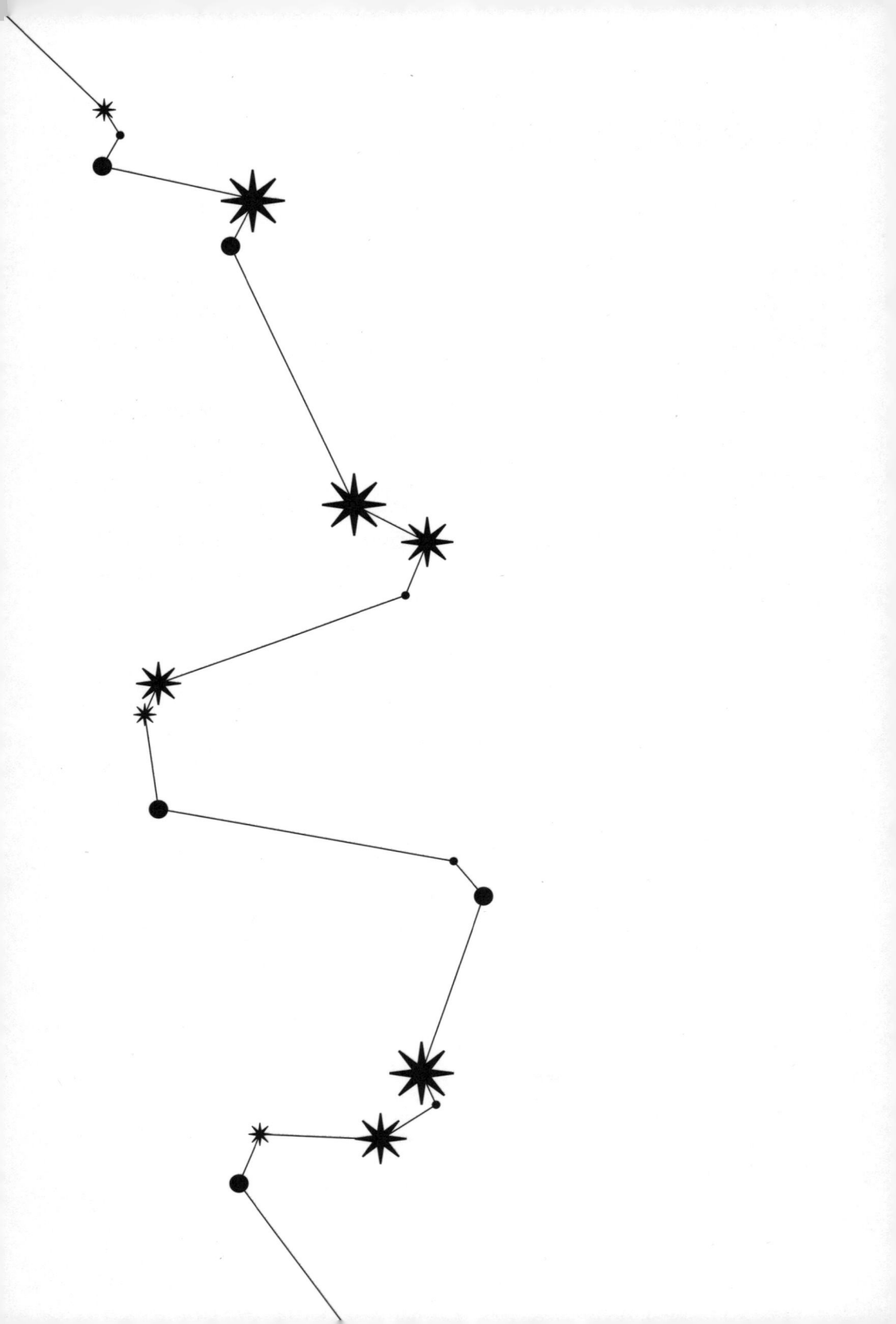

AGRADECIMENTOS

Agradeço, inicialmente, a Deus. Não posso deixar de agradecer também à minha família, aos meus pais, Roque e Vera Schulz, que são um grande exemplo para mim. Aos meus irmãos, Cassiano e Ceres Schulz, que, desde sempre, me escutaram falar sobre Astrologia, e me autorizaram a olhar seus mapas, de seus cônjuges, de seus filhos... Juntos, analisamos nossos carmas astrológicos familiares, em reuniões e rodas de conversa em família.

Quero agradecer às pessoas que acreditaram em mim, como o Bruno Gimenes (o primeiro a ver em mim a paixão pela Astrologia, a notar o quanto o meu semblante mudava ao falar sobre este tema, e a me perguntar algo que, hoje, parece óbvio: "por que você não trabalha com isso?"), à Patrícia Cândido, ao Paulo Henrique Trott Pereira, ao Daniel Camargo, à Rackel Accetti, à Luana Paula de Aquino, e a todos do Grupo Luz da Serra. Agradecer, igualmente, ao Rodrigo Teixeira. Obrigada pelo carinho, profissionalismo e comprometimento em fazer esta obra chegar às mãos das pessoas do mundo inteiro.

Quero agradecer a todos que se consultaram, fizeram cursos, assistiram às minhas palestras, compartilharam os meus vídeos, e postaram, gentilmente, a sua contribuição em cada conteúdo disponibilizado.

Meu carinho e gratidão à Ceres Schulz e à Maria Cristina Brito Vieira, que pararam tudo o que estavam fazendo para contribuir com buscas e pesquisas para a primeira versão deste livro. À Juliana Xavier, pela sua parceria e carinho em tantos projetos astrológicos juntos. Igualmente, ao Ivan Celso, que entendeu o meu sumiço, por estar escrevendo este livro.

E, por último, mas não menos importante, a toda a equipe da empresa que fundei – a Caminho Solar, que, hoje, também é um meio para a propagação desses conhecimentos. Agradeço, de todo o meu coração, a quem trabalha ou já trabalhou comigo.

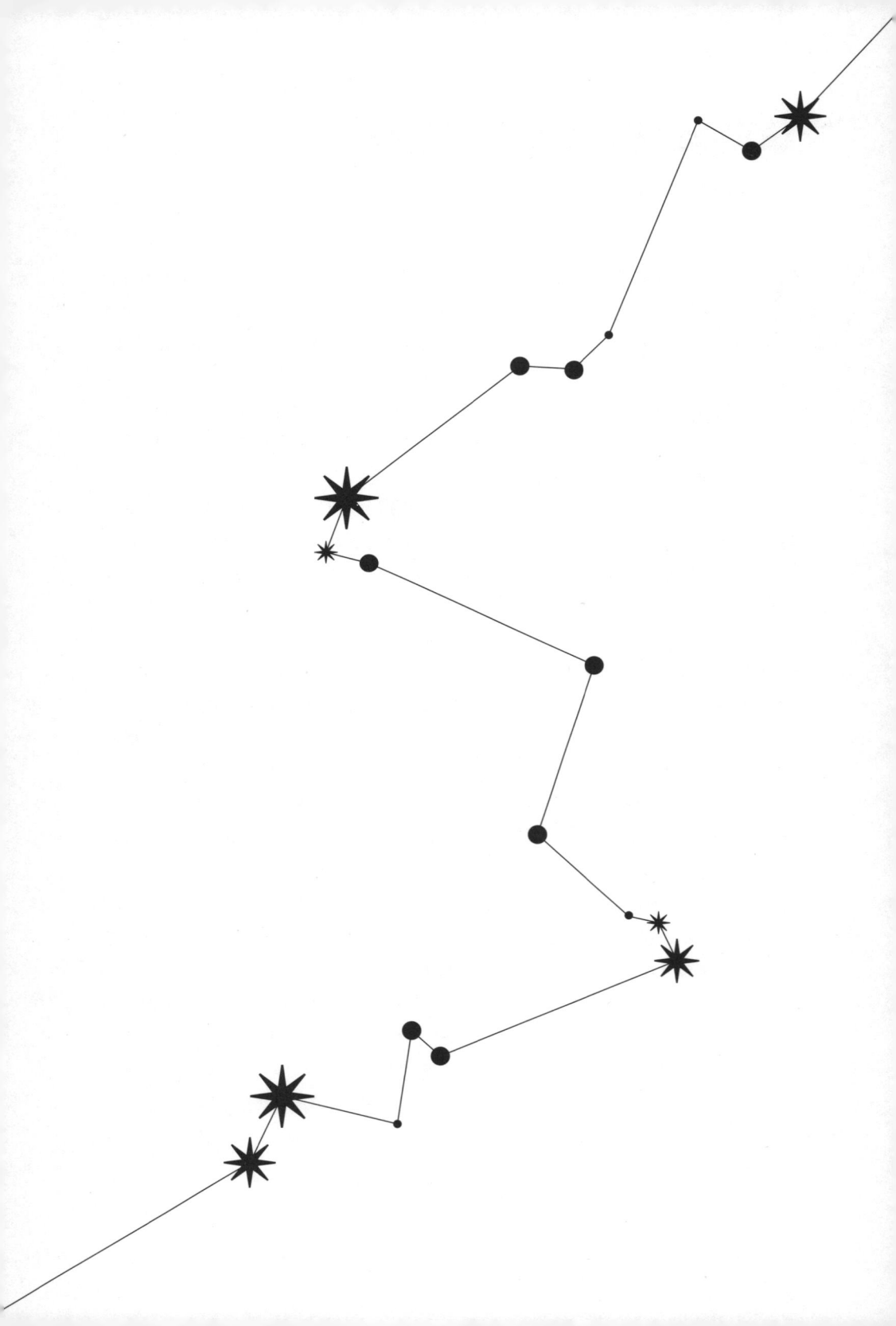

SUMÁRIO

11
CONHEÇA A MINHA JORNADA

57
ÁRIES

71
TOURO

85
GÊMEOS

99
CÂNCER

113
LEÃO

127
VIRGEM

141
LIBRA

155
ESCORPIÃO

169
SAGITÁRIO

183
CAPRICÓRNIO

197
AQUÁRIO

211
PEIXES

225
O GPS QUE VAI ENCURTAR O SEU CAMINHO DA RIQUEZA

235
A RIQUEZA ESTÁ EM SUAS MÃOS

239
REFERÊNCIAS

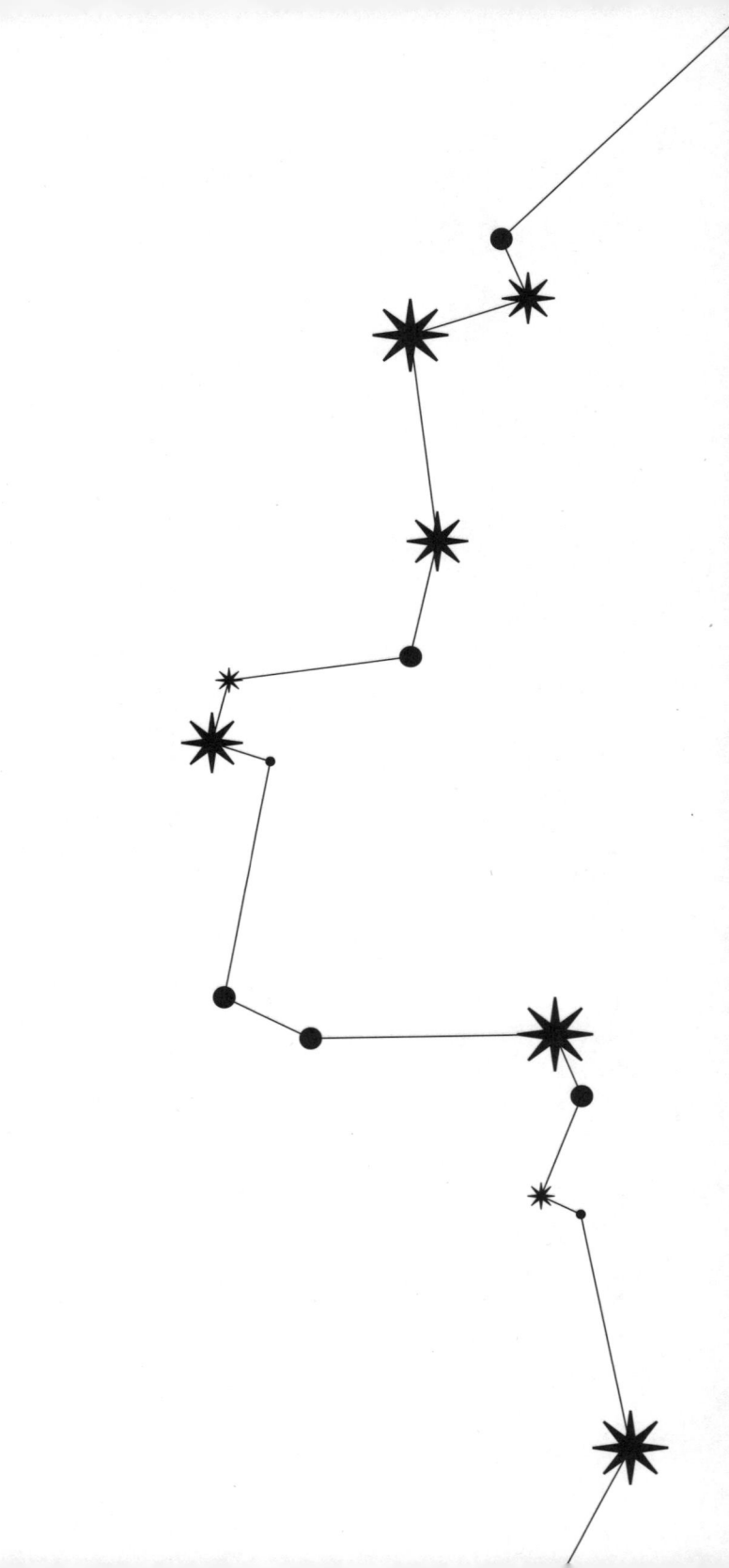

CONHEÇA A MINHA JORNADA

Imagine a seguinte cena, que ocorreu anos atrás, na sala da minha casa. Sobre a mesa, uma pilha de contas por vencer. Eu, respirando fundo, para não entrar em pânico. A minha vontade era de sair correndo. Entretanto, adiantaria fugir? Eu precisava encarar aquilo e buscar uma solução.

Em silêncio, pensava comigo mesma: *Assim não dá mais...*

Quem me olhava, sequer imaginava que, dentro de mim, havia um vulcão em erupção.

Perguntava-me: *E agora, Meu Deus. Amanhã vencem as minhas contas, e não tenho todo o dinheiro para pagá-las. O que faço? Onde estou errando? O que não estou vendo? Mostre-me, por favor.*

Você já passou por uma situação semelhante a essa?

Confesso: não é nada bom.

A sensação é muito ruim, de impotência e desespero.

A vontade é de dizer para o Universo: *Para tudo, assim não dá!*

Muitos anos se passaram e, de lá para cá, muita coisa mudou.

Atualmente, milhares de pessoas, em nosso país – e fora dele – são tocadas pelo conteúdo que produzo, seja em meu canal no *YouTube*, seja no *site* (www.caminhosolar.com.br), no *Instagram* (@alineschulz), no *Facebook*, através dos livros, cursos, palestras, imersões *on-line* e presenciais.

Há anos, venho ensinando a importância de se ter uma vida organizada, onde tudo esteja no seu devido lugar, para que ela possa deslanchar. E isso não apenas nas finanças, mas também nos relacionamentos, com o intuito de se conhecer melhor, detectar crenças que o impedem de ir além, e ser próspero, saudável, feliz; para servir de fonte de inspiração para as demais pessoas e viver uma vida com sentido.

Caso queira saber como ser uma dessas pessoas, gravei uma aula gratuita para você que adquiriu este livro. Para assistir, basta acessar ***aulacomaline.com.br***. Afinal, se depender de mim, ninguém vai experimentar o que senti naquela época!

Uma das primeiras coisas que notei é que, como pisciana, as minhas motivações nessa área eram diferentes, como: ter dinheiro "por ter", sem um forte motivo, não me fazia agir.

Logo, percebi que a falta da compreensão do "real" poderia ser o principal agente para que as pessoas não enriquecessem mais rápido. Por isso, não acredito que exista apenas um único caminho para essa conquista, não faria sentido algum; até porque, somos muito diferentes uns dos outros.

E por sermos tão diferentes, como poderíamos acreditar que existe apenas uma porta a ser aberta por todos nós, para enriquecermos? Por sermos diferentes, as nossas necessidades também são distintas e, se cada um possui obrigações diversas, o que leva você a agir, tende a não ser a mesma motivação do seu vizinho, ou dos seus pais, ou dos seus irmãos e amigos.

Quando entendi essa questão, foi uma revelação!

Esse fato marcante fez com que eu olhasse para a minha vida, para a minha forma de lidar com o dinheiro, para toda a minha história, e para as pessoas presentes nela (além dos seus exemplos); enfim, tudo o que a cultura deixou marcado em mim, e abriu os meus olhos!

Você sabe quando acontece algo muito bom e que muda a sua vida? Era o que havia acontecido comigo, e eu não podia guardar apenas para mim. Por essa razão, decidi compartilhar isso com você, por meio deste livro. No entanto, o que quero é ir além; transformar este material em um manifesto: "Abaixo, o nivelamento do ser humano!".

Enfim, desejo erguer a bandeira: "Respeite as nossas diferenças, e entenda que o resultado e a riqueza serão consequências naturais deste primeiro passo: 'respeitar a sua essência'".

O que motiva você a ser rico, não necessariamente irá motivar o outro. Cada um tem uma chave! Precisamos encontrá-la dentro de nós, para agirmos em direção à nossa riqueza. Enquanto você não respeitar a sua "vontade raiz" de enriquecer, ou seja, a sua motivação primordial, nada deslancha ou permanece em sua vida.

Quando fiz isso, a minha vida mudou radicalmente! E, ao longo desses mais de 14 anos de atuação na área de desenvolvimento pessoal, milhares de pessoas têm aprendido sobre isso comigo; aplicado e replicado.

Para ir além na minha própria vida, e estimular a quem me procura a fazer o mesmo, me cerquei (e ainda continuo, nunca irei parar!) de técnicas.

São ferramentas que utilizo para ajudar as pessoas a despertarem para o que, de fato, está afetando a vida financeira delas. Afinal, trata-se de um dos problemas mais recorrentes que observava dentro do consultório e, hoje, percebo também nas pessoas que participam das palestras, presenciais e *on-line*, que ministro.

Vi muitas questões serem trazidas à tona:

* Como ter paz em casa, se não tenho certeza se vou conseguir pagar minhas contas no fim do mês?

* Como relaxar, sabendo que o meu filho está doente e precisa de um médico (ou um tratamento), mas não tenho condições de pagar?

* Como não descontar no cartão de crédito toda a insatisfação de não ser amada como eu mereço?

* Como conquistar um salário melhor no trabalho, sem parecer um "puxa-saco" ou mesmo me corromper?

* Por que a minha vida financeira não deslancha?

* Como posso ser feliz, devendo para o meu cunhado, para o banco, ou para o agiota?

Não sei se você me conhece ou acompanha o meu trabalho. Caso não saiba, sou filha de professor e, por isso, você já deve imaginar que a minha vida nunca foi folgada financeiramente; muito pelo contrário. No entanto, também não posso me queixar, até porque, nunca nos faltou nada, já que os meus pais sempre deram "um jeito" de nos proporcionar o que precisávamos.

A minha mãe era (e continua sendo) a verdadeira empresária da casa, sempre tinha tudo na ponta do lápis: recebimentos, despesas, extratos e pagamentos; controlava tudo. O meu pai delegou a ela essa responsabilidade, que até hoje se mantém.

Dou risada ao escrever isso, porque ainda é assim; ele não faz nada sem perguntar a ela. Confesso que, toda vez que agiu diferente, o resultado não foi dos melhores: de comprar presentes sem qualidade, de errar no gosto da pessoa etc. Para não ser injusta, reconheço que ele tem um coração gigante, porém o seu desafio é saber dizer "não". Portanto, negociar é com a minha mãe, e ponto!

Somos entre três irmãos vivos; um não ficou. Quando o meu irmão nasceu, precisou de várias intervenções e cirurgias, o que nos fez passar por apuros financeiros. Por isso, imagino como seja para você, que precisa de grana para pagar o tratamento do seu filho, mas não tem condições. Talvez, já tenha passado pela mesma situação que os meus pais, de vender as coisas de dentro de casa, para conseguir pagar algo.

Estou contando isso, para que você olhe para mim e não pense que nasci em "berço esplêndido".Pensou, né?!

Nada contra quem nasceu, mas não nasci. Muito pelo contrário!

Cheguei a vender brigadeiros, para ajudar a pagar minha faculdade; além de livros de concursos na porta dos bancos. E está tudo bem!

Posso fazer uma pergunta? Você já teve aquela sensação de querer, e não poder? Aquele sentimento de "querer fazer parte", mas ficar excluído, seja porque não tinha o mesmo tênis de marca que os colegas de escola; seja de ir comer seu lanche escondido, no banheiro, pois o trouxe de casa, ou era algo muito diferente do que os colegas comiam no recreio.

Eu já passei por essa situação, e sofri *bullying* por causa disso. Na minha época, ainda não tinha esse nome "chique" de hoje, mas acredito que você, ao relembrar o seu tempo de escola, tenha percebido que *bullying* sempre existiu.

Agora, olhando para o meu passado, percebo que era engraçado; pois, vira e mexe, nós estávamos no meio de pessoas ricas, que tinham mais condições financeiras. Alguns, inclusive, eram nossos parentes.

Notava que algumas dessas pessoas não eram felizes, e me perguntava: "Mas como, se elas tinham tudo?".

Cheguei à conclusão de que elas só tinham dinheiro, mas não riqueza – e muito menos prosperidade – que é algo bem maior do que apenas dinheiro; muitas, eram até mal-agradecidas, ranzinzas, nada generosas ou acolhedoras.

Hoje, percebo, ali, um recado do Universo; um pedido para eu prestar atenção. Por um lado, ele me mostrou que focar a vida em: "ter apenas dinheiro", não preencheria o "vazio" no meu peito; por outro lado, despertou em mim a vontade de ir em busca da minha riqueza, de poder comprar algo para mim, viajar de vez em quando, de parar de me contentar em somente "honrar as contas". Enfim, de alcançar a liberdade de quem tem lastro, que planeja a sua vida a médio e longo prazo, que vive com tranquilidade e aproveita as oportunidades para expandir, também, na área financeira.

No meio disso tudo, algo sempre esteve presente: uma característica minha, natural, de querer compreender o porquê detrás de cada situação vivida pelas pessoas.

Sempre observei muito. Por isso, brinco que me vejo, até hoje, uma Sherlock Holmes, no sentido da vida. Amo descobrir o que há por trás da nossa existência, por ela ser assim; de investigar seus acordos firmados, a fim de vivê-los no aqui e no agora, e na matéria também.

Sou uma buscadora incansável do equilíbrio dos nossos 4 Pilares de Vida, pois acredito que precisamos ir além do que nos ensinaram, principalmente, quando o que aprendemos não mais explica o que sentimos, atraímos ou vivemos de forma tão sofrida, dolorosa e triste.

Em razão disso tudo, por mim (e através de mim), cerquei-me de pessoas e de várias técnicas que auxiliassem na mudança das minhas crenças, pensamentos, regras de vida, e ainda a ser um canal que ajudasse as pessoas a reorganizarem suas vidas, a verem o que não viam, a encontrar algum "ponto escuro" das suas vidas, trazendo clareza para os seus próximos passos.

Pense em algo que você almeja muito. Pensou?

Você só vai conquistar tudo isso se também olhar para o que diz respeito ao Pilar da Matéria (explico sobre os demais pilares na aula disponível neste link: **aulacomaline.com.br**): dinheiro, estrutura de vida, saúde, atitudes e comportamentos. Caso contrário, qualquer iniciativa se torna frágil, sem base para ampliar e ir além do que você imagina atualmente.

E eu lhe digo: você pode ir tão mais além!

Quando compreendi que o que move cada um é de nós diferente, e que estaria ali a "chave" para abrir a porta da riqueza, olhei mais atentamente para a minha vida, e para cada um que chegava até mim.

Especializei-me em várias formas de decodificar situações, pessoas e lugares. Neste momento, criei o Método dos Acordos Espirituais – o Oráculo Terapêutico; tornei-me Psicoterapeuta Reencarnacionista, Astroterapeuta, Mentora e Consultora de Vida, e especialista em resgatar o brilho nos olhos das pessoas. Passei, então, a ajudá-las a "desmanchar os nós", a partir da compreensão do real motivo de eles estarem presentes na sua existência.

A Astrologia tem sido uma das maneiras mais didáticas, divertidas e educativas para revelar os pontos altos das nossas vidas, além daqueles que requerem mais atenção da nossa parte, a fim de superá-los. É engraçado perceber que nem todos valorizam (ou acreditam) na Astrologia; porém todos, sem exceção, sabem qual é o seu signo.

Pensando nisso, trouxe, aqui, uma bem-humorada abordagem, que trará as 12 chaves decodificadoras do comportamento humano; as 12 diferentes concepções de enxergar a vida, e que serão decisivas na hora de entender o que, de fato, motiva você a dar passos significativos rumo à riqueza.

Afinal, enquanto Aquário ama a liberdade que o dinheiro traz; Touro precisa dele para ter qualidade de vida; Câncer para se sentir seguro; Peixes para viver a sua missão na Terra; Áries para aprender a ser mais cauteloso; o que é o oposto, no caso de Virgem, que é aprender a relaxar; de reconhecer em si a capacidade para várias fontes de renda, de Gêmeos; de não gastar tudo na melhor promoção, né libriano?; ou mesmo naquela marca famosa, né leonino?

Sendo assim, este livro é um verdadeiro Mapa da Riqueza! Tudo de forma simples, descomplicada e objetiva.

O que atrapalha ou faz o seu dinheiro escorregar por entre os dedos (RALOS); o que você precisa cuidar (INIMIGOS); com quem, e onde, estão as suas maiores chances (ALIADOS) de enriquecer mais rápido; além de dicas e orientações preciosas (CONSELHOS DO MESTRE) para que você chegue, mantenha e alcance aquilo que considera ser o seu tesouro.

Desde já, recomendo que encare esta obra como uma forma gostosa de repensar a sua vida financeira: a maneira como lida com o dinheiro, como gasta, como guarda... Sim! Esse será o seu ponto de partida para ressignificar a sua relação com o Pilar Material.

Lembrando que irei abordar, neste livro, apenas o signo solar e uma parte dele – o financeiro. Em momento algum desejo esgotar o assunto, pelo contrário: o conteúdo visa abrir infinitas possibilidades, a fim de que possa desbravar e ir além!

Prepare-se para rir, refletir, repensar e ousar. Inclusive, preciso avisar: pode ser que você, em alguns momentos, fique bravo comigo. Entretanto, aceito correr esse risco, até porque a minha intenção é tirá-lo da sua zona de conforto e trazer à tona uma verdade que pode doer logo à primeira vista, levando-o a negar essa realidade.

Agora, pare e reflita: Se fosse realmente isso? Se eu mudasse esse ponto, o que aconteceria? Se eu desse o limite necessário, me afastando ou me aproximando das pessoas? Se eu ajustasse um pouco o meu comportamento, pelo que vou ler aqui?

O que pode acontecer? Você enriquecer?

Aceita correr esse risco, e sentir esse "efeito colateral"?

Vejo você nas próximas páginas.

Ah, detalhe! Se você sabe qual é o seu Ascendente, a sua Lua, pode ler também os outros signos. Inclusive, recomendo que leia todos, a fim de ajudar a sua família, os seus amigos, mostrando para eles o que está escrito aqui.

Outra coisa: pode ser que você tenha influência de outros signos no seu Mapa, e isso faz com que não se reconheça fortemente no seu Signo Solar, o que é mais um motivo para: 1. ler todos os signos; e 2. fazer o seu Mapa Astral completo, com um profissional sério (acesse esse link para fazer seu mapa: *aulacomaline.com.br*).

Agora, é com você. E bom desbravar de si mesmo!

COMO NASCEU ESTE LIVRO

"NENHUM NASCIMENTO É ACIDENTAL. Por trás de cada vida, há um propósito, que vem estampado no gráfico ou Mapa Astrológico de cada pessoa", conforme a astróloga Anna Maria Costa Ribeiro. Baseando-se nisso, como podemos nivelar todos em uma mesma maneira de viver e enriquecer?

Não tem como, concorda?

Depois de mais de 14 anos observando, palestrando, escrevendo, publicando, criando cursos, gravando vídeos, lives, imersões (*on-line* e presenciais), atendendo terapeuticamente em consultório, percebi que, quando se trata de dinheiro, as pessoas precisam:

1. Parar de se comparar, se diminuir e aceitar em si as diferenças, para que possam alinhar a sua vida ao seu propósito, sendo um deles, a riqueza;

2. Ver que existem várias motivações para trilhar o caminho do enriquecimento; porém, enquanto você não descobrir a sua, dificilmente terá acesso ao que é seu por direito; quiçá, mantê-lo e expandi-lo.

Quanto mais nos conhecemos, melhores poderemos ser. No entanto, para isso, precisamos admitir nossos pontos fracos e fortes, a fim de que acertemos nossa rota.

O conhecimento da Astrologia é uma, dentre tantas formas, de revelar o caminho certo para você apressar o seu desenvolvimento em todas as áreas da sua vida; inclusive, a financeira, e tudo isso sem cobrança, com bom humor, alegria e didática (que é uma das coisas que mais encanta dentro dela), até porque, ninguém gosta de sermões, críticas, comparações e julgamentos. Independente da fase de vida, o reflexo disso é extremamente nocivo; e o pior, faz cada um reagir de uma forma, o que pode impactar tudo e todos que estão ao redor.

Os signos do elemento "água" (Câncer, Escorpião e Peixes) podem se encolher, chorar e maquinar uma vingança nada delicada; os signos do elemento "terra" (Touro, Virgem e Capricórnio) empacarão de forma teimosa, acreditando que viram ou anteciparam o que aconteceu; já os signos do elemento "ar" (Gêmeos, Libra e Aquário) irão se rebater, se rebelar, provocar um verdadeiro rebuliço, capaz de fazer quem os julgou precipitadamente se arrepender amargamente; e os signos do elemento "fogo" (Áries, Leão e Sagitário)? Virgem Maria! Se sobrar alguém vivo depois do ocorrido, vai ser por causa da diplomacia do leonino, caso contrário...

Em um momento tão especial, onde existem diversas iniciativas acontecendo na direção da educação financeira mundial, há pessoas que ainda cometem erros ou vivem situações que provam que elas não estão no seu caminho, tais como:

1. Descontar, no dinheiro, a sua insatisfação no relacionamento, na vida, em si mesmo; se endividar por causa do consumismo excessivo; ou até mesmo ter um padrão de vida equivocado;

2. Ter a Síndrome de Garfield, que odeia as segundas-feiras, por não estar feliz com o trabalho; estar insatisfeito faz com que você não se foque 100%, não dê o seu melhor, levando-o a se acomodar, inclusive, ser demitido;

3. Não planejar a sua vida financeira; viver apenas o "agora"; deixar para os outros essa parte da sua jornada. Considerar o dinheiro como "algo sujo" ou "um tabu", não encarando a verdade sobre essa parte da sua vida que também é tão importante, com o objetivo de ter um relacionamento saudável e atrair oportunidades, para expandir e contribuir com a humanidade;

4. Ocultar o quanto ganha ou gasta; pedir dinheiro emprestado; fugir do orçamento planejado e não saber falar sobre o tema sem se sentir ameaçado ou julgado, seja na família, no relacionamento a dois, e até mesmo entre amigos;

5. Não ter tempo para usufruir dos seus ganhos, por acreditar que precisa acumular para o futuro; ou contar apenas com a aposentadoria ou com Planos de Previdência Privada, para ter qualidade de vida na velhice;

6. Aceitar o inaceitável; se acostumar a viver uma vida mediana, baseada nos exemplos que viu anteriormente, sentindo-se incomodado por ter mais do que os parentes e os amigos, e se boicotar por causa disso;

7. Estar fora do seu propósito de vida, no qual os problemas financeiros servem para alertá-lo, chamar a sua atenção, a fim de que você seja "quem nasceu para ser", e não "o que deu" ou "o que projetaram" para a sua vida;

8. Usar a motivação dos outros como a sua própria motivação para enriquecer vai permitir que suas bases sejam frágeis, instáveis e prontas a ruir a qualquer momento.

Quando me deparei com o 8º item, veio "a gota que fez transbordar o copo todo", pois eu precisava alertar as pessoas. Dessa necessidade, surgiu a ideia de escrever este livro, que foi pensado para não ser nada ortodoxo e tradicional, e sim, revelar o porquê – a Motivação Raiz – para que você possa enriquecer através da Astrologia, mais precisamente, do olhar do seu Signo Solar. Ele serve não apenas para revelar, mas mostrar como implementar tudo isso na sua vida, com o intuito de conquistar o que é seu de direito, de forma simples e prática, e ir muito além do que você imagina.

Sim, isso é possível! E este livro, que está em suas mãos, vai ajudá-lo a enxergar diferente, a se sentir merecedor, fazer com que voe mais alto, longe; e a atrair pessoas na mesma sintonia, como jamais imaginou ser possível.

Aceita?!

O QUE VOCÊ ENCONTRARÁ NESTE LIVRO!

ANTES DE COMEÇAR A LEITURA, saiba que este livro tem objetivos muito claros a serem alcançados com você. São eles:

1. Falar do seu Signo Solar (aquele que, quando você nasce, logo se encaixa, através do dia do seu nascimento), focado 100% em tudo o que pode atrapalhar, impulsionar e acelerar o seu enriquecimento;

2. Tirar o "ranço" que você pode ter adquirido ao longo da sua vida (até mesmo, sem perceber), quando se trata de buscar o "seu lugar ao sol" (leia-se: "enriquecer");

3. Mostrar, através da Astrologia, que os signos podem ajudar você a encontrar a sua Motivação Raiz, com o intuito de que possa buscar o que é seu de direito;

4. Descomplicar a forma como você vê o seu processo de enriquecimento;

5. Através da união da curiosidade com a Motivação Raiz, ao aplicar o método, você pode aumentar a sua chance de enriquecer.

O QUE VOCÊ NÃO ENCONTRARÁ NESTE LIVRO!

COMO ESTE LIVRO ESTÁ 100% focado em ajudá-lo a encontrar – por meio da Astrologia – a sua Motivação Raiz, para enriquecer mais rápido, você não encontrará nele:

* A história da Astrologia;
* A mitologia por trás de cada signo;
* O guia completo sobre como lidar com o seu filho, a partir da Astrologia;
* Como aumentar suas chances de ser feliz no amor, através da Astrologia;
* O carma oculto por trás do seu signo;
* Como desvendar o seu carma familiar astrológico;
* Como saber se a vida está alinhada ao proposto no seu Mapa Astral;
* O que você viveu no passado para ter nascido com este signo;
* A Astrologia e a sua saúde: um guia para prevenir dores e doenças;
* Como melhorar a sua comunicação, por meio da Astrologia;
* Como a Astrologia pode ajudar a melhorar a sua relação com os colegas de trabalho, subalternos e chefias;
* Como superar os desafios que você vive, usando a Astrologia.

Sim, você viu que tem muitas outras possibilidades. Quem sabe, sejam temas para novas publicações.

Aqui, especificamente, irei tratar da questão material de cada signo: por que você não está rico hoje; quais crenças limitantes estão por trás disso; quais armadilhas estão vinculadas ao seu signo; entre outras questões.

Você terá acesso a um método simples e eficiente que fará com que coloque a sua Motivação Raiz em ação; a consequência disso: enriquecer mais rápido!

Vamos começar pela parte não muito boa (embora, olhar os demais signos, seja!).O *Bullying* Astrológico e, na sequência, as crenças e armadilhas ocultas de cada signo.

BULLYING ASTROLÓGICO

QUANDO SE TRATA DE ASTROLOGIA, seguidamente presenciei cenas de *Bullying* Astrológico acontecendo; situações onde alguém procurava impor o seu jeito de pensar de forma agressiva e inquisitória, até mesmo ridicularizando quem estava envolvido.

Notei que, muitas pessoas, que não gostavam, não acreditavam ou não percebiam o quanto a Astrologia poderia decodificar o seu propósito de vida, seguidamente usavam expressões como:

* "Não é Ciência" (pedindo para parar de falar sobre o assunto);
* "Não acredito que você acredita nisso?!" (subestimando quem acredita);
* "Isso não funciona, é crendice";
* "Para tudo, são 12 ou 13 signos?" (são 12, ok?);
* "Astrologia não é coisa de Deus";
* "Bilhões de pessoas, e apenas 12 signos?";
* "Meu signo não tem nada a ver comigo";
* "É apenas um passatempo, brincadeira";
* "Astrólogos mentem, contam o que você quer ouvir";

* "Se fosse de verdade, as pessoas que nascem no mesmo dia seriam iguais (bem longe disso!)";
* "Astrologia é adivinhação, bruxaria..." (dãh... É claro que não!).

Lembrou-se de alguém?

Da mesma forma, percebi que havia o outro extremo, ou seja, pessoas que gostam, que têm afinidade, e que usam dessa poderosa ferramenta para se pronunciar ou se posicionar. Observei que, seguidamente, elas utilizavam expressões como:

* "Tinha que ser de..." (julgamento);
* Defendendo-a cegamente, sem questionar;
* "Não? Então..." (questionando, com agressividade, se a pessoa estudou Astrologia);
* "Qual é o seu signo?" (tudo se resumir ao signo, não deixando passar uma pessoa sem perguntar);
* "Sou assim, por causa do meu signo";
* "A culpa é das estrelas";
* Astrologia se torna escudo;
* Consultar, todos os dias, o horóscopo no jornal;
* "Olha o mercúrio retrógrado aí... A culpa é toda dele...";
* "Onde devo passar o meu aniversário este ano...";

Lembrou-se de mais alguém? Você já fez isso?

Eu confesso que sim! *(estou rindo aqui, com aquele sorriso maroto, de quem foi pego fazendo arte).*

Agora, pergunto a você: Já pensou na quantidade de ideias e conceitos equivocados por trás disso tudo, e que influenciam no seu enriquecimento?

A *internet* está recheada de frases que revelam os estereótipos de cada signo, e que nem sempre os ajuda a ir além. Pensando nisso, decidi colocar aqui algumas citações, que são verdadeiras armadilhas e nos levam a rotular, de forma superficial, o que, verdadeiramente, representa cada signo.

Quais são os principais mitos sobre o seu signo e que, assim como eu, você também acreditou que fossem "verdades absolutas"?

Antes de ler, um alerta! Pode ser que você dê risada, fique pensativo, ou até mesmo queira negar.

Antes de dizer que "não tem nada a ver com você", reflita se realmente não existe uma "pontinha de verdade". Entretanto, não fique triste, até porque não é culpa sua; não nos ensinaram nada sobre isso.

Inclusive, as pessoas nas quais você confia também escutaram isso, e acreditaram ser uma verdade. Elas também não sabem que se trata de verdadeiros "mitos".

Isso aconteceu comigo, vi acontecer com outras pessoas, e estou aqui para alertar sobre isso. Ou seja, estou do seu lado, ok?!

A Teoria dos Espelhos existe para nos mostrar que não vemos no outro aquilo que não temos dentro de nós; que só nos importamos ou não gostamos de algo, ou de alguém, quando nos reconhecemos nele ou naquilo.

Pronto? Pronta?

Respire fundo, e vamos às principais frases que encontrei repetidas vezes na *internet*, que revelam os *Bullying's* mais clichês de cada signo.

Lembrando que, posteriormente, vamos analisar tudo mais profundamente, voltado-se às consequências do seu enriquecimento.

ÁRIES

Frases e expressões mais comuns:

♈ **Frase:** "Não sei bem o que quero, só sei que quero JÁ!"

♈ **Os arianos odeiam ouvir:** "você precisa ter mais paciência";

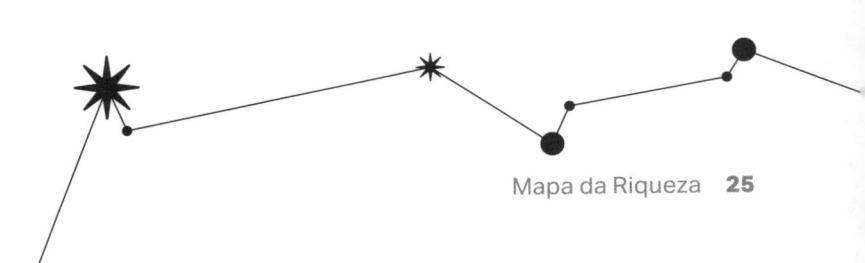

- ♈ **Os arianos adoram** viajar, vencer na vida, e ganhar uma competição;

- ♈ **Os arianos viram uma fera** quando têm de admitir que estão errados;

- ♈ **"Para que essa boca tão grande?** É para brigar melhor";

- ♈ **Você conhece algum** ariano paciente?

- ♈ **Verdade ou mentira?** É calmo e pensa bem antes de tomar uma atitude;

- ♈ **Fato ou *fake news*?** Possui um excelente sexto sentido para os negócios;

- ♈ **O que o ariano espera do seu parceiro:** para ele, o que importa é a conquista. O desafio de conseguir a pessoa amada é a sua principal motivação, podendo perder o interesse quando consegue o seu objetivo; gosta de correr riscos, o que pode levá-lo a se envolver em triângulos amorosos;

- ♈ **O que o ariano diz depois do sexo:** "Legal, vamos de novo!";

- ♈ **Como irritar um ariano:** fale com ele, dando uma enorme pausa entre as palavras; não deixe que ele fale; ou, se falar, interrompa-o;

- ♈ **Como o ariano reza antes de dormir:** "Querido, Deus! Dê-me PACIÊNCIA, e eu a quero AGORA!";

- ♈ **Por que o ariano atravessou a rua?** Certamente, para bater boca com alguém que estava do outro lado;

- ♈ **Ao ver um assalto:** "Mas, que merda! Não se pode mais andar tranquilo na rua, nos dias de hoje!";

- ♈ **Adesivo para o vidro do carro:** "Passa por cima, ôh babaca!";

- ♈ **Quantos arianos são necessários para trocar uma lâmpada?** Apenas um, mas serão necessárias várias lâmpadas.

TOURO

Frases e expressões mais comuns:

- ♉ **Frase:** "Amor numa cabana? Só se for 5 Estrelas";

- ♉ **O que o taurino espera de seu parceiro:** a ênfase é para a parte prática do relacionamento, ou seja, quem vai pagar a conta, onde vão morar, a estabilidade da relação, e a satisfação sensual que ele pode proporcionar, seja na cama ou na mesa;

- ♉ **O que o taurino diz depois do sexo:** "Estou com fome, passe a pizza";

- ♉ **Como irritar um taurino:** gaste o dinheiro dele; peça uma mordida do seu sanduíche; desperdice o seu material; não devolva as suas coisas;

- ♉ **Como o taurino reza antes de dormir:** "Deus, por favor, ajude-me a aceitar as mudanças na minha vida, mas não agora";

- ♉ **Por que o taurino atravessou a rua?** Porque encasquetou com a ideia.

♉ **Ao ver um assalto:** "Ah, o importante é que você está bem. Vão-se os anéis, mas ficam os dedos";

♉ **Adesivo para o vidro do carro:** "Não tenho tudo que amo, mas é uma questão de tempo e paciência";

♉ **Quantos taurinos são necessários para trocar uma lâmpada?** Nenhum. Os taurinos não gostam de mudar nada;

♉ **Os taurinos odeiam ouvir:** "você só pensa em comida";

♉ **Os taurinos adoram** sexo, amigos verdadeiros e relacionamento sério;

♉ **O taurino vira uma fera** quando começam a pressioná-lo;

♉ **"E para que essa boca tão grande?** É para comer melhor";

♉ **Você conhece algum** taurino fã de dieta?

♉ **Verdade ou mentira?** Não tem foco e desiste fácil dos seus objetivos;

♉ **Fato ou *fake news*?** Não abandona o que é certo por uma aventura qualquer.

GÊMEOS

> **Frases e expressões mais comuns:**

♊ **Frase:** "Odeio fofocas, mas já te contei a última?";

♊ **O que o geminiano espera de seu parceiro:** o que conta é o companheirismo, ter alguém com quem conversar, trocar ideias e, principalmente, para ouvi-lo; gostaria de encontrar seu gêmeo ou sósia intelectual; quer se sentir livre para ir e vir, quando bem entender;

♊ **O que o geminiano diz depois do sexo:** "Você viu o controle remoto?";

♊ **Como irritar um geminiano:** aborreça-o com lágrimas e longos monólogos sobre a sua vida emocional; não converse com ele, em absoluto;

♊ **Como o geminiano reza antes de dormir:** "Hei, Deus! Ou será deusa? Quem é você? O que é você? Onde está você? Quantos de você há? Eu não posso te imaginar!"

♊ **Por que o geminiano atravessou a rua?** Se nem ele sabe, como é que eu vou saber?

♊ **Ao ver um assalto:** "É impressionante o preço que pagamos para conviver no meio urbano... E essa criminalidade é assustadora, pois as diferenças sociais se acentuam, e blá-blá-blá..." (Fica falando por meia hora);

♊ **Adesivo para o vidro do carro:** "Não me siga, posso mudar de rumo a qualquer momento";

♊ **Quantos geminianos são necessários para trocar uma lâmpada?** Dois (claro!). Vai durar o fim de semana inteiro, mas, quando estiver pronto, a lâmpada vai fazer o serviço da casa, falar francês, e ficar da cor que você quiser;

♊ **Os geminianos odeiam ouvir:** "você já me contou essa história!";

♊ **Os geminianos adoram** o celular, a companhia dos amigos e fazer compras;

♊ **O geminiano vira uma fera** quando precisa lidar com pessoas lerdas;

♊ **"E para que essa boca tão grande?** É para fofocar melhor";

♊ **Você conhece algum** geminiano tímido?

♊ **Verdade ou mentira?** É retraído e tem dificuldades de expressar sua opinião;

♊ **Fato ou *fake news*?** Conquista os outros pelo seu poder de persuasão.

CÂNCER

> **Frases e expressões mais comuns:**

♋ **Frase:** "Lar, meu doce lar!";

♋ **O que o canceriano espera de seu parceiro:** alguém de quem possa cuidar e a quem nutrir, paparicar como um bebê; também busca a segurança que o relacionamento pode dar, e alguém que consiga tolerar seu humor instável: uma hora alegre, outra hora depressivo;

♋ **O que o canceriano diz depois do sexo:** "Quando vamos nos casar?";

♋ **Como irritar um canceriano:** insulte a sua mãe (com classe, é claro!); critique a sua casa; advirta-o de que ele pode perder o emprego;

diga que aquela foto de família, pendurada na sala é brega; e confunda o retrato da "vovozinha querida" com o do Mike Tyson;

- **Como o canceriano reza antes de dormir:** "Querido Papaizinho, sei que eu não deveria depender tanto de você, mas você é a única pessoa com quem eu posso sempre contar, enquanto o meu seguro cobertor está sendo lavado";

- **Por que o canceriano atravessou a rua?** Porque estava se sentindo só e abandonado deste lado de cá;

- **A ver um assalto:** "Senta aqui... Você está bem? Com certeza, não se machucou? Quer um copo d'água com açúcar?";

- **Adesivo para o vidro do carro:** "Não tenho tudo que amo, mas amo tudo que tenho";

- **Quantos cancerianos são necessários para trocar uma lâmpada?** Somente um, mas leva três anos para um terapeuta ajudá-lo a passar pelo processo;

- **Os cancerianos odeiam ouvir:** "seu amor me sufoca!";

- **Os cancerianos adoram** casa, comida caseira e colecionar alguma coisa;

- **O canceriano vira uma fera** quando falam mal da sua família;

- **"E para que essa boca tão grande?** É para aconselhar melhor!";

- **Você conhece algum** canceriano que não guarda rancor?

- ♋ **Verdade ou mentira?** O canceriano tem facilidade em perdoar e tem uma péssima memória;

- ♋ **Fato ou *fake news*?** Adora encorajar os outros a fazerem algo que gostam.

LEÃO

> **Frases e expressões mais comuns:**

- ♌ **Frase:** "Antigamente eu era vaidoso, mas agora me curei, e estou perfeito!";

- ♌ **O que o leonino espera de seu parceiro:** alguém com quem compartilhar suas ideias criativas, que goste de crianças e queira ter filhos; geralmente, deseja mais uma plateia para aplaudi-lo, ou um companheiro de brincadeiras, do que um verdadeiro amor;

- ♌ **O que o leonino diz depois do sexo:** "Não foi incrivelmente fantástico?";

- ♌ **Como irritar um leonino:** ignore-o, esqueça o nome dele, e o pergunte: "Qual é mesmo o seu nome?". Em público, não o apresente às pessoas importantes;

- ♌ **Como o leonino reza antes de dormir:** "Oi, Papi! Eu posso apostar como você está realmente orgulhoso em ter a mim como seu filho!";

- ♌ **Por que o leonino atravessou a rua?** Para chamar a atenção, sair nos jornais, revistas etc.

- ♌ **Ao ver um assalto:** "Vou pegar esse fdp!..." e sai correndo porta afora;

- ♌ **Adesivo para o vidro do carro:** "Tudo que tenho me ama";

- ♌ **Quantos leoninos são necessários para trocar uma lâmpada?** Um leonino não troca lâmpadas, a não ser que ele segure a lâmpada e o mundo gire em torno dele;

- ♌ **Os leoninos odeiam ouvir:** "o mundo não gira em torno de você";

- ♌ **Os leoninos adoram** conhecer pessoas, amar, ser amado e festas;

- ♌ **Os leoninos viram uma fera** quando precisam aturar gente reclamona;

- ♌ **"Para que essa boca tão grande?** É para sorrir melhor";

- ♌ **Você conhece algum** leonino sem vaidade?

- ♌ **Verdade ou mentira?** Enfrenta dificuldades diariamente para tomar decisões;

- ♌ **Fato ou *fake news*?** Por ser intenso, não se contenta com nada pela metade.

VIRGEM

> **Frases e expressões mais comuns:**

- ♍ **Frase:** "Já te disse que sou superdemocrata, mas por que você ainda não fez o que eu mandei?";

♍ **O que o virginiano espera de seu parceiro:** um relacionamento funcional onde predomine a ordem, a limpeza e o bom senso; alguém que faça com que tudo corra como deve ser, sem sair da rotina e sem grandes contratempos;

♍ **O que o virginiano diz depois do sexo:** "Preciso lavar os lençóis";

♍ **Como irritar um virginiano:** choramingue bastante; desarrume a sua casa; atrapalhe a sua programação; esqueça de "atarraxar" a tampa da pasta de dente; diante do armário do banheiro, indague: "Para que tanto remédio?";

♍ **Como o virginiano reza antes de dormir:** "Querido Deus, por favor, faça do mundo um lugar melhor, e não o destrua, como fez da última vez";

♍ **Por que o virginiano atravessou a rua?** Ele ainda não atravessou, porque está medindo a largura da rua, a velocidade dos carros, se essa experiência é válida, qual seria a melhor hora de atravessar etc.;

♍ **Ao ver um assalto:** "Vocês têm certeza de que não é melhor chamar um médico? Ou medir a temperatura?";

♍ **Adesivo para o vidro do carro:** "Não me siga. Preciso passar no médico";

♍ **Quantos virginianos são necessários para trocar uma lâmpada?** Vamos ver... Um para virar a lâmpada, um para anotar quando a lâmpada queimou, e a data em que ela foi comprada; outro para decidir de quem foi a culpa de a lâmpada ter queimado, dez para decidir remodelar a casa, enquanto o resto troca a lâmpada;

♍ **Os virginianos odeiam ouvir:** "você é muito certinho";

♍ **Os virginianos adoram** planejar a própria vida, controlar as emoções e fazer listas;

♍ **Os virginianos viram uma fera** quando alguém promete algo e não cumpre;

♍ **"Para que essa boca tão grande?** É para criticar melhor";

♍ **Você conhece algum** virginiano despreocupado?

♍ **Verdade ou mentira?** É zen e 0% preocupação; vive cada dia de uma vez;

♍ **Fato ou *fake news*?** Não se deixa dominar, nem por seus próprios sentimentos.

LIBRA

Frases e expressões mais comuns:

♎ **Frase:** "A justiça tarda, mas não falha, pois está sempre comigo";

♎ **O que o libriano espera de seu parceiro:** apreciação mútua e igualdade de compromissos e obrigações entre as partes; seu maior objetivo é a cooperação, ter alguém para partilhar e admirar; detesta pessoas rudes, agressivas ou deselegantes, ao seu lado;

♎ **O que o libriano diz depois do sexo:** "Eu gostei, se você também gostou";

♎ **Como irritar um libriano:** diga bastante – "Isso é com você, decida logo!"; leve-o a locais feios; aja de forma grosseira, em público;

tire melecas, arrote, fale palavrões, vire cerveja na mesa, chame o garçom pelo nome;

♎ **Como o libriano reza antes de dormir:** "Querido Deus, eu sei que eu deveria tomar minhas decisões sozinho; mas, por outro lado, o que você acha?";

♎ **Por que o libriano atravessou a rua?** Ele nem precisou atravessar, alguém acabou oferecendo carona para ele;

♎ **Ao ver um assalto:** "Ah, gente, não foi nada, só um assaltozinho à toa. Eu mesmo já passei por cinco";

♎ **Adesivo para o vidro do carro:** "Não tenho tudo que amo, mas vou ficar conhecendo no sábado à noite";

♎ **Quantos librianos são necessários para trocar uma lâmpada?** Bom, na realidade, não sei. Acho que depende de quando a lâmpada foi queimada. Talvez só um, se for uma lâmpada comum; mas, talvez dois, se a pessoa não souber onde encontrar a lâmpada, ou;

♎ **Os librianos odeiam ouvir:** "que mau gosto você tem";

♎ **Os librianos adoram** sorrir, debater ideias, e ambientes bonitos e agradáveis;

♎ **Os librianos viram uma fera** quando falam que vivem em cima do muro;

♎ **"Para que essa boca tão grande?** É para beijar melhor";

♎ **Você conhece algum** libriano sem contatinhos?

- ♎ **Verdade ou mentira?** É direto e objetivo, ao fazer escolhas pessoais;

- ♎ **Fato ou *fake news*?** O sofrimento não faz ele desistir, pelo contrário, o dá mais forças.

ESCORPIÃO

Frases e expressões mais comuns:

- ♏ **Frase:** "Sou superliberal, mas aonde você foi mesmo?";

- ♏ **O que o escorpiano espera de seu parceiro:** deseja misturar sua bagagem emocional e material com a do parceiro, e espera que este seja adaptável às mais bruscas e extremas transformações que possam ocorrer na vida em comum, como suas crises de ciúme;

- ♏ **O que o escorpiano diz depois do sexo:** "Talvez eu deva desamarrar você agora";

- ♏ **Como irritar um escorpiano:** faça perguntas pessoais; saiba muito sobre ele, e dê a entender; obtenha mais sucesso e se vanglorie; repita, sempre: "Isso não é da sua conta!";

- ♏ **Como o escorpiano reza antes de dormir:** "Querido Deus, ajude-me a perdoar meus inimigos, mesmo que os crápulas não mereçam";

- ♏ **Por que o escorpiano atravessou a rua?** Porque era proibido;

- ♏ **Ao ver um assalto:** "É nessas horas que é bom andar armado!";

- ♏ **Adesivo para o vidro do carro:** "Não possuo tudo que amo, mas amo tudo que possuo; e cuido bem de perto";

♏ **Quantos escorpianos são necessários para trocar uma lâmpada?** Mas quem quer saber? Por que você quer saber? Você é um policial?

♏ **Os escorpianos odeiam ouvir:** "não sei se gosto de você de verdade";

♏ **Os escorpianos adoram** *stalkear* alguém, guardar um segredo e ter um sexo incrível;

♏ **Os escorpianos viram uma fera** quando resolvem expor sua privacidade;

♏ **"Para que essa boca tão grande?** É para chu... Ops, para rir melhor";

♏ **Você conhece algum** escorpiano que sabe perdoar?

♏ **Verdade ou mentira?** Não guarda mágoa e, geralmente, é desprendido;

♏ **Fato ou** *fake news*? Consegue captar tudo, seja um gesto, um detalhe, uma voz, ou um olhar.

SAGITÁRIO

Frases e expressões mais comuns:

♐ **Frase:** "Já te disse 1.000.000 de vezes que nunca exagero!";

♐ **O que o sagitariano espera de seu parceiro:** partilhar seu idealismo e senso de justiça com o outro; a relação tem que incluir espírito de aventura, gostar de viajar, estudar, aprender; o parceiro tem que saber compreender a sua necessidade de liberdade, de fugir da rotina, e da sua aguda franqueza;

↗ **O que o sagitariano diz depois do sexo:** "Não me ligue, eu ligo para você";

↗ **Como irritar um sagitariano:** dê a ele bastante responsabilidade; coloque realismo na sua filosofia; nunca ria das piadas dele; não tope nenhuma aventura ou quebra de rotina; e esteja sempre de mau humor;

↗ **Como o sagitariano reza antes de dormir:** "Oh onipotente, onisciente, todo amoroso, todo poderoso, onipresente, eterno Deus, se eu lhe peço uma vez, estou pedindo centenas de vezes, ajude-me a parar de exagerar!";

↗ **Por que o sagitariano atravessou a rua?** Porque a ideia pareceu "maneira" e deu vontade;

↗ **Ao ver um assalto:** "Vamos dar queixa na polícia!";

↗ **Adesivo para o vidro do carro:** "Não tenho tudo que amo, mas também nada que me ama me tem";

↗ **Quantos sagitarianos são necessários para trocar uma lâmpada?** O sol está brilhando, está cedo, nós temos a vida inteira pela frente, e você está preocupado em trocar uma lâmpada estúpida?

↗ **Os sagitarianos odeiam ouvir:** "isso não foi nada engraçado";

↗ **Os sagitarianos adoram** fugir da rotina, viajar com os amigos, e ser respeitado;

♐ **Os sagitarianos viram uma fera** quando tentam questionar suas escolhas;

♐ **"Para que essa boca tão grande?** É para beber melhor";

♐ **Você conhece algum** sagitariano pessimista?

♐ **Verdade ou mentira?** Costuma se apegar rapidamente e tem crises de ciúmes;

♐ **Fato ou *fake news*?** Não teme desafios, por isso, gosta de arriscar no desconhecido.

CAPRICÓRNIO

Frases e expressões mais comuns:

♑ **Frase:** "Hoje, assumi o cargo de vice-diretor de uma empresa que organizarei e será sucesso daqui a 10 anos";

♑ **O que o capricorniano espera de seu parceiro:** uma pessoa equilibrada e que possa ajudá-lo a alcançar uma posição de destaque e *status* na vida; a lealdade e o apoio são mais importantes para ele do que a paixão;

♑ **O que o capricorniano diz depois do sexo:** "Você tem cartão de visitas?";

♑ **Como irritar um capricorniano:** organize tudo, para que ele se sinta inútil; lembre-o de sua baixa posição social; embarace-o em público, faça escândalos, berre com ele; deixe-o esperando, nunca chegue na hora marcada;

- **Como o capricorniano reza antes de dormir:** "Querido Pai, eu estava indo rezar, mas acho que devo descobrir as coisas por mim mesmo. Obrigado, de qualquer forma";

- **Por que o capricorniano atravessou a rua?** Porque foi "pechinchar" nas lojas do outro lado;

- **Ao ver um assalto:** "Quanto levaram??";

- **Adesivo para o vidro do carro:** "Tenho tudo que amo, e trabalho bastante para ter mais ainda";

- **Quantos capricornianos são necessários para trocar uma lâmpada?** Nenhum. Capricornianos não trocam lâmpadas – a não ser que seja um negócio lucrativo;

- **Os capricornianos odeiam ouvir:** "Você só pensa em dinheiro";

- **Os capricornianos adoram** um compromisso sério, planejar o seu futuro e dar ordens;

- **Os capricornianos viram uma fera** quando têm que conviver com oportunistas;

- **"Para que essa boca tão grande?** É para reclamar melhor";

- **Você conhece algum** capricorniano romântico?

- **Verdade ou mentira?** É otimista e, diante dos problemas, busca ver o lado bom das coisas;

- **Fato ou *fake news*?** Sempre tem um plano B quando tudo parece errado.

AQUÁRIO

Frases e expressões mais comuns:

≈ **Frase:** "Já estou guardando grana para construir a nossa bela casa lá na lua";

≈ **O que o aquariano espera de seu parceiro:** um amigo e amante, que seja socialmente adaptável, tenha preocupações sociais, goste dos seus amigos e não seja pegajoso; dá muito valor à liberdade e à afinidade intelectual em um relacionamento.

≈ **O que o aquariano diz depois do sexo:** "Agora vamos tentar sem roupas".

≈ **Como irritar um aquariano:** torne-se pessoal e íntimo; ao encontrá-lo, dê um longo abraço e fique apertando-o contra o peito, emocionado, lacrimejante; insista para que ele ligue, várias vezes por dia, a fim de posicioná-lo de seus movimentos.

≈ **Como o aquariano reza antes de dormir:** "Oi, Deus! Alguns dizem que você é homem; outros dizem que você é mulher; eu digo que todos nós somos Deus. Então, por que rezar? Vamos fazer uma festa!".

≈ **Por que o aquariano atravessou a rua?** Porque isso faz parte de uma experiência que trará incontáveis avanços tecnológicos no futuro.

≈ **Ao ver um assalto:** "Ah, pessoal, já que tá todo mundo bem, porque não esquecemos essa história, e vamos jogar banco imobiliário?".

≈ **Adesivo para o vidro do carro:** "Não tenho tudo que amo, mas tô pouco me lixando para posses".

≈ **Quantos aquarianos são necessários para trocar uma lâmpada?** Vão aparecer centenas, todos competindo, para ver quem vai ser o único a trazer luz ao mundo.

≈ **Os aquarianos odeiam ouvir:** "você está errado".

≈ **Os aquarianos adoram** quebrar padrões, falar o que pensam e ficar sozinhos.

≈ **Os aquarianos viram uma fera** quando precisam lidar com gente dramática.

≈ **"Para que essa boca tão grande?** É para discordar melhor".

≈ **Você conhece algum** aquariano sentimental?

≈ **Verdade ou mentira?** É possessivo e intenso nos seus relacionamentos.

≈ **Fato ou *fake news*?** É individualista, gostando de fazer as coisas por si só.

PEIXES

Frases e expressões mais comuns:

♓ **Frase:** "Ontem havia dúvidas... Hoje, não sei".

♓ **O que o pisciano espera de seu parceiro:** um protetor amoroso, uma "alma-irmã", uma pessoa espiritualizada, que saiba aceitar o seu humor, sempre mutável, e a sua necessidade de solidão e privacidade. Ah! E que goste de bichos.

♓ **O que o pisciano diz depois do sexo:** "Qual você disse que era o seu nome mesmo?".

♓ **Como irritar um pisciano:** diga para se agarrar a si mesmo e esquecer os outros; marque encontros com ele em locais brilhantes, barulhentos, superpovoados, como o metrô da Sé; deixe-o falando sem parar e, no fim, diga que não entendeu nada.

♓ **Como o pisciano reza antes de dormir:** "Pai Celestial, enquanto eu me preparo para consumir este último quinto de *scotch*, para esquecer a minha dor e o meu sofrimento, possa minha embriaguez servir de aumento à sua Honra e Glória".

♓ **Por que o pisciano atravessou a rua?** Rua? Que rua? Ih, é…

♓ **Ao ver um assalto:** "Toma esse amuleto, guarda com você, protege contra assaltos".

♓ **Adesivo para o vidro do carro:** "Não me siga, também não me lembro para aonde eu estava indo".

♓ **Quantos piscianos são necessários para trocar uma lâmpada?** O quê? A luz está apagada?

♓ **Os piscianos odeiam ouvir:** "você precisa ser mais realista".

♓ **Os piscianos adoram** ouvir música, ser surpreendidos e receber um "eu te amo".

♓ **Os piscianos viram uma fera** quando abusam da sua boa vontade.

♓ **"Para que essa boca tão grande?** É para conversar melhor".

♓ **Você conhece algum** pisciano realista?

♓ **Verdade ou mentira?** Não é sonhador, e costuma ser bem pé no chão.

♓ **Fato ou *fake news*?** Vivem em seu próprio mundo, e sempre imaginam um futuro melhor.

Por trás disso tudo, está oculto algo que poucos param para refletir, que é o "carma"; em outras palavras, significa: "ação que sempre gera uma reação". Sendo assim, qual é o aprendizado oculto por trás de cada signo, e como ele pode interferir na conquista, manutenção e expansão da sua riqueza? Estou falando, aqui, da Astrologia Cármica.

ASTROLOGIA CÁRMICA

ANTES DE MAIS NADA, minha intenção não é esgotar o assunto, mas associá-lo ao que, de fato, acontece, impedindo-o de ficar rico.

Por isso, posso dizer a você, com toda certeza, que este tema é fundamental para quem deseja, verdadeiramente:

* Ser feliz;
* Estar em paz consigo mesmo;
* Ter o relacionamento dos sonhos;
* Parar de discutir com a família;
* Atrair prosperidade;
* Resgatar sua vida;

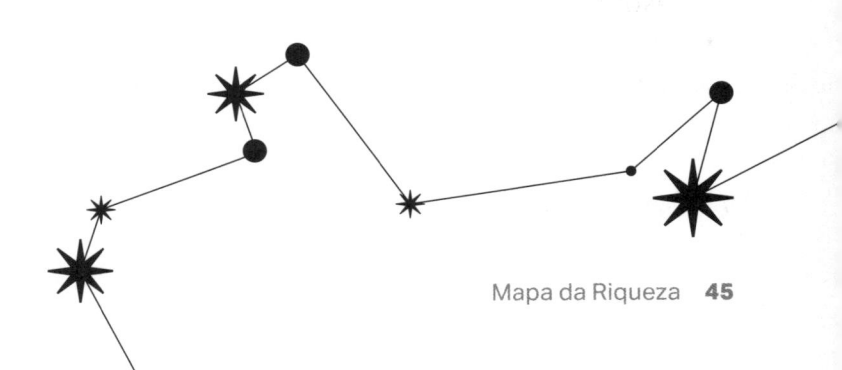

- Cumprir seus "acordos espirituais";
- Ir além;
- Inspirar os outros a fazerem o mesmo.

Existe, então, uma herança cármica, além da forma como a sua alma deseja crescer.

Segundo Judy Hall, há diferenças entre a Astrologia Convencional e a Astrologia Cármica.

> **Astrologia Convencional** – Acredita que os padrões surgiram em um ato aleatório do destino, ou seja, o seu nascimento.
>
> **Astrologia Cármica / Vidas Passadas** – O momento do seu nascimento é escolhido cuidadosamente, para que o Mapa reúna tanto a experiência passada quanto as lições a serem aprendidas nesta vida; trata-se do seu "desabrochar de potenciais".

Segundo a mesma autora, não é necessário acreditar em vidas passadas para usar a Astrologia Cármica, já que o passado se estende desde um momento remoto até onde você queira levá-lo (nascimento, concepção ou além). Por meio da Astrologia Cármica, é possível compreender quem você é agora, e o potencial de crescimento da sua alma.

Carl G. Jung diz que: "o que acontece a uma pessoa é característico dela. Ela apresenta um padrão e todas as peças se encaixam. Uma a uma, conforme a sua vida prossegue, elas vão se encaixando em seus lugares, de acordo com algum desígnio pré-ordenado".

Pauline Stone coloca que: "as nossas experiências na Terra são (...) predestinadas pelas virtudes do nosso próprio comportamento passado (...). Nós possuímos o livre-arbítrio, no que diz respeito a como nos defrontamos com o nosso carma".

Mas o que é o carma?

"Carma" significa "ação", isto é, o que foi posto em funcionamento, em algum momento passado, e que tem desfecho no presente ou no futuro. Ele revela onde é preciso equilíbrio nas nossas vidas, além das necessidades de reparar e retribuir o que fizemos, abrangendo mais do que ações e eventos.

"Nesse contexto, estariam as nossas atitudes, pensamentos e desejos que se tornam um hábito, e isso é o que precisa ser superado por todos nós" (HALL, 2008).

Sendo assim, precisamos: "criar um carma positivo", que é gerado por meio de ações!

Por isso, pergunto:

Quais são as ações positivas que você pode colocar em prática, neste momento? O que pode ser feito agora?

Vou dar algumas sugestões:

* Sorrir para as pessoas;
* Ser gentil;
* Arriscar algo novo na sua vida;
* Fazer novos amigos;
* Ler um livro;
* Realizar um novo curso;
* Ir a uma palestra;
* Visitar um amigo que não visita há tempos;
* Pensar positivo sobre a vida e as pessoas;
* Cuidar de si, todos os dias;
* Fazer terapia;
* Pedir ajuda;
* Orar e vigiar suas atitudes;
* Ter ações condizentes com o que pensa e diz;
* Amar o próximo como a si mesmo;
* Não esperar nada em troca, mas ser feliz mesmo assim;
* Fazer por você;
* Lutar por você;
* Proteger sua autoconfiança e autoestima;

* Fazer exercícios físicos;
* Gravar afirmações positivas para si mesmo, ou seja, elogiar-se;
* Concluir relacionamentos que já terminaram;
* Encerrar ciclos;
* Ter fé;
* Fazer o que seu coração diz.

A Astrologia Cármica acredita no livre-arbítrio e no poder de mudar o futuro, e eu tenho uma grande afinidade com este conceito, isto é, não o vejo apenas como algo teórico, mas como um "norte" para tudo o que acontece na vida.

É preciso se conhecer, para se libertar; é preciso se conhecer, para se tornar mais sábio na hora de realizar suas escolhas. É por isso que faço o que faço, que trabalho com Astrologia.

Você pode ter, nesta vida, um ponto de partida para seguir. Com o poder da informação e da Motivação Raiz, ou seja, da ajuda certa, é possível decidir o rumo da sua vida.

A riqueza NÃO é igual para todo mundo.

Qual é o seu porquê, e o que o levará até a riqueza?

É importante frisar que, neste livro, estamos falando de riqueza, e não de prosperidade. No entanto, ambas estão 100% interligadas, isto é: quem é próspero tende a ser rico; porém, nem sempre quem é rico tende a ser próspero.

Basicamente, a diferença é que: enquanto a prosperidade estiver vinculada apenas ao "agir", ao "comportamento e mentalidade", a riqueza vai estar diretamente relacionada a patrimônio, posses e dinheiro.

A minha intenção, aqui, é elevar a sua consciência, descobrir a sua Motivação Raiz – através do seu Signo Solar – para, assim, você conseguir entrar em ação. Esse será o seu porquê!

Quando não temos um motivo que nos toque o coração, que não faça sentido em nossas vidas, dificilmente faremos o que precisa ser feito e veremos a vida seguir em frente nessa área. A partir desse estímulo, nascerá a persistência, o foco, a ação, a resiliência e a vontade de ir além; consequentemente, evoluímos como seres humanos e afloraremos, ainda mais, os nossos aprendizados.

Cada situação a qual passamos, o fato de termos ou não dinheiro, de poder ou não fazer algo, de comparar sua vida com a daquela pessoa que está realizando sonhos que você compactua, entre outros exemplos dos quais crescemos vendo, escutando e sentindo, e não escancaramos, normalmente, estão conectados a diversos "tabus", carregados conosco ao longo de nossas vidas.

Pense na seguinte situação:

Você conhece uma pessoa agora. Ela se apresenta a você, fala um pouco da própria vida, e pergunta:

* Quanto você ganha?
* Qual é o seu salário?
* Qual a sua renda familiar?

Nesse momento, como você reage?

1. Responde tranquilamente, porque se trata de um tema natural: dinheiro.

2. Sente-se ofendido, invadido e, até mesmo, ultrajado! "Quem essa pessoa pensa que é, para me fazer essas perguntas!".

Caso você tenha escolhido a segunda opção, saiba que isso revela a quantidade de "tabus" que existe na nossa sociedade a respeito deste assunto, até porque, se não gostamos de falar para os mais próximos, quem dirá para um "estranho"!

Os pais, em sua maioria, não conversam com os filhos a respeito da administração do dinheiro, isto é, como construir, manter e expandir a riqueza.

Além das questões financeiras não serem naturalmente abordadas nas relações familiares, elas tendem a ser motivo de discussões em casamentos, por não serem revelados onde se gasta, com o que se gasta. Inclusive, alguns casais não fazem questão de ter contas conjuntas, pois discordam da forma de investir, de poupar etc.

Outro ponto a ser almejado é o do trabalho (a busca por aumento salarial, promoções etc.), o que reflete no seu emprego, no seu valor, e se você é reconhecido ou não.

Por isso, ao falar de riqueza, a palavra MERECIMENTO salta na mente de muitas pessoas, por acreditarem que merecem, mas não fazerem nada para que isso aconteça; por receberem e acreditarem que não mereçam; ou, então, elas entram em campo e agem, porque, sim, buscam uma vida cheia de pessoas, riqueza, situações, lugares, experiências que imaginam ser merecedoras.

Quando se refere a merecimento, é sempre importante lembrar que se trata de uma conquista diária, que nos leva à Lei do Retorno – "fazer para merecer". Ou seja, receber e saber que não foi de "graça" e, sim, algo que foi feito anteriormente e que você está apenas colhendo os frutos das sementes plantadas.

A riqueza deveria estar presente na vida de todos nós. Entretanto, por que não está?

Por causa da mentalidade que temos, ao nutrirmos uma ideia de que "está bom", "não merecemos", dificilmente iremos fazer o que precisa ser feito. Estamos rodeados por armadilhas que nos atrapalham, turvam a nossa clareza e travam o nosso enriquecimento. Por isso, para mudar o seu pensamento a respeito disso:

Procure expandir sua consciência, a respeito do que você merece ou não. Uma vez que você eleva a sua percepção de que "merece sim" ser rico, passa a não mais aceitar "pouco" de tudo na vida, inclusive, das pessoas ao seu redor.

Uma vez que mudou a sua mentalidade, entenda que "poupar é bom", mas expandir sua oportunidade de ganho é infinito; cortar despesas tem fim, buscar alternativas de rendimento extra, não!

Sendo assim, se empenhe ao máximo em ser mais criativo e produtivo no seu trabalho; explore, em você, características que as pessoas valorizam, e que podem se tornar uma fonte de renda extra, ou até mesmo um negócio próprio.

Você já encheu um balão e o esvaziou em seguida? Percebeu como ele não volta ao normal, após ter sido preenchido? Nós somos assim! Como? A cada nova experiência que temos, ou cursos que fazemos, ou livros que lemos, somos esse balão; e não conseguimos voltar a ser o que éramos.

Fomos preenchidos pelo conhecimento, pelo que vivemos, por novas sensações, e isso nos levou a sentir de uma nova forma, de uma maneira diferente. O desconhecido se tornou conhecido; não sabíamos que podíamos; mas agora, sabemos. E isso muda tudo, concorda?

Por isso, permita-se ousar e ver além.

Qual seria o seu próximo nível? Qual carro seria? Qual viagem? Uma moradia própria?

Crie oportunidades para você experimentar o seu próximo passo.

Coloque-se na posição desejada e construa uma naturalidade em torno disso, porque você merece!

Agora, uma vez que conquistou a mentalidade de que merece uma vida melhor, passou por experiências que elevaram a sua percepção em relação ao que representa ter dinheiro no banco, diferentes investimentos, um salário melhor, uma nova profissão (ou local de trabalho), não se esqueça das demais pessoas. Lembre-se de ajudar! Isso o enobrece, equilibra a balança entre o "dar e receber", o "acumular e doar", o "tomar e entregar", o "arriscar e precaver", o "ser egoísta e altruísta", o "focar apenas em si ou nos outros", o "fazer tudo ou nada" para si mesmo.

O dinheiro tem 4 objetivos, e os signos agirão (ou deixarão de agir) por causa deles. É importante saber que, para conquistar, manter e expandir o seu enriquecimento, você precisará ter presente na sua vida esses pontos.

Normalmente, percebo que as pessoas se vinculam mais a um, se esquecendo dos demais, o que faz com que o seu processo de enriquecimento se torne frágil, curto, e atraia situações e pessoas que atrapalham a sua solidez financeira, e o dinheiro, nada mais é do que o significado que você dá a ele.

O reflexo desse sentido está diretamente vinculado a como você se percebe na vida. Sendo assim, quando estamos bem, agimos de uma maneira; e quando estamos mal, agimos de outra; e tudo isso reflete nas suas finanças.

Eis os 4 objetivos que todos nós deveríamos cultivar, que estão vinculados ao dinheiro e à sua serventia:

1. O primeiro objetivo está 100% vinculado a proporcionar segurança, conforto básico, estrutura de vida, solidez financeira, educação, estabilidade, tranquilidade, abundância e lastro.

2. O segundo objetivo se conecta à realização de seus sonhos através do dinheiro. O que você sonha que o dinheiro pode proporcionar, levá-lo a adquirir? Qual é o seu sonho? Detalhe: sonhos seus, e que também podem ser de pessoas conhecidas, como a família, por exemplo.

3. O terceiro objetivo está voltado a ajudar as pessoas, por meio de doações, filantropia, caridade, projetos nobres que auxiliam na evolução da humanidade, em relação à mais qualidade de vida, expansão da consciência etc.

4. O quarto objetivo é ele ser usado como um "meio" para aflorar seus aprendizados, ou de quem estiver ao seu redor. Por isso, muitos não enriquecem, porque, através dele, somos convidados a fazer uma "reforma íntima", e nem sempre estamos dispostos a isso. O dinheiro aflora sentimentos, atrai situações que promovem lições nem sempre agradáveis, e sim, doloridas. Esse tende a ser um dos principais motivos dos altos e baixos financeiros na vida das pessoas.

Uma pessoa verdadeiramente rica, constrói, alimenta, expande e está constantemente atenta a esses 4 objetivos do dinheiro em sua vida.

Assim, você irá perceber que o seu Signo Solar estará mais vinculado a um deles, e que o fato de não estarem todos presentes é o que o impede de fixar, ampliar e se colocar em movimento, na direção do seu enriquecimento, e o que irá acessar a sua força, a sua capacidade de renovar, de se manter no caminho, sem se acomodar, é a sua Motivação Raiz – que, a partir deste momento, será abreviada aqui com as letras MR.

Quando nos conscientizamos da nossa MR, conseguimos ficar atentos e não cair em armadilhas; não ceder às tentações dos nossos ralos inimigos! Conseguimos buscar aliados e receber preciosos conselhos que nos levam a acessar um "baú de tesouro" que todos nós temos.

Quando falo de RALOS, me refiro a:

* Por onde o seu dinheiro tende a ser gasto (às vezes, sem perceber), a escoar, a escapar por entre os dedos;
* Situações, ocasiões, e até hábitos, que podem ocorrer, fazendo suas chances de enriquecer diminuírem;
* Tudo aquilo que suga seu dinheiro, desvia você de poupar, de construir lastro, de ter liberdade financeira; investir, viajar, doar e ter uma vida estruturada;
* Gastos inesperados, até mesmo com a sua saúde.

Quando falo de INIMIGOS, cito:

* Seus pontos cegos, sobre os quais você precisa refletir;
* O que, quem e como, de forma sorrateira, impede você de ser um "ímã de oportunidades";
* O que você não vê, e que o afeta;
* O "lobo em pele de cordeiro", no seu dia a dia;
* A armadilha oculta por trás de situações e pessoas;
* Crenças, hábitos, comportamentos, perfil de pessoas; onde é necessário estar sempre com a luz amarela ligada.

Quando abordo o tema ALIADOS, expresso:

* Quem, ou o que, pode ajudá-lo;
* Ferramentas que o levem além;
* Lugares indicados para serem frequentados;
* Uma nova rotina, com hábitos mais alinhados ao seu Mapa da Riqueza;
* O que expande a sua visão.

Quando trago o item O CONSELHO DO MESTRE, abordo:

* O conselho daquele que vê a frente; que está um passo além; que vê o todo;
* A alquimia pessoal, que favorece a atração da prosperidade na sua vida;
* O que precisa ser ativado em você, para que possa se tornar um poderoso "ímã da riqueza".

Quando falo em BAÚ DA RIQUEZA, mostro:

* Onde você pode focar para aumentar as suas chances de enriquecer;
* Quais são as oportunidades para você aumentar seus resultados;
* Que habilidades precisam ser desenvolvidas, a fim de que a riqueza possa chegar e se expandir na sua vida;
* Profissões e áreas de atuação aliadas, que contribuem no aumento das suas chances de enriquecer.

E chegou a hora de conhecermos a Motivação Raiz de cada signo. No entanto, antes, precisamos entender o papel do sol em nossas vidas; afinal, estamos utilizando a Astrologia, em especial, o conhecimento do Signo Solar.

O SOL

"A JORNADA DA NOSSA ALMA começa no signo de Áries, onde a alma se torna consciente de ser um indivíduo; valores são estabelecidos em Touro; a autoexpressão em Gêmeos; e assim por diante, até chegar em Peixes, que é o retorno à totalidade, ao espírito" (HALL, 2008).

O sol nos revela aonde estamos indo.

Na Astrologia Cármica, o sol representa o que você busca desenvolver, as qualidades que está se esforçando para incorporar à sua alma; revela o que você precisa experimentar para que isso aconteça.

Reforço, aqui, que existem outros planetas e aspectos a serem observados, mas que, para isso, é necessário estudar, mais a fundo, o seu Mapa Astrológico.

Agora, é o momento de descobrir o que o sol revela a cada um dos signos: trata-se da missão a ser descoberta e incorporada à sua vida, para que você possa, então, entrar no seu caminho de evolução; é hora de vivê-la, começando por saber para onde ir, e conhecer, como Martin Schulman diz, o dom que Deus deu para cada de nós:

> *"Era manhã quando Deus parou diante de suas 12 crianças, e em cada uma delas, plantou a semente da vida humana. Uma por uma, elas se dirigiram a Ele, para receber o seu dom e conhecer a sua missão"* (SCHULMAN, 1987).

Chegou a hora de saber um pouco mais sobre cada um dos 12 signos: sua Motivação Raiz, seus ralos, seus inimigos, seus aliados, seus conselhos com dicas, e onde está o seu tesouro. Lembrando: não é minha intenção (nem de longe!) esgotar o tema dos signos aqui, e sim, *linkar* a Astrologia ao tema riqueza.

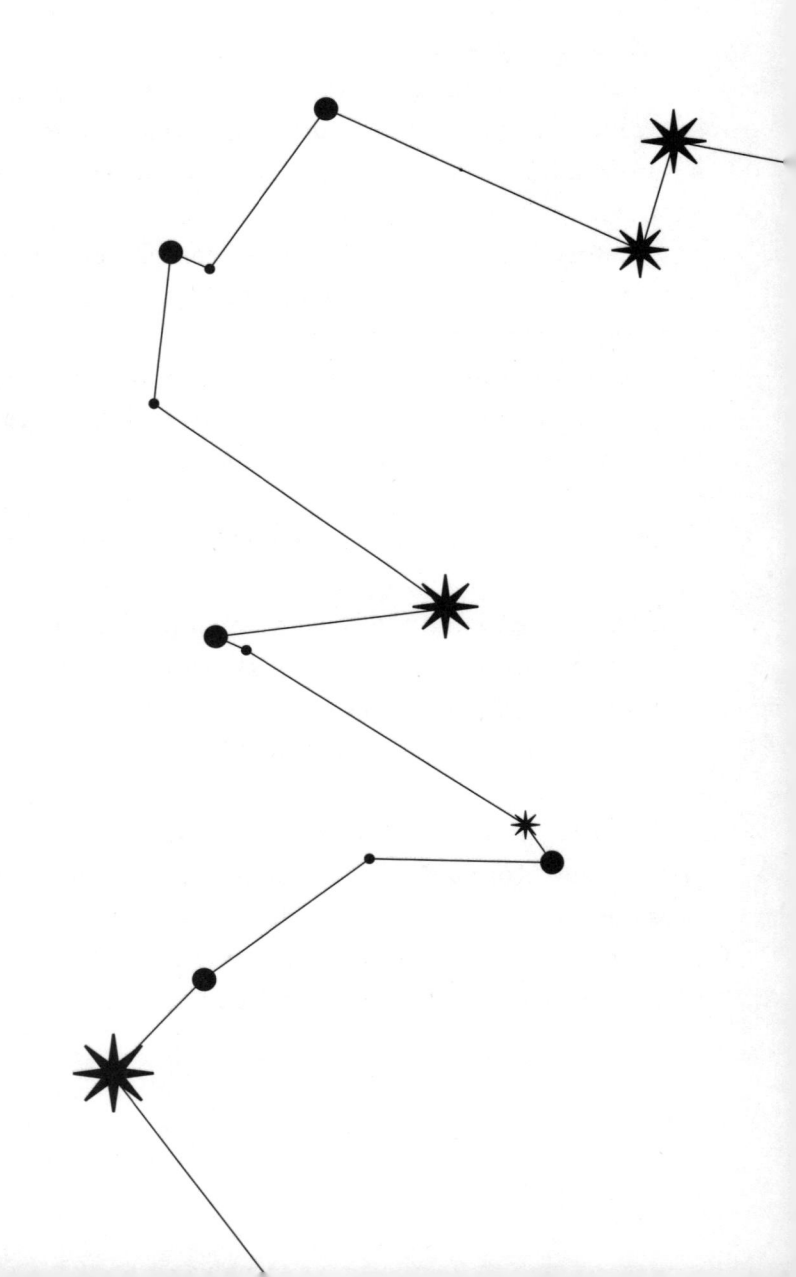

ÁRIES

"Para ti, Áries, dou a primeira semente, para que tenhas a honra de plantá-la. Para cada semente que plantares, mais outro milhão de sementes se multiplicará em suas mãos. Não terás tempo de ver a semente crescer, pois tudo o que plantares criará cada vez mais e mais para ser plantado. Tu serás o primeiro a penetrar o solo da mente humana levando Minha Ideia. Mas não cabe a ti alimentar e cuidar dessa ideia, nem a questionar. Tua vida é ação, e a única ação que te atribuo é a de dar o passo inicial para tornar os homens conscientes da Criação. Por esse trabalho, Eu te concedo a virtude do 'Respeito por Si Mesmo'. E para que faças um bom trabalho, dou-te a provação do orgulho para dominares e, como bênção, concedo-te o dom da INICIATIVA."

(SCHULMAN, 1987, p. 109).

Estamos diante de um signo extremamente impetuoso, que possui, em si, a chama da ação constante, o que o leva a estar sempre em movimento; que "dá a cara a tapa"; que se manifesta quando todo mundo silencia.

Existe uma necessidade dentro dele de estar à frente, abrindo caminhos; e como enxerga além das pessoas, é comum ver as oportunidades que os demais não veem. Está nele o primeiro passo, a capacidade de liderar, de colocar os outros em movimento.

Existe ainda, no ariano, a vontade, o ímpeto, a iniciativa (que nem sempre é concluída), em função de que, o que o move serem os desafios, as novidades e as conquistas, isto é, o "vencer"!

Naturalmente competitivo, tende a ser um grande guerreiro no seu dia a dia, lutando pelo seu espaço, defendendo suas conquistas, e buscando estratégias que o levem mais além.

Extremamente inteligente e avesso a demonstrações sentimentalistas, ele pode atropelar as pessoas que ficam apenas se desculpando, e que, aos seus olhos, são lentas, muito avoadas e não resolvedoras de problemas.

Costuma se irritar com quem apresenta as seguintes características: preguiça, lentidão, quem se faz de vítima, de coitado; quem diz que: "isso não é com ele"; quem o interrompe quando fala; aquele que falta com respeito; que o ridiculariza na frente de outras pessoas; que não faz o que ele pede; pessoas que já começam a guardar suas coisas para irem embora, quando ainda faltam 15 minutos para encerrar o expediente; e similares.

Sua paciência é muito limitada, e se não estiver se exercitando, seu excesso de energia física tende a se acumular, se manifestando através de atitudes intolerantes, arrogantes, e até mesmo grosseiras, o que é um grande perigo, já que este signo é regido pelo elemento "fogo", podendo tanto construir quanto destruir de uma forma muito intensa.

Você que é ou conhece alguém do signo de Áries, vale sempre o alerta: preste atenção em como eles estão, antes de chegar até eles. Se vierem pisando forte, corpo projetado para frente, com pressa... Vixi! Melhor sair do caminho, pois a melhor forma de lidar, neste momento, é... **NÃO LIDAR**!

Afaste-se e deixe esfriarem a cabeça. Agora, se não tiver outro jeito, muna-se de muita paciência, resiliência e, principalmente, filtre tudo o que será dito (melhor, "cuspido", como "um dragão que cospe fogo"), até porque ele não estará raciocinando nesse momento, o que o levará a falar muitas coisas das quais se arrependerá depois.

Sabendo disso, respire fundo, "cara de paisagem", e enfrente o guerreiro, pois ele até pode ser ríspido, mas é extremamente justo. No momento em que perceber o seu "mau julgamento" da situação, se não for ativado o seu orgulho, tende a pedir desculpas. Por isso, mantenha a calma em seus momentos de explosão e ação.

Quando se trata de mentalidade, este signo é extremamente empreendedor, com uma grande capacidade de administrar e fazer as coisas acontecerem. Porém, se manter... Aí é outro departamento.

Por isso, deveriam logo se cercar de pessoas que criam processos naquilo que ele desbravou, para que possa ser replicado e escalado. Assim, uma visão inicial, que fez com ele agisse de forma impetuosa e corajosa, pode ser perpetuada, criando uma fonte de renda para si, e um local de trabalho, que possa ser mantido. Enquanto sua equipe, ou os colegas, focam no operacional e no replicar, ele parte para o próximo caminho a ser desbravado.

O alerta deste signo está em ter uma visão muito centrada em "si mesmo", no desbravar, fazendo com que, poucas vezes, compartilhe suas ideias e até mesmo vivências (se fizesse isso, poderia crescer, e avançar ainda mais rápido).

Como tende a ser um líder nato e, geralmente, teimoso, é obstinado por alcançar o que deseja. Essa postura pode deixá-lo cego, sem ver outras opções ao redor; outros caminhos que o impeçam de cair e aprender com o erro.

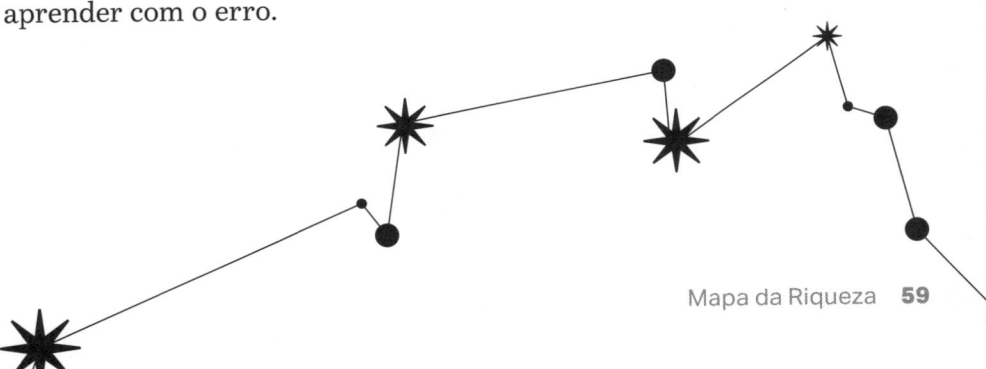

✲ ✲ ✲

MOTIVAÇÃO RAIZ

SEM MEDO DE ARRISCAR E EXTREMAMENTE MOTIVADO, este signo é movido a ser o pioneiro e a sua grande motivação raiz está em chegar primeiro. A adrenalina incutida no seu caminho do desbravar é viciante, o que acende uma luz amarela como alerta, para não abusar. Entretanto, a sua capacidade de se arriscar, de seguir o seu chamado, o leva a mais vitórias do que fracassos. Naturalmente, a riqueza chega até você, assim como parceiros e pessoas que desejam se associar nesta grande aventura, chamada vida!

Começar algo do nada, ver que abriu um novo caminho, estar rodeado de pessoas que o ajudem a concretizar suas ideias, chegar ao resultado de uma meta, a um novo projeto no trabalho. Ver o que você visionou ser concretizado, reconhecido e perpetuado, aquece o seu coração. Olhar para trás, na sua vida, e ver uma sequência de ações que deixaram sua marca no mundo, traz um sentimento profundo de realização pessoal.

Diante dos 4 objetivos do dinheiro, o segundo está muito em pauta: viver os seus sonhos, o que não estaria equivocado, desde que ele estivesse, também, alinhado aos demais.

Por isso, fica o alerta para você, ariano: para que possa trazer a sua MR de pioneirismo, de ser vencedor na vida, ter solidez financeira e ajudar os outros, conseguindo dominar os aprendizados ocultos por trás dele; porém, é preciso ficar atento ao que pode atrapalhar tudo isso – que seriam os ralos deste signo – e fazer sua riqueza escorrer por entre os dedos.

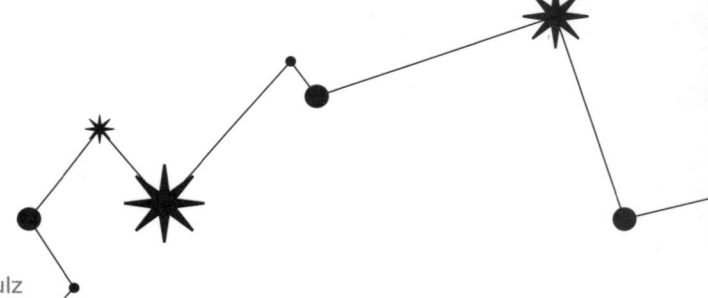

✳ ✳ ✳

RALOS:

QUANDO SE TRATA DE DINHEIRO E DE ENRIQUECER, os arianos precisam tomar cuidado com a impulsividade, porque tendem a gastar à vontade, sem pensar muito. Como são inclinados a correr riscos, dificilmente têm um seguro ou uma poupança, pois querem aproveitar a vida e tudo o que o dinheiro pode oferecer.

Este signo tem o grande diferencial de iniciar muitas coisas importantes para o mundo. Quando se trata de aliar essas características à sua MR, é preciso levar em conta a liberdade de viver tudo isso.

Mesmo que estejam dentro de uma estrutura, precisam dessa condição para criar, ver além, e conseguir cumprir o seu papel de "desbravar", portanto, a rotina é algo que se torna um ralo para ele, assim como os jogos e rendas que possam surgir através de uma bolada de dinheiro.

Tome muito cuidado com as seguintes situações: sair precipitadamente de um trabalho, arriscar-se em projetos onde todos os pontos envolvidos não estejam tão claros, confrontar autoridades, trabalhar sozinho, não planejar, e não pensar no amanhã.

Por mais que tenha bastante energia física, pode acabar abusando. O resultado de passar dos limites são dores de cabeça e enxaquecas, acidentes, queimaduras, multas de trânsito, demissões, discussões frequentes, não conseguir "desligar", estar sempre no "modo sobrevivência" (como se não pudesse parar), e tudo isso faz diminuir a sua capacidade de identificar oportunidades.

Agora, onde estão os seus pontos cegos, ou seja, as pessoas ou situações que o impedem de enriquecer? Quem são os seus inimigos ocultos?

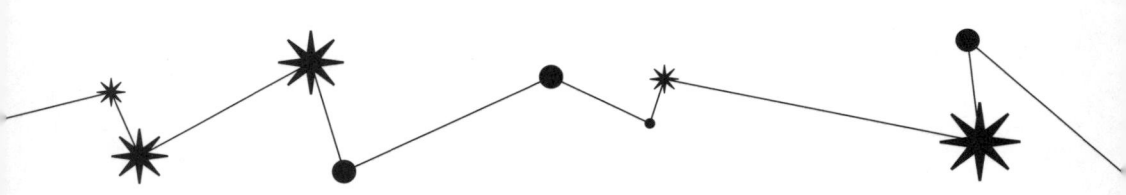

* * *

INIMIGOS:

É IMPORTANTE CUIDAR DAS CARACTERÍSTICAS INFERIORES
do seu signo. Afinal, ninguém é 100% bom ou 100% ruim. Fique alerta quanto à manipulação e à desonestidade, e observe o fato de ser inquieto e "querer tudo para agora, já!", pois isso pode fazer com que pessoas e projetos fiquem abandonados.

Infelizmente, a falta de humildade pode ser o seu grande inimigo por aqui. Expor a sua opinião rápido demais e se arrepender depois, pode afetar oportunidades que lhe renderiam uma boa grana no final. O pior é a fama que vai cercando a pessoa, impedindo-a de atrair novas chances. Por isso, lapidar a sua comunicação, torná-la cada vez mais amorosa, não tão direta ou ríspida, deve ser uma meta.

Pessoas que o desafiem, o subestimem ou o envergonhem por não ter conseguido alcançar uma meta até o final acabam aflorando a sua raiva. Nessa hora, a tendência é agir explosivamente e se arrepender depois; da mesma forma, pessoas lentas, sem iniciativas, que dependam apenas da sua ação, tornam-se um alvo para suas críticas.

A falta de exercício físico afeta toda a sua vida, por isso, não se trata de uma questão estética, mas sim da necessidade de canalizar o excesso de energia para algo construtivo, não depositando isso nas pessoas com as quais convive, seja no âmbito pessoal ou profissional.

A qualidade de ser justo, muitas vezes, faz com que você lute por causas que não são suas, o que acaba sendo um problema. Aqui, temos o legítimo exemplo de "lobo em pele de cordeiro". Aparentemente, lutar por causas justas seria algo nobre, mas nem sempre o é, pois defender quem não pediu pode atrair muitos inimigos.

Quem, ou o que, pode ajudar você a não se perder neste caminho de enriquecimento?

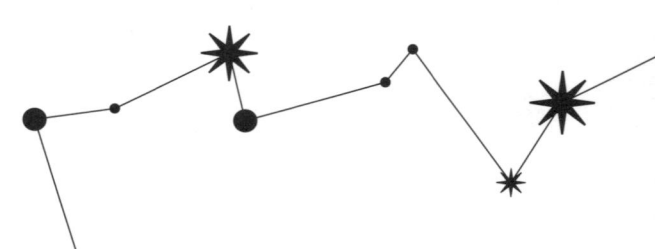

✳ ✳ ✳

ALIADOS:

Quais são os seus aliados nesta jornada de enriquecimento?

- ✳ Aprender com os erros alheios, ou seja, olhar ao redor e buscar casos de sucesso, de pessoas que chegaram lá, que foram pioneiras, líderes; quem faliu e depois reconstruiu seu império;

- ✳ Se você estiver em equilíbrio, consegue tomar melhores decisões, concorda? Como já falei, os exercícios físicos são seus aliados nesta jornada. Então, busque aqueles de que gosta e os pratique, pois vão ajudá-lo a manter o seu elemento (fogo) sob controle;

- ✳ Que nasceu liderando, você já sabe. Entretanto, será que você é um bom líder? Liderança não é forçada, e sim, conquistada. Por causa disso, alie-se ao conhecimento, a cursos e vivências que o capacitem nessa habilidade de "gestão de pessoas", que é um diamante bruto a ser lapidado;

- ✳ Cerque-se de pessoas que o ajudem a se manter no caminho quando enjoar de um projeto ou de algo. Tão importante quanto desbravar, é chegar até o fim e manter o que conquistou. Por isso, junte-se a quem gosta do operacional, de quem gosta de fazer o que alguém iniciou, a fim de que dê prosseguimento ao que você desbravou, contribuindo para que construa a sua solidez financeira;

- ✳ Por respeitar quem faz e quem está além, busque grupos para ampliar sua visão sobre negócios, investimentos e ganhos. Seu próximo passo depende apenas de você: enxergar longe. Estar em meio as mesmas pessoas de sempre não irá fazê-lo avançar;

* Escolha uma pessoa de sua confiança e dê "carta branca" para ela chamar a sua atenção (em particular, claro!). Quando estiver sendo precipitado demais, arrogante, impaciente, ou tomando atitudes impensadas, esta pessoa será o seu termômetro, quem vai ajudá-lo a se equilibrar, quando estiver extrapolando.

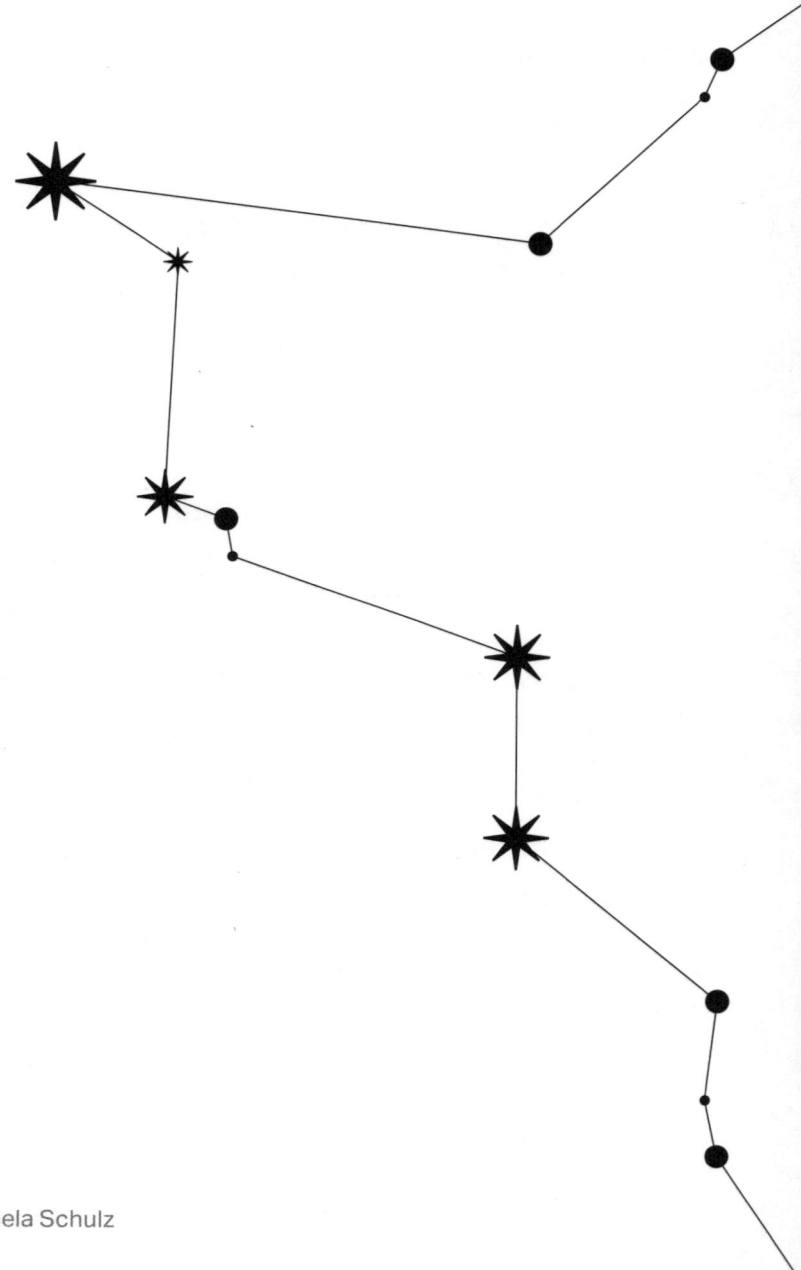

* * *

CONSELHOS DO MESTRE:

QUANDO SE TRATA DE ENRIQUECER, de ter "tino" para os negócios, de encontrar oportunidades, isso você tem. O ponto a ser ressaltado, aqui, é que isso deve servir ao propósito de solidez financeira, de auxiliar os demais, e ainda de ajudá-lo a evoluir como ser humano. Saiba usar a sua iniciativa e capacidade de desbravar com doses de equilíbrio, para que não perca o que conquistar.

Como sua MR está no "começar", na "força para mover", no "desafio", no "ser o primeiro", busque se unir a tudo e a todos que precisam dessa sua habilidade, e transforme isso em uma poderosa fonte de renda; desenvolva a sua diplomacia, a ponderação e conquiste a riqueza que você merece; passe a ser um poderoso ímã, atraindo oportunidades incríveis, reconhecendo suas iniciativas e capacidade de movimentar.

Onde a sua área ainda não foi desbravada? O que ainda não foi feito? Qual oportunidade está bem diante do seu nariz, neste exato momento? O que você precisa, ou quem, para trilhar este caminho? É preciso convencer alguém? Qual a melhor estratégia para isso? Como essa ideia pode se tornar rentável?

Persiga os seus sonhos sem se esquecer das demais pessoas, de contribuir e de aprender. Não é equilibrado apenas buscar as vitórias e confraternizar com quem amamos, ou com aqueles que estiveram ao nosso lado, sem apreciar o caminho. Lembre-se: para ser líder você não precisa ser solitário, nem pesado, se você souber se abrir com as pessoas certas.

Outro ponto: se conheça. Caso você não goste de rotina, não se coloque em um trabalho, profissão, ou com pessoas as quais não respeita, que tolheriam suas ideias e iniciativas; nada compensa a sua MR ser abafada. Pode ser que você perceba, agora, que está no lugar errado, e que isso esteja diretamente conectado ao fato de não ficar rico!

Onde você pode focar, para atrair mais chances de enriquecer?

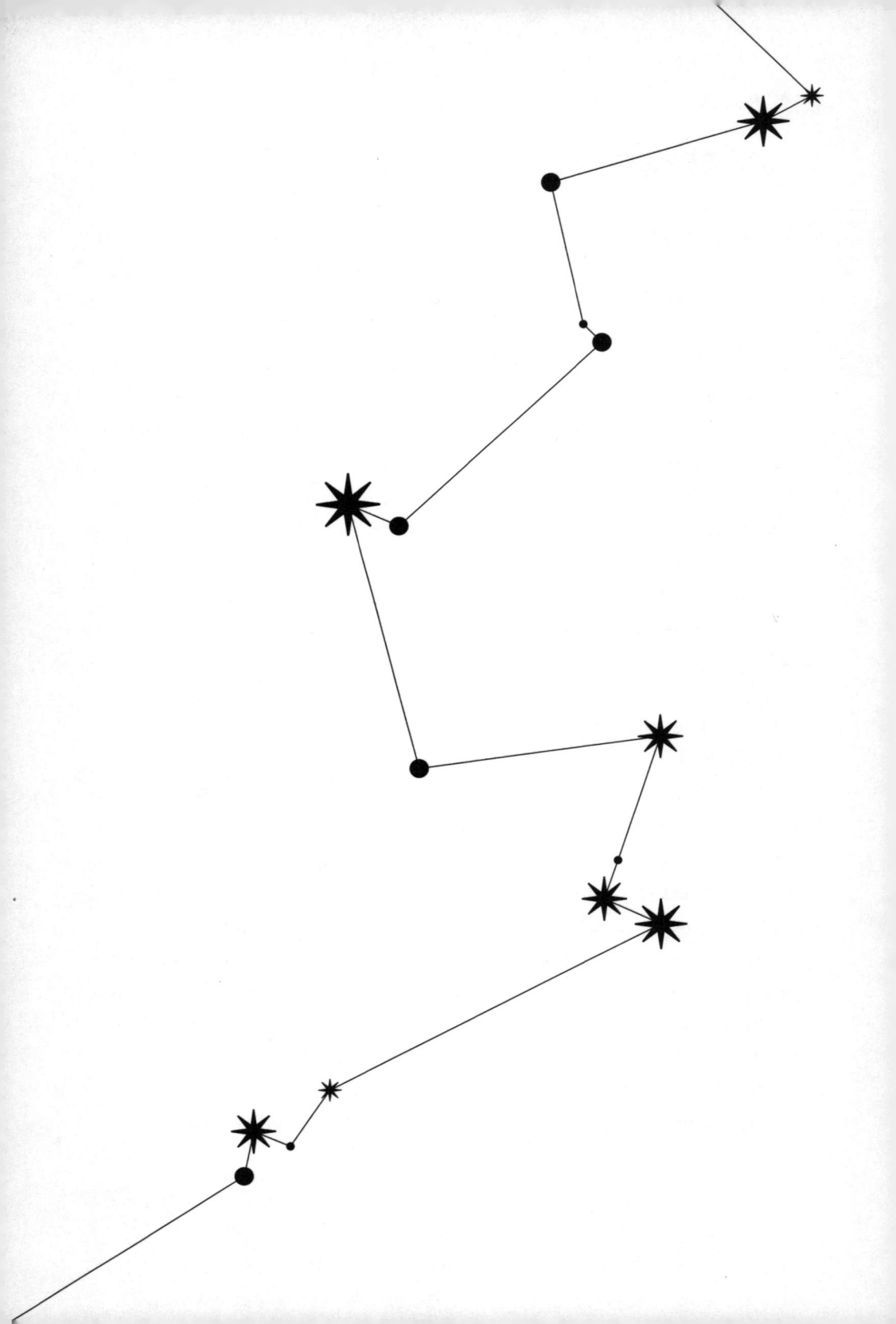

BAÚ DA SUA RIQUEZA:

TODOS TEMOS UM BAÚ CHEIO DE POSSIBILIDADES. Infelizmente, o nosso baú não está organizado, cabendo a nós encontrar as possibilidades certas, manifestando isso em forma de ideias, profissão, carreira e solidez financeira.

Existem, em você, habilidades que são diamantes brutos a serem lapidados, como: liderança, segurança, equilíbrio emocional, comunicação, empreendedorismo, ensino, palestra, ser empresário. Desenvolva e aprimore tais habilidades, pois elas abrirão portas importantes ao longo da sua vida.

Anote suas ideias e pesquise quem já fez algo parecido. Conheça os seus passos, aprenda com os erros, cerque-se de pessoas "operacionais" (que preferem fazer, ao invés de pensar ou tomar iniciativa). Olhe, neste exato momento, o que você tem feito, o que as pessoas elogiam, o que pode virar uma fonte de "renda extra" ou, quem sabe, um negócio próprio?

Quando se trata de carreiras e profissões, indico a você todas aquelas que envolvam liderança e capacidade empreendedora. As melhores são: oficial do exército, açougueiro, metalúrgico, cirurgião, satirista, empresário, piloto de corridas, piloto de testes, bombeiro, vendedor, negociante, agente de seguros, supervisor, eletricista, psicólogo, explorador, naturopata, *designer* e ator. E ainda trabalhar por conta própria. Ser autônomo é bastante adequado à personalidade independente deste signo. Quando se trata de empresa, ele prefere ser o chefe, e é inquestionável isso, porém muito alerta para essa escolha, pois, como é movido a desafios, pode ser que o seu planejamento nem sempre seja cumprido à risca, afetando, assim, os seus rendimentos.

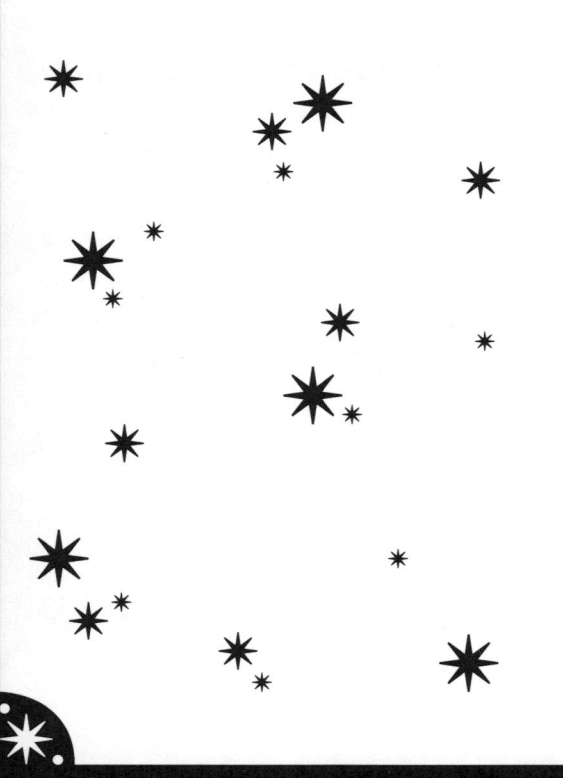

ANTES DE AGIR, PERGUNTE-SE:

1. Preciso?

2. Vi o outro lado dessa oportunidade?

3. De 0 a 10, quanto é arriscado?

4. Se der errado, qual é o meu plano B?

ARIANOS FAMOSOS:

Anitta (30/03/1993) cantora
Ayrton Senna (21/03/1960) piloto de Fórmula 1
Elton John (25/03/1947) cantor, compositor e pianista britânico
Xuxa (27/03/1963) atriz e apresentadora
Quentin Tarantino (27/03/1963) Cineasta norte-americano
Zeca Camargo (08/04/1963) jornalista e apresentador
Victoria Beckham (17/04/1974) estilista e cantora britânica
Maria Sharapova (19/04/1987) tenista russa
Leonardo da Vinci (15/04/1452) cientista, matemático, engenheiro, inventor, anatomista, pintor, escultor, arquiteto, botânico, poeta e músico.

EXEMPLOS DE ARIANOS RICOS PELO MUNDO, PELA *FORBES*[1]:

Amancio Ortega
Amancio Ortega Gaona é um empresário espanhol, presidente e fundador da Inditex, grupo de empresas proprietária de marcas como Zara, Massimo Dutti, Oysho etc.

---

[1] Com sede na cidade de Nova Iorque, *Forbes* é uma revista estadunidense de negócios e economia. Propriedade de Forbes, Inc. e de publicação quinzenal – a revista apresenta artigos e reportagens originais sobre finanças, indústria, investimento e *marketing*. Apesar de não ser o seu foco principal, também publica matérias relacionadas à tecnologia, comunicações, ciência e direito. Também, é conhecida por suas listas, principalmente nas quais faz um *ranking* das pessoas mais ricas dos Estados Unidos (conhecida como *Forbes* 400) e do mundo, além de outras, como das celebridades mais bem-pagas, e das mulheres mais poderosas. Foi fundada em 1917, pelo jornalista escocês B. C. Forbes. Suas principais concorrentes da categoria são a Fortune e a Business Week. Sua frase de efeito é: *The Capitalist Tool* (em português, "A Ferramenta Capitalista").

Nascimento: 28 de março de 1936, Busdongo, Espanha.
Patrimônio líquido: 64,4 bilhões USD (2018).

Larry Page
Lawrence Edward Page, mais conhecido como Larry, atual CEO da Alphabet Inc. Após a consolidação do Google como empresa, Larry Page foi nomeado como o primeiro diretor executivo. Em 2011, foi considerado, pela Revista Time, uma das 100 pessoas mais influentes do mundo.

Nascimento: 26 de março de 1973, East Lansing, Michigan, EUA.
Patrimônio líquido: 53,4 bilhões USD (2018).

Mukesh Ambani
Mukesh Dhirubhai Ambani é um empresário indiano, e o residente mais rico da Ásia. Ele é presidente do conselho, CEO, e maior acionista da Reliance Industries Limited, a maior empresa indiana do setor privado, e ainda da Companhia Fortune 500. Suas ações pessoais, na Reliance Industries, somam 44,7%.

Nascimento: 19 de abril de 1957, Áden, Iémen.
Patrimônio líquido: 40,3 bilhões USD (2018).

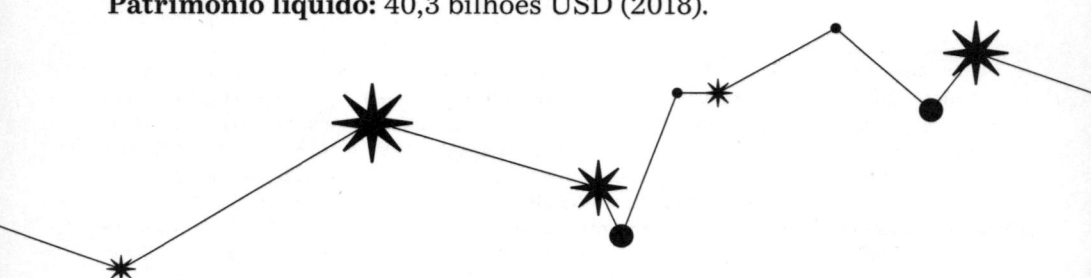

♉ TOURO

"A ti, Touro, concedo o poder de transformar a semente em substância. Trabalharás com afinco e paciência para que as sementes não se percam ao vento. Não questionarás ou mudarás de ideia até que termines tudo que já foi iniciado, pois a ti compete o processo de concretização da Minha Ideia. E para que realizes um bom trabalho, dou-te a provação do apego para dominares e, como bênção, concedo-te o dom da FORÇA. Trata de usá-la sabiamente!"

(SCHULMAN, 1987, p. 109)

Estamos diante de um signo extremamente cauteloso, que prefere ficar onde está, em vez de arriscar o que já conquistou, mudar ou encerrar algum ciclo. De pouca iniciativa, Touro é justamente o segundo signo do zodíaco, o que representa as finanças, as posses, as conquistas extremamente desafiadoras. Por isso, a tendência aqui será guardar, reter; se apropriar, tomar posse; não dividir.

Riqueza, para este signo, está vinculada a conforto, abundância na alimentação e lastro financeiro, fazendo com que ele não suporte a incerteza. Além disso, ser apressado por alguém, sentir frio, fome ou desconforto, se revela extremamente coerente ao primeiro objetivo do dinheiro: trazer segurança para a sua vida.

Pode não precisar de muitos luxos, mas não abre mão de uma boa cama, refeição e banho relaxante, sem contar que gostam de ter um valor meio que "à mão". Por isso, muitos possuem dinheiro guardado em casa (ou melhor, escondido!), para não serem pegos desprevenidos, caso precisem; inclusive, só de pensar em ir ao supermercado e a conta final somar mais do que há em sua carteira, já gera um receio.

Gostam de ser bem pagos pelo que fazem, e se perceberem que não são valorizados ou bem remunerados, podem iniciar uma transição e procurar um novo emprego. Por não gostarem de mudanças, os taurinos tendem a não ser muito maleáveis, flexíveis e adaptáveis. Sendo assim, buscam um local de trabalho tranquilo, bonito e rodeado de pessoas que não sejam grosseiras ou estúpidas, caso contrário, sua teimosia pode aparecer e piorar ainda mais a situação.

O seu senso estético se destaca, podendo até se tornar uma fonte de renda ou a sua principal profissão. Apesar de a sua mente parecer mais lenta, isso não o impede de tomar decisões com inteligência, praticidade e criatividade. Geralmente, não gosta de expor sua opinião, por receio de ser julgado ou se indispor com alguém. Entretanto, após tomada uma decisão, raramente a reconsidera.

Por ser do elemento "terra", tem dificuldade em olhar a vida de forma mais abstrata, podendo passar a ideia de intransigente, teimoso e intolerante, pelo fato de possuir essa dificuldade. Resultado? Permanece naquilo que conhece, isto é, onde sabe que está pisando.

E coitado daquele que pede dinheiro emprestado, e não devolve conforme o combinado: a chance de arranjar uma briga com este, até então, pacífico signo, é gigante! E você pode se surpreender – e até mesmo, olhar duas vezes – para ver se ele é, realmente, o seu amigo, já que se transforma quando mexem nessa área da sua vida. Em razão disso, chegam a omitir o real valor do seu salário, para que ninguém venha pedir nada emprestado. Motivo? Não conseguir dizer "não", e ficar de mal com as pessoas.

Infelizmente, o fato de precisarem desenvolver essa habilidade de "se posicionar", "dar limites", faz com que passem por várias situações nas quais subestimam a sua capacidade, até que "explodem". Nesse momento, nem eles gostam de se ver assim, pois vai muito contra tudo o que buscam – que é estar em paz, em harmonia, com tudo e todos ao seu redor.

Como tendem a poupar, podem não realizar seus sonhos por medo de o dinheiro faltar, ou de precisarem e já ter investido em algo; e isso os leva a vibrar na escassez. A não ser que estejamos falando em experimentar um restaurante novo. Aí é possível que gastem até o último tostão!

"Em time que está ganhando não se mexe", por isso, ele acredita, de coração, que se a situação atual está favorável, deve-se evitar mexer em qualquer coisa vinculada a ela, o que se trata de uma característica lendária dele: teimosia (não sair do lugar).

Por causa dessa postura, tende a "remar contra a maré" da lei natural, que diz: "tudo evolui"; que "tudo deve seguir em frente". Nesse caso, acaba atraindo situações de altos e baixos, que o levarão a um desconforto muito grande, a fim de que possa, então, se mover em direção ao encerramento de ciclos; ou seja, estamos falando aqui do quarto objetivo do dinheiro: aflorar os nossos aprendizados pessoais.

Mudar é seguir rumo ao desconhecido, e este signo não suporta o fato de não saber onde está pisando, o que o torna extremamente controlador e possessivo. Por mais que queira permanecer onde está, a vida, de tempos em tempos, irá trazer a ele situações que sinalizarão a necessidade de mudança.

A primeira tende a ser a mais traumática, pois, depois de ver que protelou ao máximo para se convencer de que, realmente, precisava fazer algo; ao dar este passo, acaba percebendo que nem era todo horror que imaginava.

O alerta deste signo está em aprender a dar o "salto da fé"; o "passo rumo ao desconhecido"; fazer a sua parte e confiar que há, também, algo maior coordenando a sua existência. Aprender a dividir, compartilhar, equilibrar o que a vida traz, e o que oferece a ela, a sua contribuição: ajudar às pessoas, às causas humanitárias. Tudo isso ameniza e evita a gangorra de emoções e situações nas quais vive, pelo fato de protelar seguir em frente, rumo a algo. A partir daí, ninguém mais o segura!

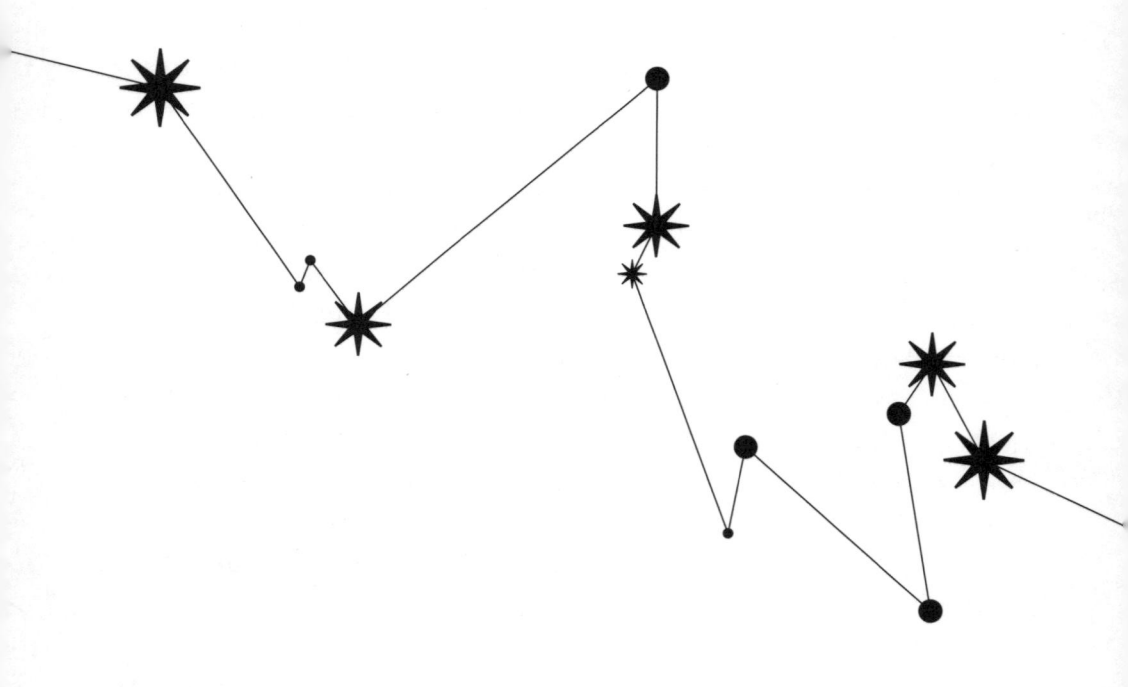

✳ ✳ ✳

MOTIVAÇÃO RAIZ

ESTAMOS DIANTE DE UM SIGNO que, se convencido a fazer algo, não desiste no meio do caminho. Para isso, a sua MOTIVAÇÃO RAIZ, aquilo que o levará a agir, será a SEGURANÇA e a QUALIDADE DE VIDA.

Em nome delas, concretiza, persiste, foca, muda e, quando decide que merece o que, até então, desconhecia, torna-se determinado e obstinado, e, dificilmente, deixa que algo atrapalhe o seu caminho.

Apesar das dificuldades, ele é movido pela busca de uma solidez financeira que proporcione tranquilidade e segurança, a fim de viver bem os seus dias. Sua paciência é uma grande aliada, permitindo que suba degrau por degrau dessa escadaria chamada riqueza, e que não tende a ser construída da noite para o dia, mas, sim, ao longo da sua jornada de vida.

Como este signo tende a ficar parado, situações que fujam do seu controle podem se repetir, a fim de que o motive a resgatar, novamente, a sua segurança, com o intuito de voltar a ter a qualidade de vida perdida (ou severamente ameaçada), em decorrer dessa situação. Afinal, não suporta estar sob pressão, já que isso também afeta a sua saúde.

Diante dos quatro objetivos do dinheiro, o primeiro está bastante em pauta: buscar estabilidade, a fim de ter qualidade de vida.

Como tende a estacionar, esse propósito se manifesta para que ele se abra, com a intenção de ajudar as outras pessoas e, então, se tornar um ser humano melhor. No entanto, é preciso ficar atento ao que pode atrapalhar tudo isso – que seriam os ralos deste signo – e fazer sua riqueza escorrer por entre os dedos.

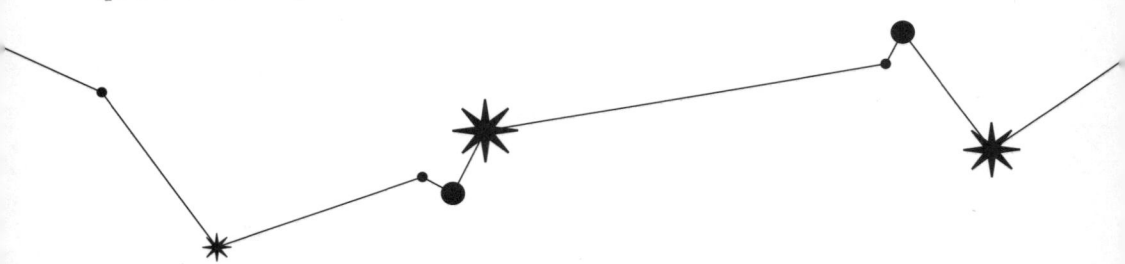

* * *

RALOS:

QUANDO SE TRATA DE DINHEIRO e de enriquecer, os taurinos precisam tomar cuidado com o fato de levarem a si mesmos a exaustão. Como tendem a ser extremistas, sem iniciativa, ficando totalmente absortos naquilo que decidiram fazer, não percebem o quanto estão cansados.

Por causa disso, tendem a "meter os pés pelas mãos", através da sua comunicação, do seu comportamento, e ainda, da sua mente, que fica confusa, afetando, consequentemente, a sua produtividade e os seus ganhos. Já dizia o jargão: *quem só trabalha, não tem tempo para fazer dinheiro*. Então, pense nisso!

É difícil para ele perceber outros pontos de vista. Por ser "cabeça dura", recusa-se a correr riscos e a experimentar coisas novas. Pode ser extremamente possessivo com pertences e pessoas e demonstrar uma atitude de ostentação – na busca pelas coisas boas da vida. O que leva bastante o seu dinheiro, e as chances de enriquecimento, embora sejam as compras, a "*shopping* terapia", uma grande válvula de escape que arrebata o seu bolso.

Tudo que esteja relacionado aos sentidos (tato, visão, olfato, paladar e audição) conecta à essência deste signo, podendo se tornar uma fonte de gastos extra-gigantes. Sendo assim, muito cuidado ao fato de buscar preencher tais sensações, visando colocar o conforto acima de tudo.

Como uma de suas MR é a segurança, acumular dinheiro pode impedí-lo de se abrir para novas oportunidades que a vida (ou as pessoas) traz. Um dos motivos para não crescer financeiramente é desenvolver uma vida em que qualquer coisa escape da sua rotina, desequilibrando-o, tirando aquilo que considera ser "uma vida com qualidade".

Agora, onde estão os seus "pontos cegos", as pessoas (ou situações) que o impedem de enriquecer? Quem são os seus inimigos ocultos?

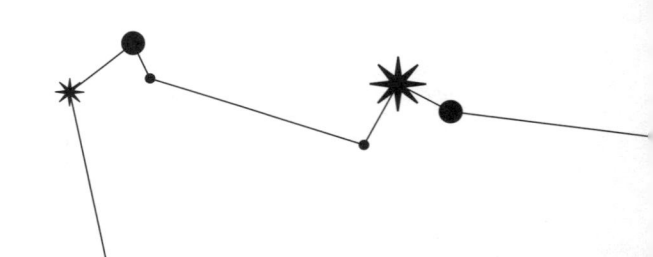

***

INIMIGOS:

AS PESSOAS DO SIGNO DE TOURO PRECISAM ESTAR ALERTAS por acreditarem ser, única e exclusivamente certo enriquecer acumulando dinheiro, ou seja, não se abrindo para investir, multiplicar e criar fontes extras de renda.

Cuidado com pessoas extremamente aceleradas, impulsivas, que tendem a falar muito, sem colocar nada em prática; elas ficam apenas estimulando-o a comprar mais e mais, alimentando o seu consumismo, enquanto seu patrimônio diminui, ou você se endivida.

Provavelmente, este signo já passou muita fome ou trabalho em outras existências; ou até mesmo na vida atual. Essa experiência pode tê-lo marcado profundamente, a ponto de não haver limites em gastar no que tange à alimentação e bem-estar.

Recusa-se a correr riscos, e não abre mão do que já conquistou para dar o próximo passo; tende a ter uma postura recheada de crenças e "tabus", levando-o a vibrar na escassez, e não na abundância. Demora a se convencer de que algo precisa ser feito, dito ou mudado, podendo, assim, ter dores na garganta, rigidez na nuca e afonia (problemas nas cordas vocais).

Quando algo se torna pesado demais, ou você se sente pressionado (podendo fugir para a alimentação desequilibrada), ou dorme além do necessário. No entanto, muito cuidado com isso, pois pode acreditar que está fazendo o certo, mas a balança e a vitalidade mostrarão que não.

Escutar pessoas que o incentivem a NÃO trocar o certo pelo duvidoso, reforça as suas crenças, impedindo-o de dar o próximo passo de forma leve, pelo amor, e isso atrai somente situações extremas, que o obrigarão a se mover.

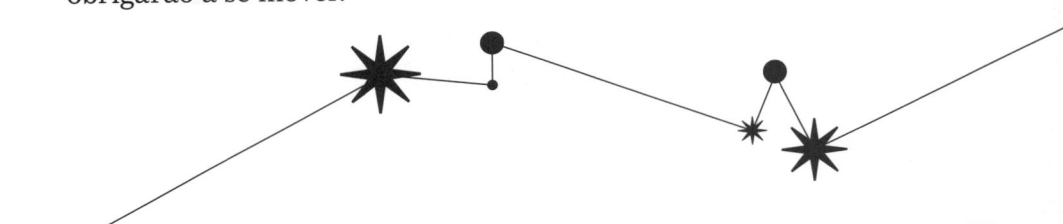

✳ ✳ ✳

ALIADOS:

Quais são os seus aliados nesta jornada de enriquecimento?

✳ Lidar com pessoas que questionam sua rotina pode parecer, à primeira vista, que você está à frente do inimigo. No entanto, elas cumprem um importante papel, que é desacomodá-lo, chamá-lo para se colocar em movimento. Apesar de, nem sempre, isso ser bem visto, é o que você precisa; e quando consegue enxergar dessa forma, verá que tem um apoio, para alertá-lo de que é a hora de agir e mudar;

✳ Planejar seu tempo com uma rotina de trabalho equilibrada; ter um estilo de vida com qualidade em todos os setores; poder preparar o terreno para possíveis mudanças, permitindo-se ir além, ao ler novos livros, abrir espaço para fazer cursos, entre outras atividades;

✳ Construir suas regras pessoais, acerca da sua paciência. Tudo tem limite! E se até o elástico arrebenta, você pode – e deve – ter limites, antes de explodir com as pessoas. Afinal, quando você perde a cabeça, não é bom para você nem para os envolvidos, e muito menos para futuros ganhos financeiros;

✳ Um consultor financeiro seria bem interessante, a fim de aconselhá-lo na forma como o seu dinheiro pode render, de maneira segura e eficiente, ao invés de deixar a quantia parada na conta bancária. Assim, você consegue planejar o futuro e separar uma porcentagem do valor para ajudar as pessoas, viajar etc.;

* Olhar para os momentos de crise como oportunidades, e ver que eles estão ali para ensinar algo que deverá ser implementado na sua vida, a fim de que você possa dar o próximo passo. Cada crise pode ser evitada se, antes, você se perguntar: o que mais posso fazer para ir além?

* Observar quem são os empresários bem-sucedidos do ramo de "bem-estar das pessoas", e se inspirar neles. Investir nessa área pode ser uma boa opção para você, uma vez que é um valor que está em sintonia com a sua MR.

* * *

CONSELHOS DO MESTRE:

QUANDO SE TRATA DE ENRIQUECER, o primeiro passo para mover o taurino é lembrá-lo de que, ao pensar apenas no próprio bem-estar, em ter o suficiente para uma vida confortável, revela egoísmo; demonstra que a pessoa está preocupada somente com ela mesma, e ninguém mais. Por isso, como você pode ampliar seus ganhos para ajudar outras pessoas? Como pode expandir a sua visão de vida, aumentando os seus sonhos, as suas metas e os seus desejos?

Encare os seus medos. Questione-se:
* Se eu não tiver dinheiro, o que pode acontecer comigo, com a minha vida e com as pessoas ao meu redor?

* Por que eu desejo enriquecer? Por medo ou por que sou um ser de abundância?

* O que é pior: viver no "se", no "mundo das probabilidades", e então se arrepender de não ter ido em frente; ou enfrentar possíveis derrotas, por ter tido iniciativa?

Com a capacidade de concretizar presente em você, basta acreditar que merece o próximo nível; e que, sim, há formas de chegar lá mantendo a sua qualidade de vida.
A sua vida pode ser ainda melhor!
Você já se perguntou como isso pode acontecer?
O ato de sonhar e construir esse sonho é um aprendizado para o taurino. Aprenda a soltar o passado de forma planejada; a vida que você conhece, em nome daquela que está por chegar. É possível realizar essa transição naturalmente.
Ele está sempre disposto a lutar por aquilo que acredita, e essa característica pode ser uma verdadeira inspiração para outras pessoas que precisam aprender a defender seus ideais e ter mais determinação.
Quando um nativo de Touro resolve o que quer, vai até o final para conseguir!
Aprenda que, de onde vem esse dinheiro, vem muito mais. A fonte da abundância é ilimitada, e está ao alcance daqueles que se abrem para o fluxo de equilíbrio entre o "dar e receber". Exercite o desapego, doe sem peso, cobranças ou medos. Quando o seu coração se sentir feliz pelo outro, você terá alcançado esse intuito.
Onde você pode focar para atrair mais chances de enriquecer?

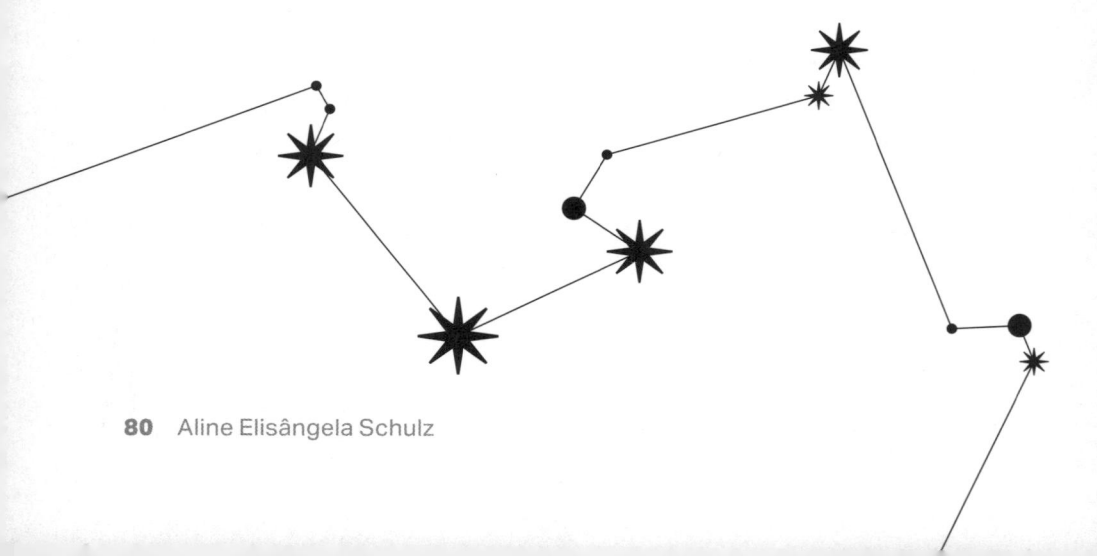

BAÚ DA SUA RIQUEZA:

TODOS TEMOS UM BAÚ CHEIO DE POSSIBILIDADES. Infelizmente, o nosso baú não está organizado, cabendo a nós encontrarmos as possibilidades certas e manifestá-las em forma de ideias, profissão, carreira, solidez financeira e qualidade de vida.

Existem, em você, habilidades que são diamantes brutos a serem lapidados, como: "dizer não", "ser flexível", "ter iniciativa", "arriscar, aceitar e se adaptar". Una-se a quem pode mostrar a você a vida sob outro ângulo, indicando caminhos claros e simples de serem concretizados.

Mude a sua mentalidade, a fim de expandir seus rendimentos. Arrisque. Ouse com menos riscos. Cerque-se de novas possibilidades e de mentores, que são exemplo para você, e que já chegaram lá. Busque ajuda para sair da sua rotina de vida.

O local onde você trabalha pode trazer um aumento em seus rendimentos? É um ambiente agradável ou tenso? Você é feliz no trabalho? Por ser feliz neste lugar, você se acomodou? Se não trabalhasse com isso, onde trabalharia? Se não estivesse nesta profissão, em qual estaria? Qual delas une paixão e rendimentos?

Junte-se a pessoas pioneiras e que executam projetos passo a passo, alongando, assim, sua trajetória; àqueles que precisam de alguém ao seu lado; que o auxilie na concretização e perpetuação das suas ideias. Dessa forma, você poderá ajudá-las a andar no caminho certo.

Como os taurinos gostam de uma boa comida, podem se tornar ótimos críticos gastronômicos, gerentes ou donos de restaurante.

Devido à sua ligação com a terra, podem investir nas seguintes carreiras: paisagista, horticultor, agricultor orgânico, agrimensor, construtor, arquiteto ou agente imobiliário. Outras atividades profissionais indicadas para este signo, são: cantor, músico, negociante de arte ou antiguidades, joalheiro ou artesão.

Também pode ser um artista, utilizando o seu corpo como expressão na dança, no teatro ou como modelo. Por ser uma pessoa confiável, pode atuar como funcionário do governo, administrador, banqueiro, corretor de investimentos ou gerente de escritório.

QUESTIONE-SE:

No que você deseja/ambiciona se destacar?

O que é qualidade de vida para você? Isso é o que realmente você merece ou pode ser ainda melhor? Como poderia ser ainda melhor? Como unir expansão e crescimento com qualidade de vida?

EXEMPLOS DE TAURINOS FAMOSOS:

Ludmilla (24/04/1995) cantora
Rainha Elizabeth II (21/04/1926) rainha da Inglaterra
Rodrigo Hilbert (22/04/1980) apresentador brasileiro
Al Pacino (25/04/1940) ator norte-americano
Felipe Massa (25/04/1981) piloto brasileiro de Fórmula 1
Michelle Pfeiffer (29/04/1958) atriz norte-americana
Roberto Justus (30/04/1955) publicitário, empresário e apresentador
Fausto Silva (02/05/1950) jornalista e apresentador
David Beckham (02/05/1975) jogador de futebol britânico
Mark Zuckerberg (14/05/1984) Programador e empresário (fundador do *Facebook*)

EXEMPLOS DE TAURINOS RICOS PELO MUNDO, SEGUNDO A *FORBES*:

Mark Zuckerberg

Mark Elliot Zuckerberg é um programador e empresário norte-americano, que ficou conhecido internacionalmente por ser um dos fundadores do *Facebook* – a rede social mais acessada do mundo.

Nascimento: 14 de maio de 1984, White Plains, Nova Iorque, EUA.
Patrimônio líquido: 58,9 bilhões USD (2018).

David Koch
David Hamilton Koch é um empresário estadunidense, atual vice-presidente da Koch Industries, uma das maiores empresas privadas dos Estados Unidos.

Nascimento: 3 de maio de 1940, Wichita, Kansas, EUA.
Patrimônio líquido: 53,9 bilhões USD (2018).

Susanne Klatten
Susanne Hanna Ursula Klatten, nascida como Susanne Hanna Ursula Quandt, é filha de Herbert Quandt e Johanna Quandt. É empresária, e a mulher mais rica da Alemanha.

Nascimento: 28 de abril de 1962, Bad Homburg vor der Höhe, Alemanha.
Patrimônio líquido: 16,8 bilhões USD (2018).

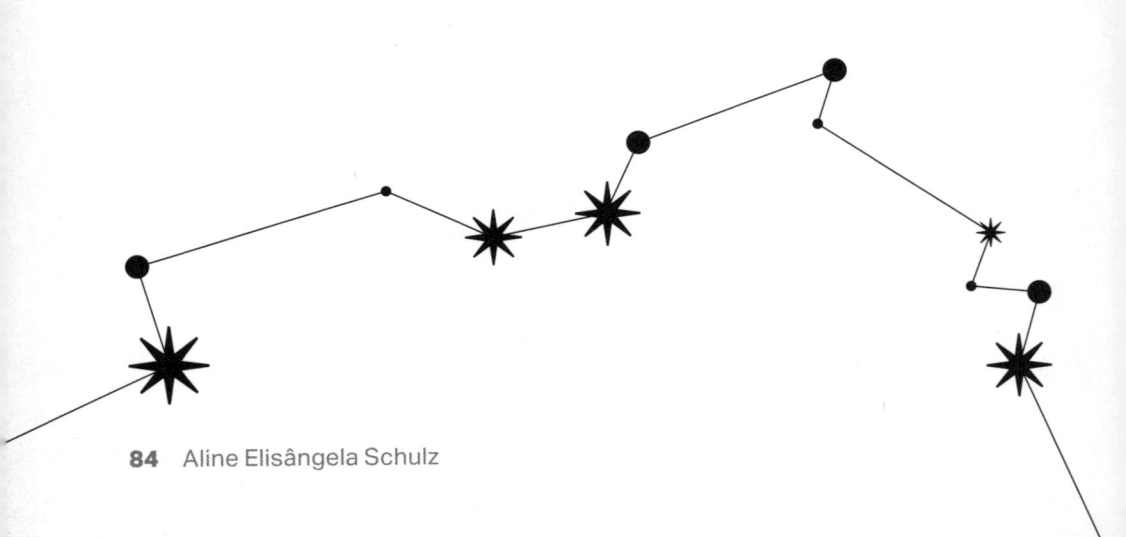

GÊMEOS

"A ti, Gêmeos, atribuo a tarefa de comunicar ao mundo Minha ideia. Por isso te dou perguntas sem respostas. Em tua busca pelo conhecimento, inquietarás os que estão ao teu redor, para que compreendam o que veem e o que ouvem. Tu serás um, mas pensarás e falarás por dois. E para que faças um bom trabalho, dou-te a provação da superficialidade para dominares e, como bênção, concedo-te o dom da INTELIGÊNCIA."

(SCHULMAN, 1987, p. 109)

Eis que estamos diante de um signo que possui fortes dilemas pessoais por racionalizar suas emoções. Outro desafio é lidar com a cobrança de que seja 100% focado em algo, escolhendo e permanecendo em uma única profissão até o fim dos seus dias; sem falar no desespero que sente ao ficar preso em um escritório (sem janela ou ventilação), impedido de falar com as pessoas, em troca de um salário.

Poucos revelam que os geminianos podem ter mais de uma importante profissão ao longo da vida; ou, concomitantemente, outras fontes de renda, que o permitam usufruir de viagens, estudos, cursos e livros, já que sanar as dúvidas é uma forte busca deste signo.

Eles precisam aprender a arcar com as consequências de seus atos, vislumbrando como isso vai impactar no seu futuro. Por isso, lembrá-los de que nada é permanente nesta vida é essencial. Aliás, sua opinião é extremamente variável, ou seja, se alguém contrário aos seus ideais o convence de algo, ele simplesmente muda de ideia.

Sendo assim, sempre que quiser convencê-lo, use argumentos lógicos e racionais, a fim de que possa "virar a chave" naquele instante. No entanto, essa mudança de pensamento por parte dele tende a ser breve, dependendo do próximo argumento.

A flexibilidade é uma forte característica do nativo deste signo. Apesar de levar a fama de ter "duas caras", na verdade, se trata de uma "nova escolha", que foi feita de acordo com o novo assunto apresentado a ele.

Aprender é algo bastante precioso para o geminiano, e se essa sabedoria for usada de forma útil e prática, poderá trazer resultados concretos no futuro; caso contrário, a cada novo aprendizado surgirá um novo interesse, fazendo-o começar um novo estudo, mas sem concluir o anterior. Dessa forma, definir prioridades na vida (e aplicar o que aprendeu) é essencial para transformar o conhecimento do geminiano em riqueza.

Este signo é extremamente multitarefas, capaz de realizar diferentes projetos ao mesmo tempo; porém, há um grande desafio para eles, que é o "foco".

Como a tendência é desviar a atenção muito facilmente, levando-o a se ocupar com várias atividades ao mesmo tempo, o seu dia não rende. Ao se focar, possivelmente ele tem clareza das suas metas, sabendo aonde quer chegar.

Atenção, geminianos! Não são os demais que são lentos, é você quem possui uma mente muito rápida, identificando mais do que depressa o que está acontecendo, tendo dificuldade em explicar, delegar e ser claro. Como a sua comunicação nem sempre acompanha a rapidez da sua mente, pode formular ideias sem começo, meio e fim, ou ainda inventar novas palavras que não são compreendidas pelos outros.

Por possuir uma mente rápida e perspicaz, também pode chegar a conclusões onde muitos precisam refletir por mais tempo. A sua curiosidade o leva a passar de um assunto para o outro, porém sem se aprofundar em nenhum deles. Com isso, consegue falar sobre tudo, inclusive, manipular as pessoas através da sua "lábia" e da sua perspicácia mental.

Os nativos de Gêmeos estão inclinados a abraçar o mundo e, nas vésperas da entrega de um projeto, tendem a virar a noite para cumprir prazos. Além disso, gostam de perceber a iniciativa de colaboradores para ajudá-los nesses momentos. Como geralmente se ocupam bastante, precisam se organizar, caso contrário, estarão sempre atrasados ou perdendo compromissos por puro descuido.

Como amam o conhecimento, responder perguntas e compartilhar suas experiências, ensinar é algo natural para eles. Normalmente, são articulados, sabem negociar e estão por dentro das últimas novidades, e sentem-se profundamente afetados por pessoas apegadas, rígidas, inflexíveis, mal-humoradas, que dificultam a mudança e não gostam de conversar.

Precisam se atentar com a enrolação, as fofocas e as intrigas no meio em que vivem e, caso não estejam em um ambiente onde a diversidade e a pluralidade encontram-se presentes, podem se sentir presos, a ponto de optarem por sair do trabalho.

O alerta deste signo está no fato de ele não considerar o dinheiro algo tão importante. Diante das suas inúmeras habilidades, logo consegue "levantar uma grana" quando precisa, nem que ultrapasse a linha da ética para isso. Estar em meio a novidades o faz se sentir vivo. Porém, essa postura pode vinculá-lo apenas ao segundo objetivo do dinheiro, que é realizar seus sonhos a partir do conhecimento aprendido e repassado. Assim, o resultado é uma vida sem muita solidez financeira.

De tempos em tempos, a sua estrutura pode ser mexida, o que, nem sempre, acontece de forma positiva, revelando um grande aprendizado: a organização e conclusão de suas tarefas.

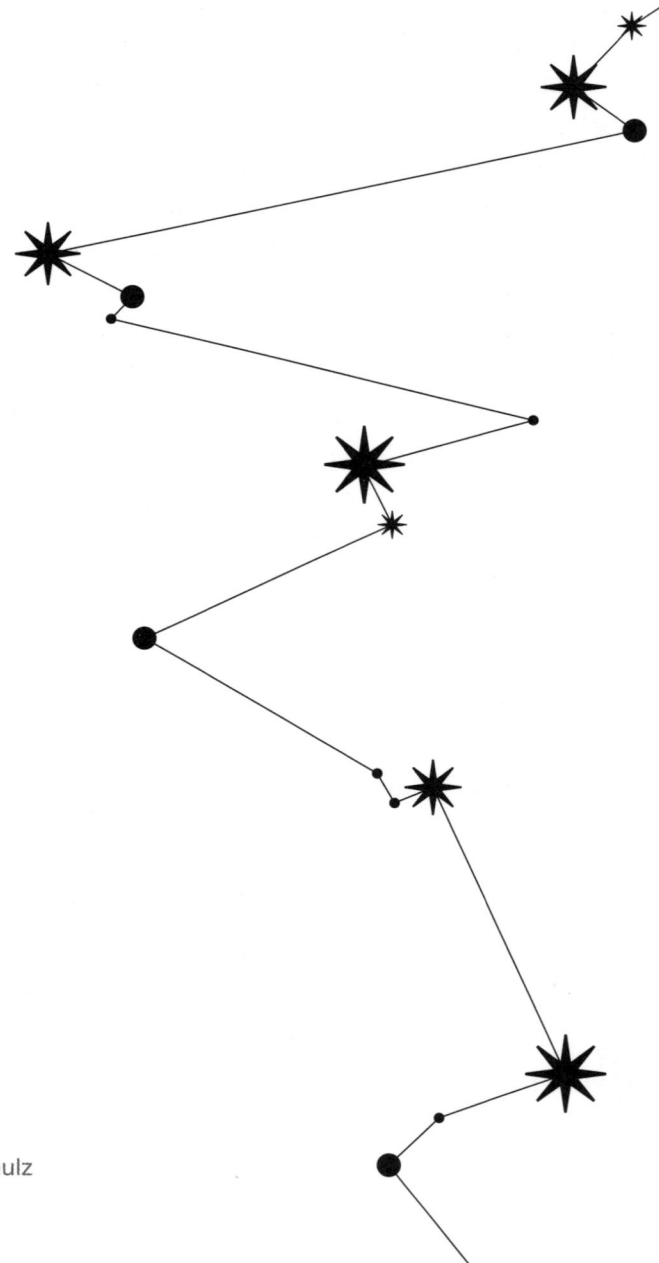

* * *

MOTIVAÇÃO RAIZ

POR ESTARMOS DIANTE DE UM SIGNO extremamente flexível e capaz de realizar várias tarefas ao mesmo tempo, percebe-se qual é a sua MOTIVAÇÃO RAIZ: A NOVIDADE.

Ele precisa aprender coisas novas e estar em contato com temas que o estimulem, que o coloquem sempre mais adiante, em que possa ver além. O desafio, aqui, é trazer essa visão para dentro de uma fonte de renda; transformar o conhecimento em riqueza.

Diante dos quatro objetivos do dinheiro, como vimos aqui, o segundo está mais em pauta, ou seja, buscar a realização dos seus sonhos através do aprendizado.

Como tendem a ser comunicativos, bem-humorados, criativos, dinâmicos e polivalentes, podem tornar o seu conhecimento em uma fonte de renda, já que, quanto mais aprendem, mais podem ensinar. Se essas informações forem relevantes para as pessoas, encurtando caminhos e economizando tempo e dinheiro, o seu trabalho será muito valorizado.

Como a essência dos nativos deste signo está mais no "eu", ou seja, vibram no egoísmo e focam apenas em ter o suficiente, tornam-se desorganizados para construir uma estrutura de vida sólida e segura, pois não pensam em contribuir com a humanidade, muito menos, em colaborar para fazer do mundo um lugar melhor para se viver. Naturalmente, acabam atraindo situações delicadas nessa área, a fim de chamar a atenção para o seu aprendizado oculto, que é "focar mais".

Existe um círculo vicioso que se manifesta da seguinte forma: o geminiano não consegue expandir o seu conhecimento teórico e, quando chega a hora de aplicá-lo, sempre surge um novo aprendizado. Assim, não coloca em prática o que já sabe para, então, partir para o próximo assunto.

Apenas grandes acontecimentos são capazes de tirá-los desse *looping* sem fim. Quando algum fato impactante acontece, este tende a ser tão intenso que tira o seu chão, de forma até mesmo abrupta. Porém, eles precisam ficar atentos ao que pode atrapalhar ou intensificar essas armadilhas, que é o que chamo de "ralos" deste signo, pois podem fazer a riqueza deles escorrer por entre os dedos.

✳ ✳ ✳

RALOS:

AS PESSOAS DO SIGNO DE GÊMEOS precisam tomar cuidado com a sua comunicação. Por falarem demais, não conseguem guardar segredos. Não sabem delegar tarefas com clareza e, por isso, podem ser mal interpretados pelas pessoas, gerando situações que acabam drenando novas oportunidades para outros rendimentos financeiros.

Os geminianos tendem a não pensar muito no futuro, gostam de apostas rápidas e de ganhos "relâmpago". Com isso, acabam investindo mal o seu dinheiro, o que pode provocar vários altos e baixos durante a sua vida.

Como são movidos a novidades, ficar parado é muito difícil. Assim que "baixa a poeira", passam, rapidamente, a investir em novos interesses, ou num desafio diferente, ou em algo tecnológico, e isso pode trazer instabilidade financeira aos seus lares.

Aqui, há um grande risco de endividamento, já que, raramente, sabem ao certo onde gastaram. Frequentemente, consomem sem pensar e usam o cartão de crédito sem critério, além de sempre contar com aquele valor que ainda não receberam para realizar suas compras, podendo se tornar compradores compulsivos.

Outro desafio é querer "abraçar o mundo" e realizar mais tarefas do que conseguem, e o resultado desse desequilíbrio pode chegar ao seu corpo físico, se manifestando por meio de resfriados, pneumonias, alergias respiratórias e problemas nos rins.

A vontade de enriquecer rápido e sem esforço pode levar os nativos deste signo a enganar e pedir dinheiro emprestado, mesmo que já estejam em uma situação nada confortável, e tudo isso pode fazer o dinheiro sumir da sua carteira ou ainda da sua conta bancária.

✳ ✳ ✳

INIMIGOS:

OS MAIORES INIMIGOS DOS GEMINIANOS são a desorganização, a perda de foco e a incapacidade de perceber o real tempo de execução de cada tarefa. Além disso, pessoas que os estimulem a adquirir mais livros e cursos também são grandes inimigos, assim como aqueles que os encorajam a viajar sem planejamento e a não programar sua rotina, fazendo com que se deixem levar sem rumo pela vida.

O fato de saberem muito, mas com pouca profundidade, pode fazer deles pessoas superficiais. Em uma conversa, ao serem questionados sobre o que estão falando, talvez desconversem, por não reconhecerem que possuem um conhecimento limitado.

Acreditar que devem ter uma única fonte de renda ao longo da vida atrapalha bastante as suas chances de enriquecerem, já que possuem inúmeras habilidades e uma alma que anseia por aprender. Além da capacidade de lidar com várias coisas ao mesmo tempo, pode ser uma alternativa muito interessante aplicar e transmitir o seu conhecimento em diferentes locais.

Como estão sempre mudando, as pessoas deste signo talvez não sejam consideradas "verdadeiras", sendo que os seus desafios na comunicação podem levá-las a intrigas, fofocas ou manipulações, fazendo com que percam a credibilidade e confiança dos demais.

* * *

ALIADOS:

Quais são os seus aliados nesta jornada de enriquecimento?

* Cerque-se de pessoas organizadas, além de ferramentas que o ajudem a planejar e executar suas atividades. Escolha uma que o lembre do que precisa ser feito e o tempo estipulado. Assim, você evita consolidar a fama de desorganizado, de quem não cumpre os prazos, perdendo a confiança de todos;

* Por querer compreender como funciona o mundo, busca informações para si que não devem ser guardadas, e sim, transmitidas. Inspire-se em quem está ensinando, quanto está cobrando por isso, como está fazendo, de que forma, onde?

* Para ir além, proponha-se a buscar, profundamente, um tema do seu interesse, assim, poderá falar do assunto com propriedade;

* Olhe para a sua vida e defina metas a longo prazo. Determine quais são as suas prioridades semanais e mensais, e estruture os seus horários de trabalho;

* Leia, escreva, grave vídeos; dê aulas, exponha o que sabe para os demais. Pesquise o que as pessoas precisam, a fim de ajudá-las a resolver algum desafio. Sistematize o seu conhecimento com esse objetivo, e o transforme em cursos, *workshops*, vivências, palestras e livros;

* Anote todos os seus gastos diários e comece a ver, com clareza, onde seu dinheiro está sendo investido, ou mesmo se está gastando de forma desnecessária. Reparta o dinheiro que recebe em

"porções": cada parte para um objetivo diferente, e procure usar somente o que está destinado a cada um deles.

✳ ✳ ✳

CONSELHOS DO MESTRE:

O PRIMEIRO PASSO PARA MOVER o geminiano é colocá-lo em um caminho que tenha início, meio e fim: chegar à tarefa concluída. Por isso, é importante elencar metas e prioridades, além de se manter neste caminho com criatividade até a sua concretização.

É preciso entender que a sua melhor característica também pode ser seu maior desafio – a comunicação. Aprimorá-la é algo a ser buscado todos os dias, tanto para os outros quanto para si mesmo. Procure expressar aquilo que é verdadeiro, aperfeiçoar a habilidade de ser compreendido por qualquer pessoa e se expressar sobre qualquer assunto.

Lembre-se: para que a sua mensagem chegue ao mundo, você precisa de dinheiro em abundância. Não basta ter apenas para honrar suas contas; é preciso desbravar o mundo, ajudar as pessoas, e aprender a conquistar solidez financeira.

PARE E REFLITA:

O que você deseja para si mesmo?

Como a comunicação pode contribuir para uma maior igualdade e fraternidade, e auxiliar as pessoas a mudarem suas visões sobre o mundo?

O que você aprendeu que pode ensinar?

Qual a maneira mais adequada para ensinar, neste momento?

Você precisa de ajuda para fazer isso? De alguma tecnologia?

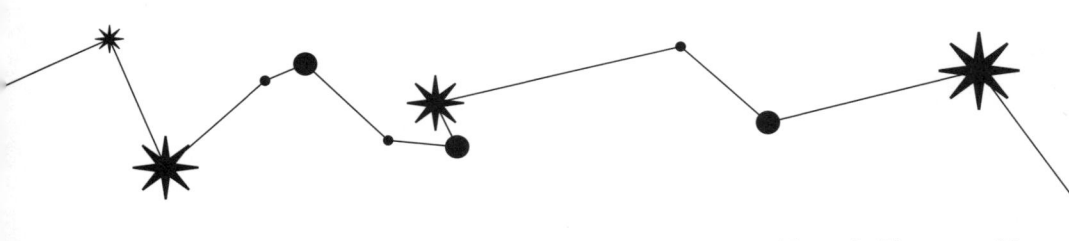

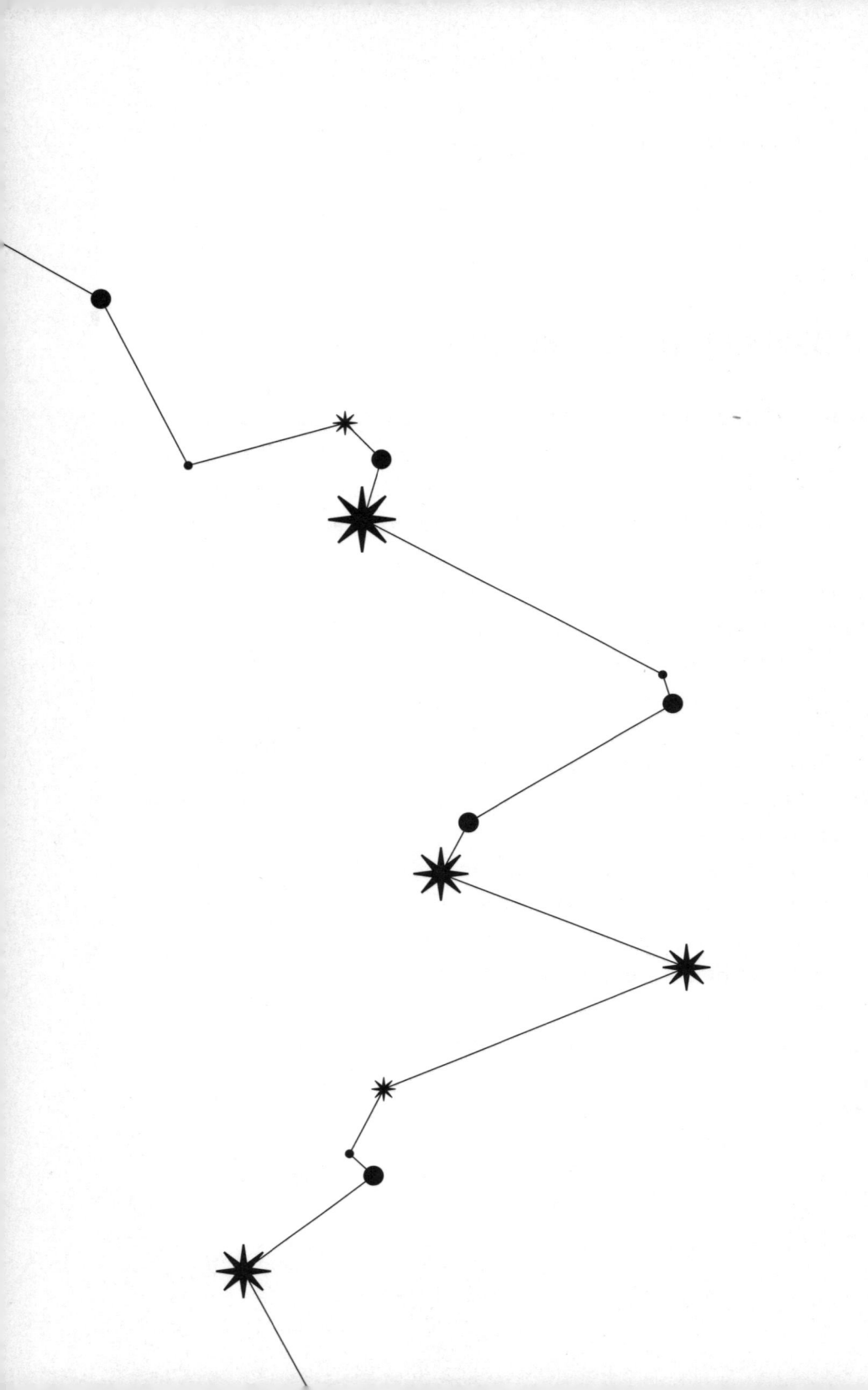

BAÚ DA SUA RIQUEZA:

EXISTEM, EM VOCÊ, HABILIDADES QUE são diamantes brutos a serem lapidados, como: aprender a não falar tudo o que sabe para os outros, organizar a sua semana, realizar cursos de dicção e oratória, comunicação assertiva, vendas, *marketing* e liderança.

Tome uma atitude agora! Entre em contato com alguém e proponha algo para essa pessoa. É hora de sentar e planejar o que você precisa para ser livre e sólido financeiramente.

Procure alçar voos mais altos e conquistar respeito e admiração a partir de seus ensinamentos. Você possui a rápida capacidade de se reinventar diante do que a vida traz. Seja honesto consigo e crie metas para viver uma vida incrível.

Como seria essa vida? O que teria nela? Quem estaria presente? O que você faria? Como seria se a sua vida estivesse organizada, com muito dinheiro no banco, ajudando as pessoas e, assim, tornando-se alguém melhor?

A sua capacidade de aprendizado é imensa: use-a a seu favor, para subir degrau por degrau e conquistar a sua riqueza!

Elabore um plano para aplicar tudo o que você aprende, e amplie as suas fontes de renda. Construa o seu império por meio da informação. Interaja com as pessoas e venda o seu conhecimento a quem deseje. Surpreenda-se, ao perceber que há um mercado gigante disposto a pagar pelo que você tem a oferecer.

Procure mais de uma fonte de renda e administre essas atividades com a ajuda de parceiros. Para isso, tenha colaboradores ou sócios que exerçam funções que você executava no início do negócio. Dessa maneira, pode passar do "operacional" para o "estratégico", cercando-se de pessoas que o ajudem a sistematizar seus processos. Você pode supervisioná-las ou, ainda, contar com a colaboração de um gerente.

Quando se trata de carreira, o signo de Gêmeos é compatível com qualquer área que envolva multitarefas e comunicação. Os nativos deste signo podem se dedicar às seguintes profissões: jornalista, comentarista de rádio, professor, navegador, engenheiro civil, assistente pessoal, vendedor de livros, representante de vendas, agente de viagem ou propaganda, demonstrador, relações públicas e especialista em comunicação.

QUESTIONE-SE:

Como a comunicação pode trazer mais riqueza para a minha vida?

Onde posso colocá-la em prática?

O que preciso para desenvolvê-la?

Quem pode me ajudar?

EXEMPLOS DE GEMINIANOS FAMOSOS:

Ivete Sangalo (27/05/1972) cantora
Rafael Nadal (03/06/1986) tenista
Angelina Jolie (04/06/1975) atriz norte-americana
Johnny Depp (09/06/1963) ator norte-americano
Rubens Barrichello (23/05/1972) empresário
e ex-piloto de Fórmula 1
Donald Trump (14/06/1946) empresário
e político norte-americano
Clint Eastwood (31/05/1930) ator, cineasta
e produtor norte-americano

EXEMPLOS DE GEMINIANOS RICOS PELO MUNDO, SEGUNDO A *FORBES*:

Jim Walton

Presidente do Arvest, o maior banco de Arkansas, Jim Walton é um dos filhos do falecido Sam Walton (fundador da grande loja de varejo Walmart) e de Helen Walton. Pai de Steuart Walton, Thomas Layton Walton, James M. Walton, Alice Anne Walton e Well L. Walton.

Nascimento: 7 de junho de 1948, Newport, Arkansas, EUA.
Patrimônio líquido: 44,2 bilhões USD (2018).

David Thomson

Terceiro Barão Thomson of Fleet, é empresário canadense e presidente da Thomson Corporation, desde 2002, e da Thomson Reuters, desde 2008.

Nascimento: 12 de junho de 1957, Toronto, Canadá.
Patrimônio líquido: 28,3 bilhões USD (2018).

Leonard Blavatnik

Sir Leonard "Len" Blavatnik é um empresário, investidor e filantropo russo-americano. Ele fez sua fortuna através de negócios e investimentos diversificados, e possui inúmeras empresas, por meio do conglomerado Access Industries.

Nascimento: 14 de junho de 1957, Odessa, Ucrânia.
Patrimônio líquido: 18,7 bilhões USD (2018).

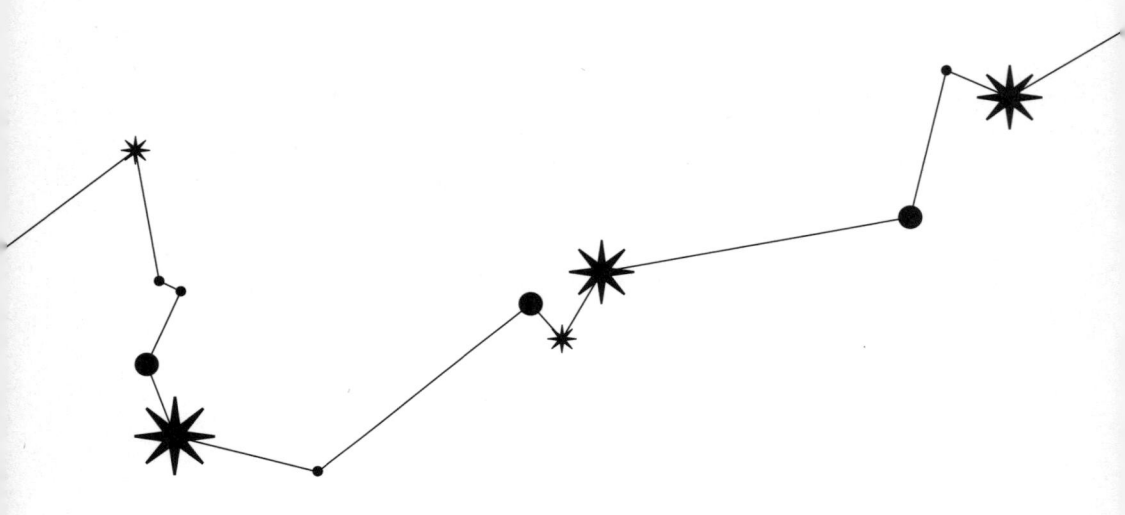

CÂNCER

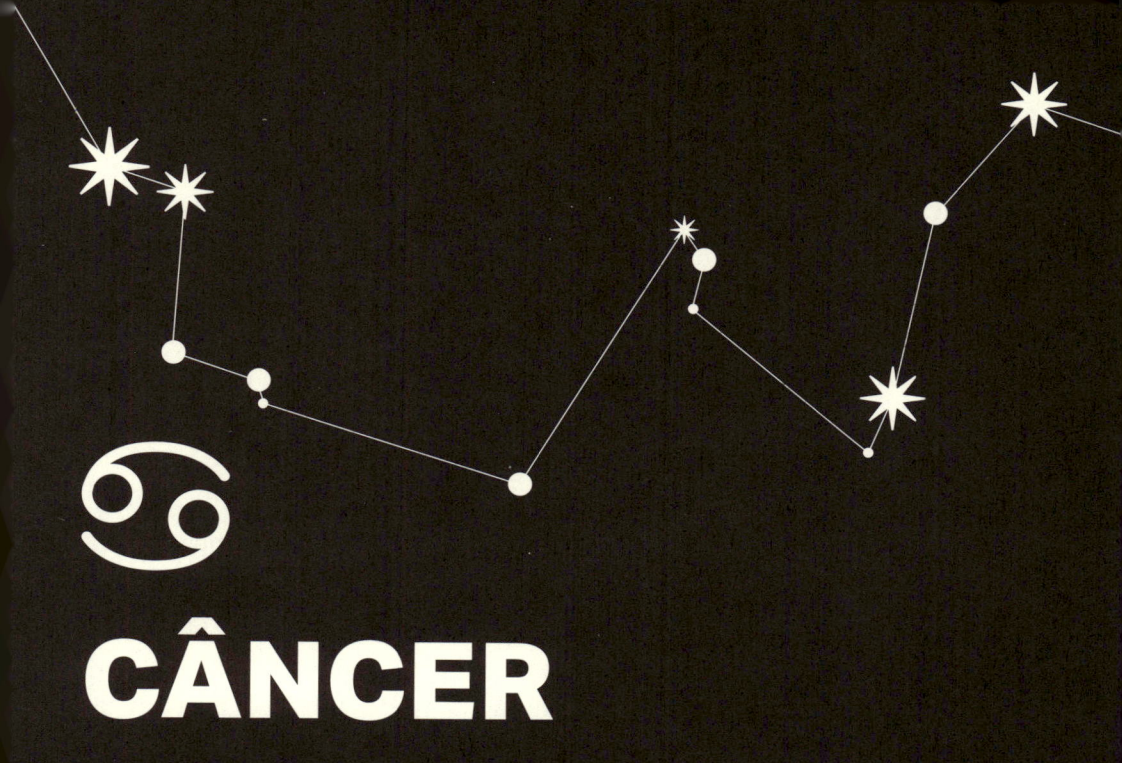

"A ti, Câncer, dou a missão de implantar no coração do homem a emoção. Minha ideia se fará sentir por meio de risos e lágrimas, para que todo o conhecimento adquirido atinja a plenitude interior. Tu multiplicarás os sentimentos com teu instinto de preservação, de modo que os homens se reúnam em famílias. Para que realizes um bom trabalho, dou-te a provação da fragilidade para dominares e, como bênção, concedo-te o dom da FERTILIDADE."

(SCHULMAN, 1987, p. 109-110).

O zelo com a família, as emoções e o passado se fazem presente na vida das pessoas deste signo. Regidos pela Lua, os cancerianos possuem o grande desafio de lidar com suas emoções e os aprendizados incutidos dentro da sua família, além da constante preocupação em construir e deixar um legado através do seu trabalho.

É muito difícil saber o que se passa dentro da cabeça de um canceriano. Além de ser do sensível elemento "água", ele está conectado ao trânsito da lua, que passa por todos os signos a cada novo ciclo. Sentir a vibração emocional de cada um deles faz oscilar seu humor e comportamento, por isso, dizer que os cancerianos são "de lua" faz total sentido.

Os nativos deste signo possuem outro desafio: o desapego. Para superar crises e continuar suas vidas, precisam aprender a "soltar" as situações que ocorreram ao longo da sua história, inclusive, tudo o que o fizeram de ruim, pois o futuro deles está diretamente conectado pelo significado que dão ao que aconteceu no passado. Então, quanto antes decidirem olhar e ressignificar os fatos, melhor será a sua vida.

Como estamos diante de um signo que possui uma memória legendária, os cancerianos tendem a guardar, dentro de si, muitas lembranças, tanto as positivas quanto as negativas.

Para seguirem em frente, é necessário fazer uma faxina interna, de tempos em tempos, ressignificando pessoas e situações. Caso contrário, podem ficar, literalmente, "amarrados" ao passado. Generalizar tudo o que aconteceu, tornando isso uma regra de vida no momento presente, o impede de se abrir para novas experiências.

Como precisa se sentir aprovado, muitas vezes, age pensando apenas no reconhecimento das pessoas. Essa busca por aceitação pode tornar a sua autoestima extremamente frágil – e até mesmo criar grandes problemas – pois, quando percebe que não estão reconhecendo o que ele está fazendo, pode se comportar como um chantagista ou manipulador.

O caranguejo – símbolo de Câncer – é um animal que possui a casca grossa e o interior mole, e assim é também com os nativos deste signo. Por mais que chorem e se emocionem com facilidade, frequentemente, eles não exteriorizam.

É difícil um canceriano demonstrar seus sentimentos abertamente, a não ser que esteja manipulando as pessoas com uma finalidade bem específica; caso contrário, não expressam suas emoções em público. A tendência é guardar e acumular, o que é extremamente nocivo para ele a médio e longo prazo.

Por ser extremamente sensível, precisa aprender a se proteger das energias das pessoas e lugares. Muitas vezes, mistura problemas de ordem pessoal com o trabalho, ou seja, o que acontece com a sua família acaba interferindo negativamente na sua vida profissional, prejudicando, assim, sua produtividade e rentabilidade.

E pode acontecer o contrário: o canceriano levar para casa resquícios de energias dos lugares que frequentou, e ainda das pessoas com quem passou o dia. Para não construir uma energia ruim dentro do seu lar, torna-se de vital importância aprender a delimitar o seu espaço. Fique alerta em como você chega em casa. Assim, você saberá se esse é o seu caso!

O seu lar é o seu porto seguro. Como se trata de um lugar recheado de lembranças, talvez o nativo deste signo resista às mudanças, podendo se apegar a objetos que carregam histórias e se tornar um verdadeiro acumulador, fazendo-o trancar a fluidez energética da sua residência e afetar a saúde de quem está próximo.

Outro ponto vinculado à sua sensibilidade é a capacidade de sentir o que o outro sente. Por isso, não consegue deixar de se envolver e ajudar os demais, já que a dor do outro se torna a sua dor. No entanto, nem sempre as pessoas querem ajuda, e essa postura traz grandes problemas, fazendo com que ele seja mal interpretado, chamado de "intrometido", pois se meteu onde não foi chamado – o que não deixa de ser verdade.

Canceriano, construa pontes para que as pessoas se sintam à vontade para se abrir com você; deixe que elas cheguem primeiro. Apenas depois de se expor e pedir auxílio que você deve interceder; caso contrário, procure ser mais reservado.

Como tende a sentir o outro profundamente, possui uma forte intuição. Porém, é preciso separar o que é seu dos demais. Procure tomar decisões baseadas no que quer de verdade, e não nas expectativas dos outros.

O sucesso é buscado de forma perfeccionista e, dificilmente, não alcança uma meta, principalmente se a sua Motivação Raiz estiver envolvida. Ainda que busque a aprovação dos outros, o canceriano está disposto a fazer o que precisa ser feito para chegar ao que considera "uma vida de sucesso", inclusive brigar por isso.

Anseia por reconhecimento financeiro no seu trabalho, especialmente se já está há muito tempo em determinado local. Como tende a ser organizado, metódico e extremamente perfeccionista, para ele, o que é dito será cobrado nos mínimos detalhes, exigindo profissionalismo e dedicação no cumprimento das tarefas.

O alerta deste signo está no domínio de suas emoções. Nem sempre parecem racionais, pois, dificilmente, vão direto ao ponto. Costumam sentir primeiro, para entrar em campo depois. Seguidamente, acabam se tornando magoáveis e rancorosos, presos a acontecimentos do passado. Por isso, fique alerta ao significado que você dá às pessoas, situações e lembranças, pois elas podem facilitar ou complicar o seu presente, e determinar o seu futuro.

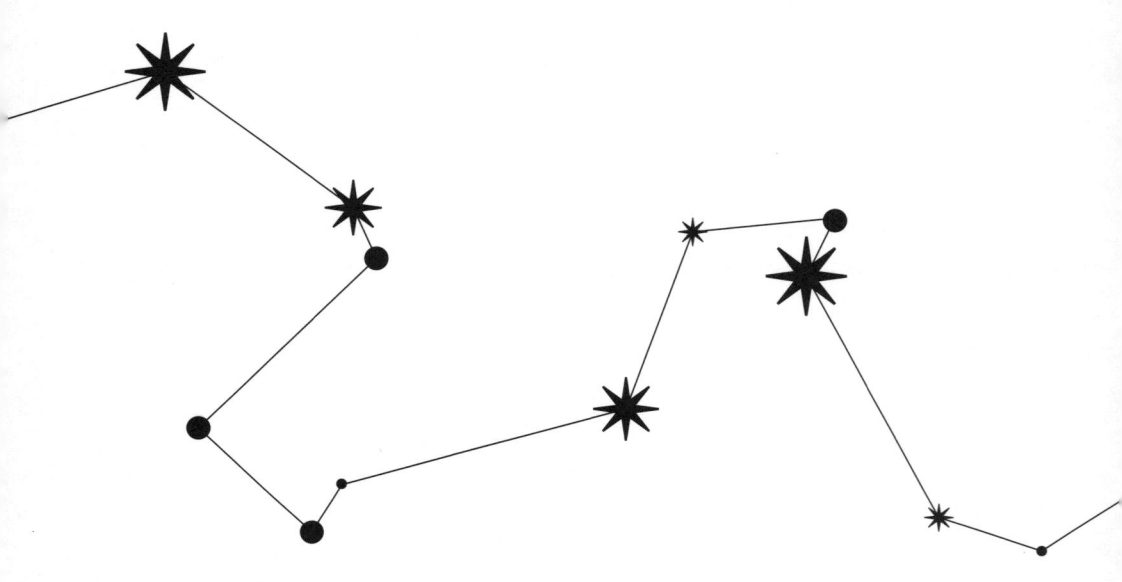

* * *

MOTIVAÇÃO RAIZ

PARA AS PESSOAS DESTE SIGNO a motivação raiz está 100% conectada aos seguintes temas: SEGURANÇA, FAMÍLIA e AJUDA. Em nome de sua família, para se sentirem bem e seguros, são capazes de fazer o impensável. Por causa disso, podem trilhar caminhos não imaginados, e essa postura também se aplica na conquista de sua riqueza.

São considerados os "assistentes sociais do zodíaco", por serem muito intuitivos em relação ao que os demais estão necessitando. Unir essa capacidade a uma ótima memória pode se tornar extremamente rentável, pois a ajuda que oferece a alguém hoje pode ser uma fonte de riqueza a ser perpetuada, trazendo um futuro tranquilo para você e seus familiares.

Diante dos quatro objetivos do dinheiro, o primeiro e o terceiro tendem a fazer parte do seu dia a dia. Ajude as pessoas, em especial, seus familiares; mas também busque a sua segurança. É preciso equilibrar essa balança: realizar seus sonhos pessoais, e não apenas atrelá-los à felicidade dos outros.

O canceriano busca a solidez financeira por temer o futuro. Entretanto, essa postura pode atrair situações imprevisíveis, justamente para ensiná-lo a lidar com a falta de controle que tem sobre os acontecimentos da vida.

É preciso ficar atento ao que pode atrapalhar a conquista da sua riqueza, que é o que eu chamo de "armadilhas" deste signo, ou seja, os ralos por onde podem escorrer as suas chances de ser rico.

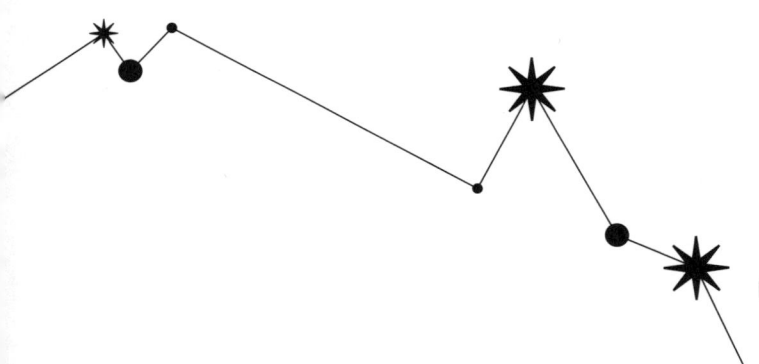

✳ ✳ ✳

RALOS:

AS PESSOAS DO SIGNO DE CÂNCER precisam tomar cuidado com a inflexibilidade. Muitas vezes, é necessário abrir mão de alguns hábitos e rotinas. Num mundo em constante evolução, torna-se importante ter jogo de cintura, a fim de encerrar ciclos e se adaptar às mudanças.

Por serem extremamente generosos, podem gastar mais do que deveriam com aqueles que amam. Ao colocarem na ponta do lápis todos os gastos com pequenos presentes para as pessoas por quem têm apreço, vocês irão se surpreender.

Quando não têm paz em casa, eles se tornam completamente emotivos, o que faz com que não se concentrem no trabalho e, até mesmo, sejam demitidos, por deixarem que a vida pessoal interfira demasiadamente na sua atividade profissional.

Os cancerianos podem acabar investindo mais do que possuem no sonho da casa própria, ou gastando muito em móveis e artigos de decoração; cama, mesa e banho para o conforto e aconchego do lar. Isso sem falar na alimentação, que é algo que consome boa parte do seu orçamento.

Como acham difícil lidar com a realidade e a possibilidade de se decepcionar com as pessoas, acabam se fechando para futuras oportunidades. Por causa de suas angústias, podem ter problemas estomacais, na região dos seios, esôfago, fígado, pâncreas, sistema linfático e aumento de peso.

Quando não se sentem valorizados, e a sua autoestima está baixa, podem cair na armadilha de querer manipular as pessoas. Entretanto, muita atenção para não caírem em descrédito total, ao serem pegos "no flagra", ao fazer chantagem emocional.

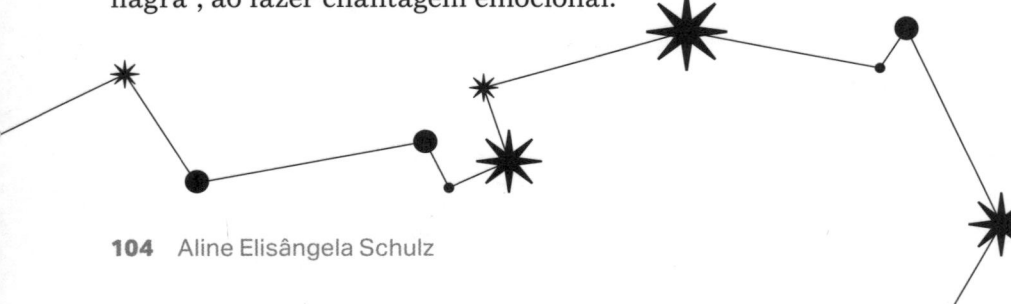

✳ ✳ ✳

INIMIGOS:

COMO A SUA AUTOESTIMA É FRÁGIL, estar perto de pessoas que não o incentivem a superar os desafios pode deixar a sua vida travada. Caso estejam muito abalados e sensíveis, suas emoções podem derrubá-los, a ponto de atrapalhar o seu trabalho e, consequentemente, os seus rendimentos.

O medo de não ter dinheiro suficiente para uma emergência pode levá-lo a controlar excessivamente as finanças, por isso, acompanham de perto suas contas bancárias. Não gostam de mexer no seu alicerce financeiro em função de alguma despesa ou aquisição de maior valor.

Para os cancerianos, na maioria dos casos, a profissão é apenas um meio para alcançar a estabilidade. No trabalho, não suportam pessoas agressivas, que não falam tudo o que pensam, que menosprezam a harmonia do local, que não fazem as suas tarefas com eficiência e, ainda, que contem piadas de mau gosto.

Como desejam uma vida sem riscos, tendem a não almejar a conquista de toda riqueza que merecem. No entanto, uma vez que adquirem o que precisam para ter uma vida estável e ajudar as pessoas, podem estacionar em uma zona de conforto. Ao alcançar esse estado de inércia, acabam não buscando outras fontes para ir além e enriquecer de fato.

Nem sempre a família e as pessoas que ama serão seus aliados, já que, muitas vezes, leva muito em conta as suas opiniões e necessidades. Com a intenção de protegê-los, pode emprestar dinheiro e fazer de tudo para ajudá-los, até mesmo se prejudicando e se sobrecarregando.

Os nativos deste signo podem ser "leais" ao seu sistema familiar e achar errado se tornar uma pessoa rica. Dessa forma, se sentem mal ao alcançar uma condição financeira melhor do que a deles. Por se sentirem culpados, também podem ocultar quanto ganham, e até mesmo se boicotar. A fim de não parecerem diferentes dos demais, acabam "queimando dinheiro" ou gastando à toa; por isso, é fundamental olhar para as suas crenças a respeito da riqueza.

✳ ✳ ✳

ALIADOS:

Quais são os seus aliados nesta jornada de enriquecimento?

✳ Alie-se a pessoas sinceras e com capacidade de escutá-lo, quando precisar. Esses momentos podem ajudar você a equilibrar suas emoções e centrar seus pensamentos, para tomar as melhores decisões;

✳ Torne a sua sensibilidade uma aliada, para aumentar suas chances de enriquecer. Procure terapias (como Constelação Familiar[1]), com o intuito de entender melhor o papel das pessoas em sua vida, mudar seu pensamento, fortalecer sua autoestima, proteger-se energeticamente e, assim, equilibrar suas emoções;

✳ Use a sua memória e a vontade de ajudar o próximo para atrair novas oportunidades de negócios que envolvam essas habilidades. Dessa forma, conseguirá se destacar e alcançar novos rendimentos. Procure quem já conquistou riqueza fazendo isso. Inspire-se nessa pessoa para seguir adiante;

✳ Por serem do elemento "água", as pessoas deste signo podem usá-la para acalmar suas emoções, ou seja, meditar visualizando a água em suas diversas formas, praticar atividades físicas, como natação e hidroginástica, ou até mesmo morar perto de um rio, mar ou cachoeira;

---

[1] A Constelação Familiar é uma prática terapêutica usada para tratar questões físicas e mentais, a partir da revelação das dinâmicas ocultas de uma família. Por meio da constelação familiar, é possível identificar acontecimentos que, mesmo desconhecidos, podem trazer problemas para a vida de uma pessoa. O método foi desenvolvido pelo filósofo, teólogo e psicólogo alemão, Bert Hellinger.

* Extravasar o que sente na escrita pode ser uma excelente ideia. Coloque em um papel a sua relação com a vida, seus familiares, colegas de trabalho e questões pessoais. Faça o Ho'oponopono[2] para cada uma dessas situações e pessoas, afirmando: "Fulando (situação) abençoado (a). Sinto muito, por favor, perdoe-me, te amo, sou grato". Assim, conseguirá liberar bloqueios, lembranças negativas e traumas;

* Organize o seu fluxo de caixa, faça seu orçamento, e enxergue, claramente, onde está gastando o seu dinheiro. Somente assim terá como controlar a sua vida financeira, e notar o que falta, para ir além.

✳ ✳ ✳

CONSELHOS DO MESTRE:

PARE PARA SONHAR. OLHE PARA A SUA VIDA. Veja o que pode ser melhorado, escreva tudo o que observar, e transforme essas melhorias em metas. Observe quem pode auxiliá-lo nesse processo. Abra-se, para enxergar diferente, e rompa o ciclo familiar vicioso. Seja você mesmo!

Por gostar de ajudar, você se identifica com pessoas indefesas. A sacada, aqui, é perceber se é mesmo hora de ajudar, ou se você pode mais "atrapalhar" do que auxiliar de verdade. Procure saber se os envolvidos não conseguem sair da situação sozinhos.

---

2   Ho'oponopono é uma prática havaiana antiga, com vista à reconciliação e ao perdão. Essa técnica purifica o corpo e libera memórias ou sentimentos ruins, que prendem a mente em uma sintonia negativa. A palavra "ho'o" significa "causa", em havaiano, enquanto "ponopono" quer dizer "perfeição". O termo "ho'oponopono" pode ser traduzido como: "corrigir um erro" ou "tornar certo".

Aceite que as pessoas se colocaram nessas circunstâncias delicadas a partir de suas próprias escolhas. Não fique emprestando dinheiro a todo momento, nem se sacrifique para atender a todos. Separar a sua vida dos demais é saudável para você!

Invista não apenas na sua vida pessoal, mas também na sua atividade profissional. É importante equilibrar esses dois lados. Por isso, reflita:

* Dentro da sua área, onde é possível ir além?
* Você precisa se aperfeiçoar?
* É possível mudar com maior margem de segurança?
* Neste momento, qual é o papel do dinheiro na sua vida?
* Como se sente ao se ver rico e milionário?
* Quais situações (ou pessoas) poderiam atrapalhar a construção do seu enriquecimento?
* Como isso poderia, de fato, impedí-lo de ser rico? O que há por trás disso tudo?
* Que ideias podem levá-lo a se autoboicotar?

Você não só pode, como deve, ir além da sua família. Seja um exemplo e tenha sucesso em algo que eles nunca imaginavam ser possível. Rompa com um ciclo que dura há gerações.

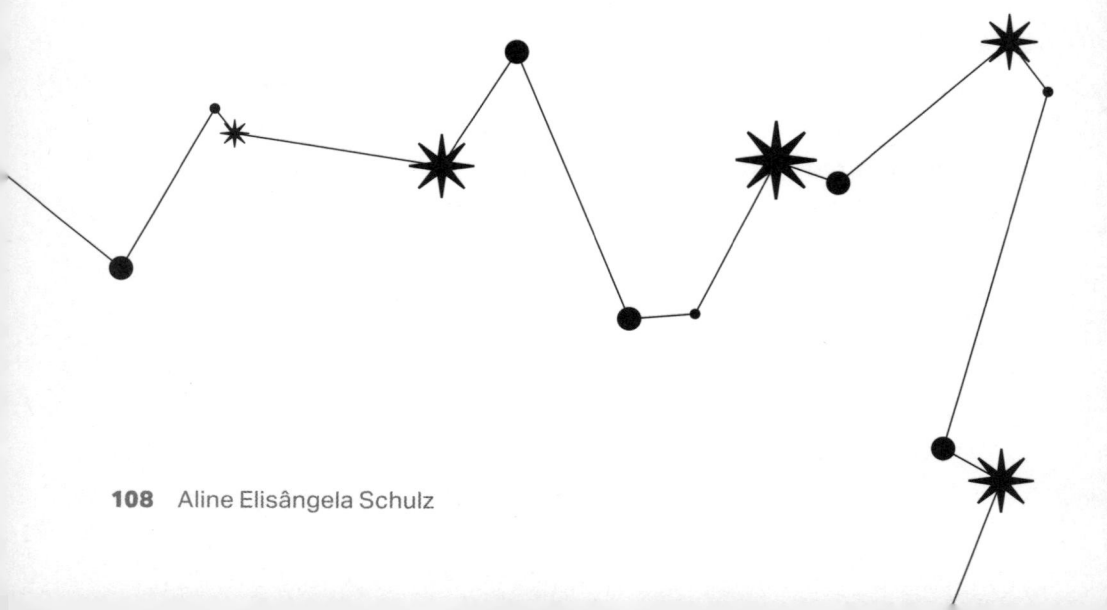

BAÚ DA SUA RIQUEZA:

VOCÊ POSSUI TALENTOS QUE SÃO como diamantes brutos a serem lapidados. Ao desenvolver essas habilidades, você pode aumentar as suas chances de enriquecer, como: fortalecimento emocional, comunicação eficiente e gestão de pessoas. Coloque a memória a serviço de seu crescimento profissional. Dê limites e saiba dizer "não"!

Busque clareza para tomar decisões. Reflita:
* Em termos financeiros, onde você quer estar daqui a cinco anos?
* Quanto deseja ter acumulado?
* Qual o intuito de acumular esse dinheiro? Por qual motivo?
* E se você ousasse dobrar esse valor?
* Como seria para você ir além de todos da sua família?
* Hoje, quem é sua referência de riqueza na sua família?

* Existe a chance de você estar atraindo ou repelindo as mesmas condições?
* Olhe para a sua história familiar e perceba se há um padrão nessa área. Como, atualmentente, você se encaixa nele?
* Ao perceber que pode melhorar, você quer, a partir deste instante, assumir as rédeas da sua vida e fazer diferente?

É importante cultivarmos boas memórias, pois as lembranças saudáveis da vida e dos fatos históricos constroem alicerces sólidos para vivermos um presente e futuro melhores. Contar histórias pode se tornar uma ótima maneira de passar valores e princípios familiares, e ainda pode trazer mais criatividade para o seu trabalho. Olhe para quem já fez e aprenda com os seus erros e acertos. Adapte tudo isso para a sua vida e procure se aprimorar.

No que se refere a profissões, os cancerianos podem ser: assistentes sociais, babás, parteiras, cuidadores de idosos, diretores de recursos humanos, administradores de condomínio, professores de pré-escola e terapeutas, se especializando em ajudar as pessoas a resolverem seus problemas. Além disso, podem atuar como enfermeiros, consteladores familiares, vendedores de antiguidades, curadores de museu, negociantes ou historiadores.

A sua ligação com a comida pode render uma excelente profissão na área da gastronomia. Como também gosta de água, pode trabalhar como construtor de barcos, pescador e marinheiro; e, por possuir um forte vínculo com a casa, há ainda a possibilidade de se tornar um ótimo *designer* ou decorador de ambientes.

EXEMPLOS DE CANCERIANOS FAMOSOS:

Marina Rui Barbosa (30/06/1995) atriz, modelo e escritora brasileira
Camila Queiroz (27/06/1993) atriz e modelo
Gisele Bündchen (20/07/1980) modelo e empresária
Lionel Messi (24/06/1987) jogador de futebol
Príncipe William (21/06/1982) príncipe britânico
Grazi Massafera (28/06/1982) atriz
Michael Phelps (30/06/1985) nadador norte-americano
Tom Cruise (03/07/1962) ator norte-americano
Sebastian Vettel (03/07/1987) piloto alemão de Fórmula 1
Sylvester Stallone (06/07/1946) ator, diretor e roteirista norte-americano
Giorgio Armani (11/07/1934) estilista italiano

EXEMPLOS DE CANCERIANOS RICOS PELO MUNDO, SEGUNDO A *FORBES*:

Françoise Bettencourt Meyers
Herdeira da L'Oréal, gigante dos cosméticos, a francesa possui hoje uma fortuna bilionária. É membro do conselho da empresa, desde 1997, e atual presidente da *holding* criada por sua família. Também dirige a Fundação Bettencourt Schueller, instituição filantrópica de sua família, que encoraja o progresso francês na ciência e nas artes.

Nascimento: 10 de julho de 1953, Neuilly-sur-Seine, França.
Patrimônio líquido: 45,9 bilhões USD (2018).

Elon Musk
Empreendedor, filantropo e visionário sul-africano-canadense-americano. Ele é o fundador, CEO e CTO da SpaceX; CEO da Tesla Motors; vice-presidente da OpenAI; fundador e CEO da Neuralink; e cofundador e presidente da SolarCity.

Nascimento: 28 de junho de 1971, Pretória, África do Sul.
Patrimônio líquido: 19,6 bilhões USD (2018).

Charlene de Carvalho-Heineken
Empresária holandesa, herdou 25% do conglomerado Heineken. É uma das integrantes do conselho acionista do grupo. Em maio de 2018, foi listada no Jornal Sunday Times como a mulher mais rica do Reino Unido.

Nascimento: 30 de junho de 1954, Amsterdã, Países Baixos.
Patrimônio líquido: 14,1 bilhões USD (2018).

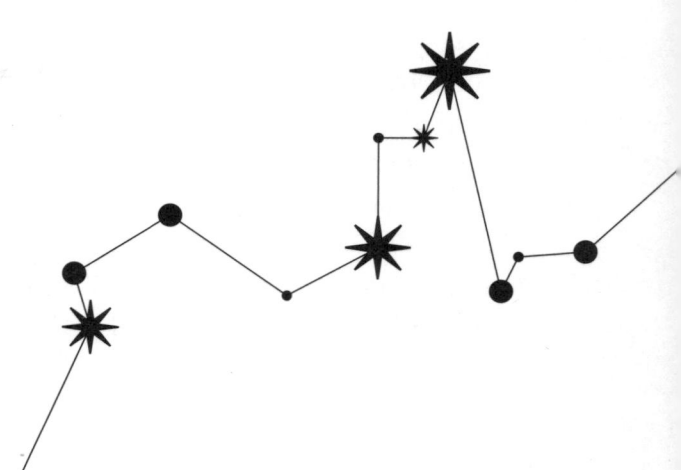

LEÃO

"A ti, Leão, atribuo a tarefa de mostrar ao mundo o esplendor de minha Criação. Tu iluminarás os corações humanos com a Minha luz, acendendo em cada um o entusiasmo de assumir a própria existência. Mas peço-te que não confundas as coisas e lembra-te que é Minha a ideia, e não tua. Para que faças um bom trabalho, dou-te a provação da vaidade para dominares e, como bênção, concedo-te o dom da HONRA."

(SCHULMAN, 1987, p. 110)

Estamos diante do signo regido pelo astro rei – o sol. Isso, por si só, explica a necessidade que a maioria dos leoninos tem de que tudo gire ao seu redor. No entanto, o que poucos revelam, é que, por trás desse comportamento, está um "gatinho" se autoafirmando, resgatando sua identidade, desenvolvendo amor-próprio e aprendendo a se valorizar.

Como estão em processo de autoafirmação, o elogio e o reconhecimento dos seus esforços surgem como uma poderosa ferramenta para elevar a sua autoestima, os motivando a serem pessoas ainda melhores. Entretanto, infelizmente, podem atrair pessoas poderosas, que abusam da sua ingenuidade, com o intuito de chegarem aonde desejam.

Porém, mentira tem "perna curta", e os leoninos odeiam isso. Sendo assim, dificilmente, perdoam quem, deliberadamente, mentiu para eles com o único objetivo de tê-los como um meio para se beneficiarem. Quando percebem que estão sendo manipulados, podem levar muito tempo até recuperarem sua autoestima novamente.

No caso de pessoas maduras, é comum vê-los "rugir forte", fazendo sua força aparecer. Normalmente, quem tenta usá-los se arrepende amargamente no futuro, porque eles sabem muito bem como se fazer respeitar.

Geralmente, quem é de Leão gosta de "pompa e circunstância", e valoriza a hierarquia. Conta com muita persistência, entusiasmo, autoconfiança, integridade e generosidade, mas também pode ser muito teimoso, orgulhoso e vaidoso.

Todas essas características acabam fazendo dele um excelente ímã, responsável por atrair pessoas e situações que o leve a estar no lugar de "rei". Seja em casa ou no trabalho, o leonino preza por esse tratamento nobre; e, além de buscar a supremacia, ele levanta a bandeira da verdade, acima de qualquer coisa.

As pessoas deste signo precisam se sentir confiantes e acreditar em si mesmas. Elas se desenvolvem em meio às pessoas com os mesmos valores que os seus – íntegras e leais.

Nesse ambiente, sua criatividade tende a desabrochar intensamente, podendo mudar muitos padrões na área em que atuam, e inovar em processos que foram realizados até então. Estar em lugares que não reconheçam os seus esforços pode fazer com que os leoninos "murchem", daí a necessidade de desenvolverem a autovalorização. Apesar de serem bastante e brincalhões e criativos, possuírem muito ânimo, vontade e paixão, também podem ser dramáticos em algumas ocasiões.

Todas as pessoas deste signo possuem um magnetismo natural, que atrai muitos olhares, mas também ciúmes, inveja e comparações. O que alguns não percebem é que as conquistas materiais dos leoninos vêm a partir de muito esforço e dedicação. No entanto, nem sempre quem os inveja está disposto a persistir até o fim para alcançar suas metas.

Como o seu aprendizado está em liderar e desenvolver sua autoestima, muitas vezes, são colocados em posições de chefia, como representante de uma comunidade ou movimento, além de serem convocados a passar seus conhecimentos em sala de aula. Esses são sinais de que precisa "subir ao palco", que é o seu lugar, a fim de "puxar a frente" e aprender a lidar com a exposição.

Este signo, dificilmente, muda de opinião sobre algo. A tendência é pensar de forma simples e direta, mas lenta e ponderada – diferente dos demais signos do elemento fogo: Áries e Sagitário. Cabe, aqui, um alerta: as opiniões formadas na sua adolescência, geralmente, persistem nas demais fases; porém, tudo evolui na vida, e suas crenças precisam acompanhar essa mudança. Talvez, o que lhe serviu na adolescência, não seja, necessariamente, bom para o momento presente.

No trabalho, tendem a ser organizados, sabem delegar e manifestar a sua criatividade. Como bons líderes, prestam atenção ao que acontece com seus colaboradores, e estão sempre prontos a ajudar; também não poupam elogios a quem mostra capacidade de ir além.

Normalmente, este signo possui uma rede de amigos poderosa, influenciável e capaz de mudar o mundo. Para ser valorizado, precisa ser um bom ouvinte, agir com ousadia e trazer ideias originais, que favoreçam a todos.

Se você trabalha para um leonino, entregue a ele mais do que foi pedido. Surpreenda-o. Elogie o seu trabalho. Sobretudo, fale a verdade e conquiste o seu respeito. Com a ajuda dele, o que seria um fracasso, pode se tornar um grande sucesso.

O alerta deste signo está em liderar e se posicionar, sem ser autoritário, principalmente, em pensar nas outras pessoas, mas sem deixar que o menosprezem; ainda, é preciso encontrar o equilíbrio entre "dar e receber" amor. É importante reconhecer que as outras pessoas contribuem de forma diferente das suas, e está tudo bem. Somos diferentes, e precisamos de formas distintas de colaborar com o mundo. Além disso, quando brilhamos, acabamos incomodando alguns, mas é preciso aprender a não se importar com as críticas daqueles que não têm nada a contribuir.

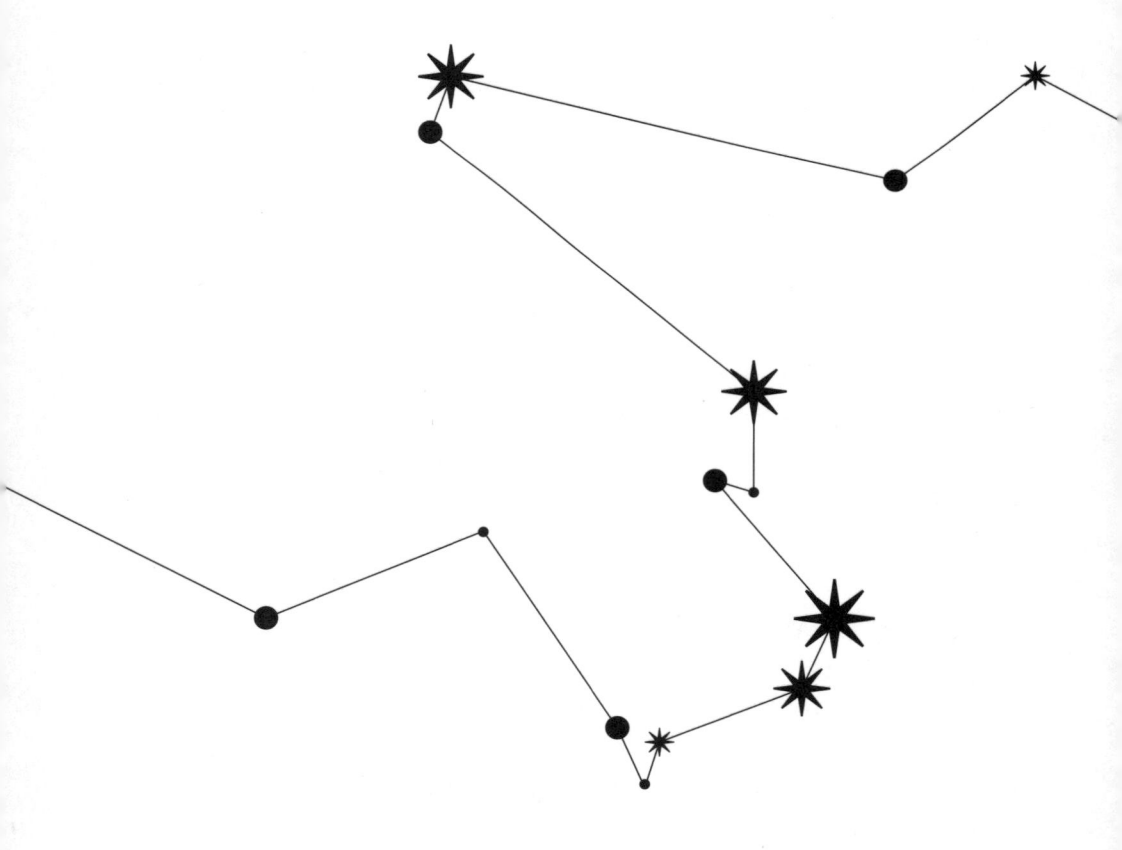

✳ ✳ ✳

MOTIVAÇÃO RAIZ

PARA OS LEONINOS, a MOTIVAÇÃO RAIZ está 100% conectada a SER QUEM NASCERAM PARA SER. Quem é deste signo deve brilhar, tomar posse de si mesmo, deixar sua luz interior surgir e exercer sua verdadeira identidade. Assim, surgem oportunidades de levarem uma vida com qualidade de "rei", serem bilionários e fazerem a diferença no mundo. Por meio disso, surgem outros ganhos muito importantes, como serem líderes admirados e respeitados. Tudo o que aproxima o leonino da valorização e reconhecimento se torna um caminho para o autoconhecimento de sua força.

Como deseja ser tratado como um "rei", ele buscará meios para levar uma vida como tal, sendo capaz de ter vários trabalhos, realizar horas extras e lutar sem medo, só para garantir esse estilo de vida.

Como não suporta a ideia de ficar controlando o dinheiro que entra e sai, há duas ações iniciais para este signo conquistar a riqueza:

1. Estruturar a própria vida;
2. Ter solidez financeira para realizar os seus sonhos.

Inicialmente, acaba focando nesses dois objetivos, porém, à medida que o tempo vai passando, não se esquece do "seu reino", ou seja, das pessoas. Mais cedo ou mais tarde, acaba seguindo a filantropia e realizando importantes trabalhos de doação.

O seu maior desafio está em se tornar quem nasceu para ser, e acreditar, de coração, em todo o merecimento que tem, a fim de conquistar a riqueza. Dessa forma, a sua jornada será na direção de uma profunda autodescoberta e empoderamento, e a própria luz será manifestada através da verdadeira prosperidade.

As conquistas, vitórias e aquisições servem como um meio de superação do seu próprio "eu". Cada desafio aceito é um desbravar das suas capacidades, além de expandir suas habilidades; sem falar da satisfação em ter o reconhecimento das pessoas ao seu redor.

Porém, é preciso ficar atento ao que pode atrapalhar a conquista da sua riqueza, que é o que eu chamo de "armadilhas" deste signo, que são os ralos por onde podem escorrer as suas chances de ser rico.

✳ ✳ ✳

RALOS:

OS LEONINOS PRECISAM estar muito atentos às suas próprias frustrações, quando são desafiados, ou quando viram motivo de chacota em algum grupo. Nesses casos, podem "meter os pés pelas mãos" facilmente, gastando o que não têm para provar que os outros estão errados.

Por não gostarem de controlar o orçamento, podem acabar se perdendo nas contas e levar uma vida incompatível com a sua real situação financeira. Eles precisam tomar bastante cuidado com dinheiro, pois tendem a ser gastadores e a investir sem pensar.

O dinheiro também pode escorrer por entre os dedos devido ao seu excesso de generosidade e mania de ostentação, já que pagam caro para serem tratados de forma diferenciada e com exclusividade, em restaurantes sofisticados e *shows* badalados, ou ainda adquirindo presentes e roupas de marca.

Muitas vezes, os leoninos assumem cargos de liderança sem terem desenvolvido tato e diplomacia, o que faz com que sejam severamente julgados. Tais críticas podem afetar sua saúde, gerando estresse, doenças do coração e problemas de pressão arterial.

Como são leais e verdadeiros, gostam de brigar pelo que acreditam ser o correto. Entretanto, tanta veemência na forma de se colocarem acaba causando verdadeiras enrascadas, pois podem até mesmo serem demitidos, comprometendo seriamente a sua vida financeira.

✳ ✳ ✳

INIMIGOS:

FUJA DE PESSOAS COM PERFIL de insubordinação, que não dão o seu melhor pela empresa; que não assumem responsabilidades; que faltam com respeito e promovem intrigas e mentiras no trabalho. Afaste-se também de gente falsa, que mina a sua confiança, se faz de vítima, ou usa os outros para defender os próprios interesses.

Vasculhe suas ideias e perceba quantas delas foram construídas ainda na adolescência e se mantêm até os dias atuais. É preciso mudar, fazer diferente, ampliar sua visão de mundo. Caso contrário, você pode se tornar intransigente, teimoso e orgulhoso.

A sua ambição é um ponto positivo, porém, ao deixar a humildade de lado e querer enriquecer rapidamente, a qualquer preço, ela pode se tornar uma inimiga. Então, fique alerta ao equilíbrio dessa busca!

O orgulho pode não deixar você revelar suas vulnerabilidades em determinadas situações, entretanto, esconder o que se passa dentro de nós, tem um preço: mais cedo ou mais tarde, tudo tende a estourar, ainda mais que este signo é do elemento fogo. Se o excesso de energia não for bem canalizado, ele pode se tornar intolerante, impaciente e obstinado com os demais. Para extravasar essa explosão de sentimentos, você pode realizar exercícios físicos.

O "falso merecimento" também pode ser um grande inimigo, fazendo-o queimar etapas e levar um estilo de vida inadequado ao seu momento. E muita atenção a esse fato de acreditar, cegamente, que merece algo, sem perceber que está dando um passo "maior do que a perna"!

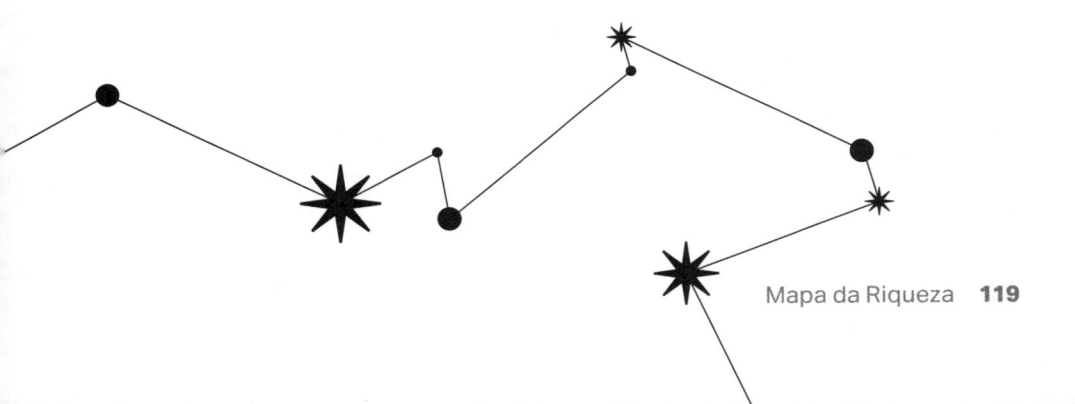

* * *

ALIADOS:

Quais são os seus aliados nessa jornada de enriquecimento?

* Pessoas com valores iguais aos seus, que já chegaram ao patamar que você busca. Normalmente, o leonino fica impressionado com quem se destaca entre os demais, seja pela inteligência ou aparência;

* Por mais que possa parecer contraditório, estar no meio de um grupo que o desafie ou duvide de sua capacidade, pode servir de mola propulsora, para dar um grande salto em sua vida;

* Buscar parceiros e colaboradores que gostem de executar a parte burocrática dos seus sonhos; além de pessoas conectadas ao "operacional", que o auxiliem a construir os processos que idealiza. Assim, você pode ficar livre, para focar no seu melhor e criar;

* Aprender com os melhores do seu ramo, e participar de grupos de empreendedorismo e desenvolvimento de lideranças, pode potencializar suas qualidades inexploradas;

* Deixar claro o que espera da vida, suas expectativas em relação às pessoas e ao trabalho, permite a construção de uma estratégia adequada para alcançar suas metas;

* Lapidar a sua comunicação se faz necessário, assim como controlar as suas explosões de raiva e impaciência, para que possa se expressar de maneira mais amorosa, e não grosseira;

* Praticar atividade física pode ajudar a conter o seu ímpeto de explodir com pessoas e situações que fogem do controle.

✳ ✳ ✳

CONSELHOS DO MESTRE:

NÃO APAGUE A SUA LUZ, só porque está incomodando alguém. Você não precisa de permissão para brilhar, pois já é especial, e não necessita que ninguém o diga isso. Seja você mesmo, em sua máxima excelência. Na verdade, é o que esperam de você!

O sucesso deixa rastros e, dificilmente, algo está sendo feito pela primeira vez. Coloque-se no papel de aprendiz, e se aproxime daqueles que já conquistaram o que você deseja. Aprenda com quem já se tornou líder, e impacte a vida das pessoas ao seu redor.

Ao alcançar a vida dos seus sonhos, pergunte-se:
* O que ainda não fiz?
* Existe algum sonho que ficou para trás?
* Como posso ampliar meus horizontes, para me reinventar?
* Quem pode me ajudar a conquistar novos sonhos?
* O que (ou quem) pode me atrapalhar? Como posso remediar?
* Como posso ajudar mais pessoas, a partir de quem sou?
* Quais habilidades preciso aprimorar para chegar lá?
* O que aprendo com tudo isso?

Lembre-se de que não adianta focar apenas aonde quer chegar: é preciso apreciar a jornada, fazer a partir de um chamado interior, e não para provar algo para alguém.

Quando você está no seu lugar, exercendo suas funções com verdade e lealdade, nada é capaz de pará-lo. A sua consciência se expande, atraindo oportunidades que são revertidas em ganhos financeiros expressivos.

Como existe na sua pessoa uma autoridade natural, não fique estagnado. Aproveite essa habilidade e seja um líder sábio. Continue a honrar a confiança que as pessoas depositam em você.

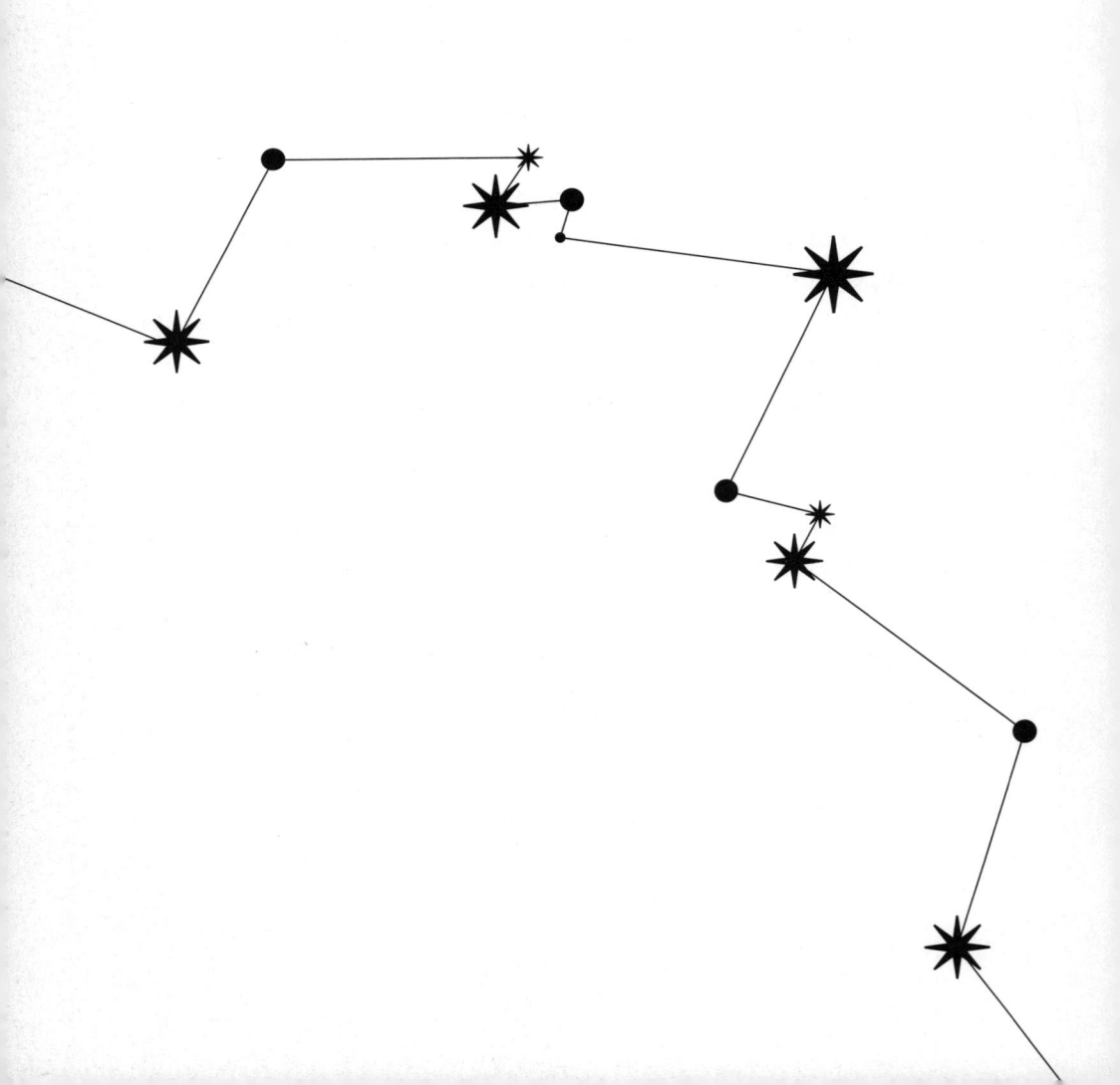

BAÚ DA SUA RIQUEZA:

VOCÊ POSSUI TALENTOS QUE SÃO COMO DIAMANTES brutos a serem lapidados, e desenvolver essas habilidades pode aumentar as suas chances de enriquecer: gestão de pessoas, liderança, consistência, persistência e diplomacia. Procure cursos nessas áreas para se aperfeiçoar e, assim, conquistar novas oportunidades.

O palco deveria ser um local conhecido deste signo, já que uma das suas habilidades é representar. Por isso, mesmo os leoninos mais tímidos – que ainda estão se empoderando e precisam desenvolver a desinibição – podem usar o teatro para se soltar.

Saber delegar e não centralizar tudo em si mesmo é um grande aprendizado para este signo, pois irá permitir que extravasem sua criatividade. Ao ampliar as suas possibilidades, podem estar no lugar certo, e com as pessoas certas, levando o seu negócio até o próximo nível.

O leonino pode atuar como ator, dançarino, produtor ou apresentador de televisão; modelo, estrela do rock, esportista ou desenhista de moda; também tende a ser um ótimo vitrinista, engenheiro de calefação ou negociante de ouro. Além disso, pode investir nas seguintes profissões: juiz, orientador de jovens, professor, político, presidente, advogado ou gerente de centros de lazer. Por causa da sua relação com o coração, pode se tornar um cardiologista ou cirurgião cardiovascular. (HALL, 2008, p. 65).

EXEMPLOS DE LEONINOS FAMOSOS:

Bruna Marquenize (04/08/1995) atriz
Barack Obama (04/08/1961) advogado e político
Jennifer Lopez (24/07/1969) cantora e atriz norte-americana de origem porto-riquenha
Mick Jagger (26/07/1943) cantor britânico
Arnold Schwarzenegger (30/07/1947) ator e político austríaco radicado nos Estados Unidos
Caetano Veloso (07/08/1942) cantor e compositor
Roger Federer (08/08/1981) tenista suíço
Antonio Banderas (10/08/1960) ator espanhol
Rodrigo Santoro (22/08/1975) ator brasileiro

EXEMPLOS DE LEONINOS RICOS PELO MUNDO, SEGUNDO A *FORBES*:

Larry Ellison
Lawrence Joseph Ellison é um empresário norte-americano, cofundador e diretor executivo da Oracle Corporation.

Nascimento: 17 de agosto de 1944, Nova Iorque, Nova Iorque, EUA.
Patrimônio líquido: 60 bilhões USD (2018).

Sergey Brin

Sergey Mihailovich Brin é presidente da Alphabet Inc., cofundador e ex-presidente do Google, o *site* de busca mais popular da *internet*. Filho de pais judeus, Sergey Brin emigrou em 1979 para os Estados Unidos, juntamente com a família, fugindo ao antissemitismo da União Soviética.

Nascimento: 21 de agosto de 1973, Moscou, Rússia.
Patrimônio líquido: 52,1 bilhões USD (2018).

François Pinault

Empresário e bilionário francês, é acionista majoritário e presidente honorário do conglomerado varejista Kering.

Nascimento: 21 de agosto de 1936, Les Champs-Géraux, França.
Patrimônio líquido: 29,3 bilhões USD (2018).

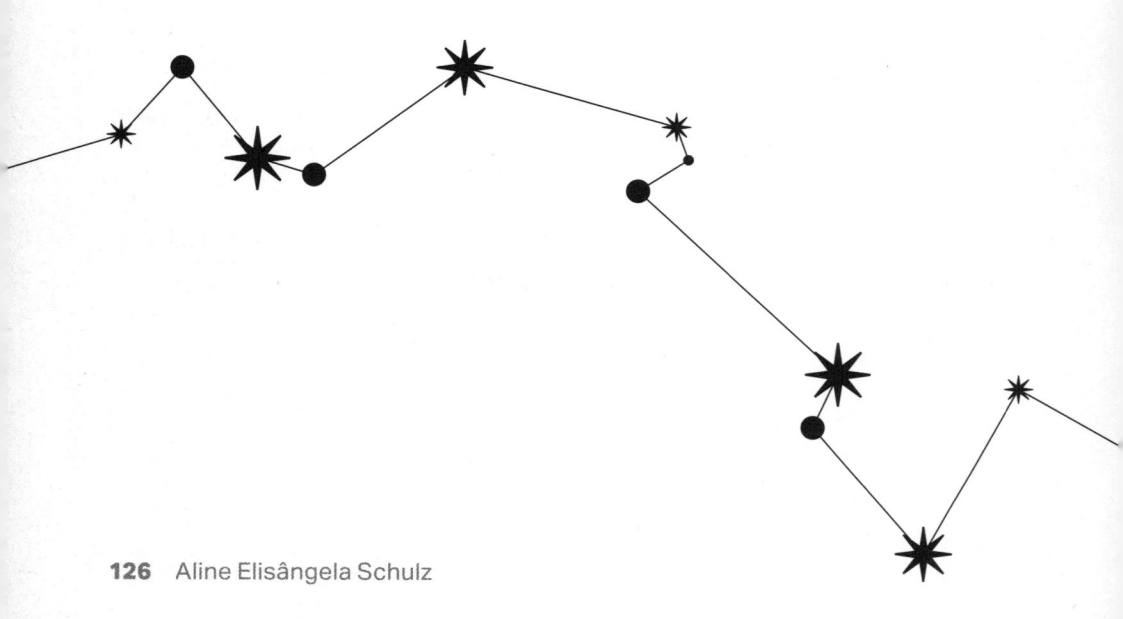

♍ VIRGEM

"A ti, Virgem, dou a missão de examinar em detalhes o que os homens têm feito com Minha criação. Tu analisarás seus passos e revelarás seus erros para que, por intermédio de ti, Minha ideia mantenha-se pura e possa ser aperfeiçoada. Para realizares um bom trabalho, dou-te a provação do ceticismo para dominares e, como bênção, concedo-te o dom do DISCERNIMENTO."

(SCHULMAN, 1987, p. 110)

Estamos diante de um signo que tem, em si, uma capacidade única de analisar os detalhes e encontrar os equívocos. Ele percebe a incoerência do ser humano, por meio da percepção de que muitos não fazem o que falam. Essa característica é uma dádiva e, ao mesmo tempo, uma maldição, porque essa busca pela perfeição tende a aprisioná-lo.

Em alguns momentos, precisa "se permitir" fluir com a vida. Em função da sua necessidade de controle, muitas experiências e oportunidades de enriquecer são deixadas de lado. Por querer o domínio máximo que consegue sobre a vida, o virginiano acaba protelando decisões, e se autoboicotando na hora de entrar em campo com novos projetos, pois acha que não está pronto para tal desafio.

Como aguarda o momento certo, não percebe que existe apenas o presente. Quem é do signo de Virgem, geralmente, foca muito no futuro, e não aproveita o "aqui e agora". Por isso, "o feito é melhor que perfeito" se aplica a esse caso de forma muito intensa.

Ao entrar em campo e executar seus planos, percebe que uma mágica acontece: ele se aperfeiçoa à medida que o projeto vai sendo testado. Então, descobre que não há como antecipar alguns ajustes, pois estes só aparecem na hora que o trabalho é realizado.

Muito metódico, este signo é capaz de construir processos para tudo. Gosta de deixar todos os métodos registrados nos mínimos detalhes, o que é muito bom para quem vai executar o trabalho depois. Porém, enquanto seu plano não sair da teoria e do planejamento, continuará sendo apenas mais um projeto engavetado.

A postura do virginiano revela uma pessoa que nem sempre terá iniciativa, mas será muito precavida e com os "pés no chão" (até mesmo por causa da "terra", seu elemento regente). A tendência será deixar as ideias geniais minguarem, por falta de ação e receio de arriscar, implementar ou testar.

Por causa dessa "busca pela perfeição", geralmente, vive mais no futuro do que no presente, o que o torna ansioso, propenso à insônia e a ataques ferozes de autocrítica.

Como é muito mental, o tempo da sua mente não bate com o tempo no qual as coisas acontecem. No mesmo instante em que visualiza a semente de uma maçã se transformando em uma linda árvore, se desenvolvendo e dando frutos, ele já se imagina comendo a maçã, sentindo o gosto, chegando a salivar. No entanto, aqui, na realidade, não é bem assim: o tempo da nossa mente é diferente; e eles sofrem bastante por conta disso, principalmente, por não aceitarem os níveis de consciência das pessoas.

E, por falar em não aceitar, essa postura é o que faz ele ser muito crítico, tornar-se intransigente e exigir demais das pessoas. Conheço um virginiano que falava para a sua filha a quantidade de papel que ela deveria usar para se limpar do xixi; e ainda quantos ela deveria pegar para se limpar, ao defecar. Nem preciso dizer que essa regra não deu muito certo, né?

As pessoas deste signo tendem a ter muito medo de errar. Por esse motivo, sem perceber, deixam de se arriscar, de se expor, de abrir "brechas" para novidades, fazer novos amigos, e assim por diante.

Os virginianos tendem a ser mais reservados, quietos e eficientes (têm tudo sob controle, por isso, podem se tornar *workaholics*); possuem grande instinto de servir (acham difícil não ceder!), são abnegados e gostam de tudo certo. São críticos, chatos, não toleram erros seus, ou dos outros, podendo, inclusive, chegar à exaustão.

Possuidor de uma extraordinária capacidade de discernimento, ele filtra e seleciona tudo o que recebe, por meio de uma análise intelectual. Pelo fato de a sua mente ser muito analítica, consegue olhar para as partes do que está acontecendo de forma extremamente minuciosa.

Com isso, acaba tendo uma clareza mental maior, por analisar e organizar tudo o que se apresenta para ele. E isso acontece o tempo inteiro, impedindo-o de conseguir relaxar e, muitas vezes, aproveitar melhor os momentos ou a companhia das pessoas ao seu redor.

Como se trata de um signo intelectual e detalhista, as emoções são confusas e desagradáveis. Na verdade, não sabe lidar com elas, a sua tendência é racionalizá-las, por isso, seus relacionamentos são uma área a ser aperfeiçoada.

Possuem um olhar de auditor, conseguindo, como ninguém, ver defeitos, encontrar erros, enxergar as partes de um todo, que não vão bem, e tudo isso, de forma simples e prática. Além disso, são capazes de descomplicar e sintetizar os problemas de uma empresa da melhor maneira possível. São transparentes em suas falas, revelando, nas suas expressões faciais, quando gostam ou não de algo.

Procuram, para si, organização, iniciativa, produtividade, atenção ao que fazem, simplicidade e objetividade nas tarefas diárias, comprometimento e solidez. É necessário analisar suas metas, ter certeza de que são atingíveis, pois, do contrário, podem se decepcionar e perder sua autoestima.

Gostam de fazer listas, de estar em ambientes limpos e em ordem, apreciam artes e artesanato. São avessos à bagunça, sujeira, desordem, vulgaridade e muito barulho. Quando se trata de dinheiro, tendem a ser muito econômicos, planejar detalhadamente o orçamento, não gastar com bobagens, nem ter gastos muito elevados.

Este signo, normalmente, não gasta tudo o que recebe e, por isso, costuma ter sempre uma reserva, até porque, não suporta a ideia de "não honrar suas contas". Dinheiro, para ele, é assunto sério; logo, não brinca com isso! Portanto, antes de investir em algo, pesquisa exaustivamente, sempre comparando preços. Dificilmente, compra por impulso.

O alerta deste signo está em aceitar sua própria humanidade, rir de seus erros, e comemorar seus acertos, ou seja, naturalizar esse processo da vida. Ele precisa entender que perfeição, nesse plano da matéria, só detectamos na mãe natureza, em mais nada. Justamente, por sermos imperfeitos, somos seres únicos e especiais.

É preciso fazer as pazes consigo mesmo, com o tempo das coisas, com o processo de evolução de cada um; aceitar aquilo que não pode ser mudado neste momento, que existe, sim, a perfeição, em meio à imperfeição.

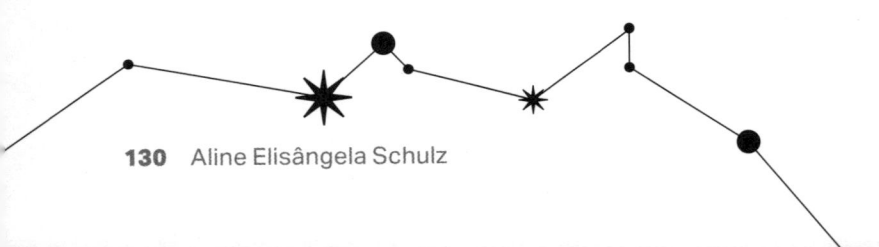

* * *

MOTIVAÇÃO RAIZ

A SUA MOTIVAÇÃO RAIZ, que o levará a realizar o que precisa, é a vontade de SER ÚTIL e SERVIR. Estamos diante de uma pessoa extremamente discreta, e que, aparentemente, não está atenta a tudo o que acontece ao seu redor. Ledo engano! Nada passa sem ser percebido, e ele sabe quando você está precisando de ajuda; inclusive, vai ser a mão inesperada a ser estendida para você.

Por conta disso, dessa vontade em ajudar e ser útil, pense no tamanho do susto ao descobrir que está sendo egoísta ao focar apenas em suas necessidades pessoais. Lembro-me de ter contado para um amigo os quatro objetivos do dinheiro, e ele escutar, atentamente; de repente, se surpreende, por se deparar com a verdade nua e crua de que:

1. Estava cumprindo o primeiro objetivo, de estruturar sua vida, trazer a segurança e o conforto que merece;

2. Não estava realizando seus sonhos, porque nem sempre acreditava que merecia, ou que podia investir esse dinheiro em algo considerado "não tão necessário", pois "vai que falta depois";

3. Qual não foi o seu espanto, ao perceber que, quem só busca dinheiro para pagar suas contas e construir uma solidez financeira é egoísta, pois só está pensando em si mesmo! Que nem por um momento pensou em ir além para também ajudar as demais pessoas;

4. Com isso, percebeu que o quarto objetivo – que era evoluir, ir além, dar o próximo passo – não estava acontecendo. Por um momento, ele ficou com os olhos parados e pasmo, pois era como se tivesse caído uma cortina e revelado algo muito precioso para ele.

Por isso, os virginianos, por buscarem controlar todas as variáveis possíveis, acabam por criar um mundo no qual ficam presos sem perceber; onde não se arriscam, mas replicam, analisam e julgam. É hora de olhar mais a fundo e perceber o que pode atrapalhar o seu enriquecimento, que seriam os ralos deste signo, aquilo que podem fazer a riqueza escorrer por entre seus dedos.

✳ ✳ ✳

RALOS:

VIRGEM APRENDE COM FACILIDADE e, entre todos os signos, é o mais focado nos resultados e na eficiência. Devido a isso, torna-se muito conservador, e não percebe as oportunidades que surgem ao seu redor.

Ele tem tendência a trabalhar sem parar, focar no que precisa ser feito, e não em ir além, mudar, crescer, expandir, o que pode fazer com que esteja alheio ao que acontece no mundo, e ao seu redor.

Por não ter o controle das suas variáveis, ser crítico, desconfiado e transparente demais, acaba afastando pessoas e oportunidades, deixando muitas ocasiões passarem, o que faz suas chances de enriquecer diminuírem.

Como tem medo de errar, dificilmente se arrisca, estando propenso a investir somente no que é seguro – como, por exemplo, um pedaço de terra. Por causa dessa postura, sua vida tende a ser previsível, ou seja: até mesmo uma viagem de lazer será planejada nos mínimos detalhes.

Obstinado e metódico, suas metas são claras; porém, precisa ver dois pontos a respeito delas: 1. se são alcançáveis, pois podem ser altas demais; e, 2. se existe jogo de cintura, para se adaptar aos imprevistos (ser flexível).

A postura de economizador, pechincheiro, de não se permitir investir mais – por acreditar que seria dinheiro posto fora – tranca o fluxo da abundância, pelo fato de vibrar na escassez, no "não merecimento", no desperdício.

Muito cuidado para não se sobrecarregar, o que pode acabar afetando a sua saúde, em especial, o baço, a vesícula biliar, os intestinos, o duodeno e a região abdominal. Sem a devida atenção, isso pode acarretar hipocondria, depressão, prisão de ventre, cálculos biliares, dores de barriga, doenças intestinais crônicas.

✳ ✳ ✳

INIMIGOS:

VIRGEM É UM SIGNO EXTREMAMENTE ÉTICO, por isso, estar em meio a pessoas sem caráter, bagunceiras, que gostam de coisas fáceis, sem esforço, e que não pagam suas contas em dia, se torna um grande suplício para ele, ainda mais se não pode controlar a situação, ou mesmo o que a pessoa faz.

Concentrar a sua fonte de renda em apenas um lugar, sem diversificar, por acreditar que deve fazer uma única coisa bem-feita; não procurar saber outras formas de expandir seu capital, sem precisar se envolver diretamente, também são inimigos.

Por vibrar na escassez, não aproveita os benefícios que o dinheiro pode trazer para a sua vida, e das pessoas ao seu redor, perdendo a chance de se sentir útil, contribuir com projetos de caridade ou filantropia para a humanidade.

Contentar-se com um trabalho que pague suas contas e gere uma pequena poupança. Ficar desconfiado de quem está conquistando, expandindo, e indo além do que conhece, já que, para ele, parece ilógico ter outra forma de enriquecer, que não seja apenas a sua.

Reclamar quando acreditam que algo não está do jeito que deveria. Como são viciados em se preocupar, precisam ter sempre algo acontecendo, estar ocupados e nem sempre rendendo.

Evitar a mudança o máximo possível: trocar de carreira, fazer diferente. Com isso, atrai situações que o obrigue a encerrar ciclos e seguir para o próximo degrau de aprendizado.

✳ ✳ ✳

ALIADOS:

Quais são os seus aliados nessa jornada de enriquecimento?

* Pessoas que já conquistaram o que você busca para si. Por isso, escute os mais experientes, absorva seus erros e acertos, a fim de encurtar o seu caminho;

* Questione-se: o que pode ajudá-lo a ser mais eficiente? Mais rápido? Conseguir fazer o que falou e se comprometeu? Não levar críticas para o lado pessoal? Ser criativo e eficiente? Antecipar passos, não errar, provar seu valor, ter métodos sólidos de trabalho que permitam ir além?

* Já que estamos falando de um signo muito organizado, que tal planejar e abrir um espaço na sua vida para se arriscar a fazer algo diferente? Um risco friamente calculado, que, caso dê errado, não afete o seu orçamento?

* Ter uma rotina empenhada em ler autores que ampliem a sua mentalidade e mudem o seu comportamento, certamente, surtirá efeito;

* Cultivar uma alimentação saudável, tempo para descansar, para se exercitar, criar rituais matinais e antes de dormir, são pequenos prazeres da vida que podem ser exercitados com o intuito de trabalhar o merecimento de uma vivência com mais qualidade e abundância;

* Propor-se a experimentar algo que, um tempo atrás, jamais se permitiriam fazer, como viajar para outros lugares e pagar o hotel sem dó, comprar ser pechinchar, mas porque gostou e merece;

* Comprometer-se a organizar seu dinheiro por áreas da vida: despesas da casa, despesas variáveis, contas pessoais, lazer, investimento e poupança, são alguns exemplos. O dinheiro do lazer deve ser gasto, sem pena, ao final de cada mês.

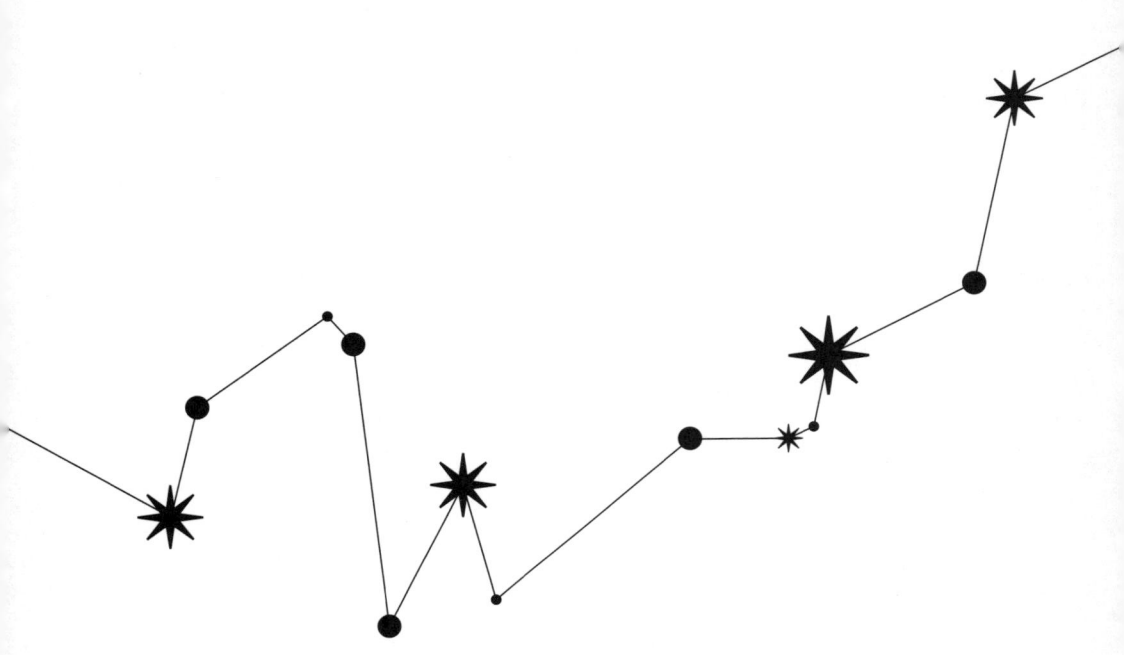

✳ ✳ ✳

CONSELHOS DO MESTRE:

PENSE: SE VOCÊ NÃO FOSSE QUEM É HOJE, quem seria? Por qual motivo? Traga uma pessoa que tem prosperidade na sua mente, e se coloque no lugar dela. Se você fosse ela, o que estaria fazendo de diferente, e por quê?

Olhe para sua vida, neste momento. É hora de unir, sentir, analisar. Sentir para, então, agir.

A mesma capacidade de observação que tem com os demais, ao trazer para si mesmo, pode ajudá-lo a perceber onde é possível relaxar mais; abandonar o controle, e deixar de lado as coisas que não consegue mudar.

Se você está lendo essas palavras, é sinal de que a vida está chamando-o para novos caminhos, e cabe a você aceitar ou não esse convite!

Alie-se a quem não consegue ser organizado, quem não consegue sistematizar suas ideias, organizá-las, ou criar processos para serem replicadas. Valorize-se. Cobre muito bem pela sua *expertise*. Exerça o ato da doação, ajude em causas humanitárias, e sinta a alegria de ser útil ao Criador, aqui e agora.

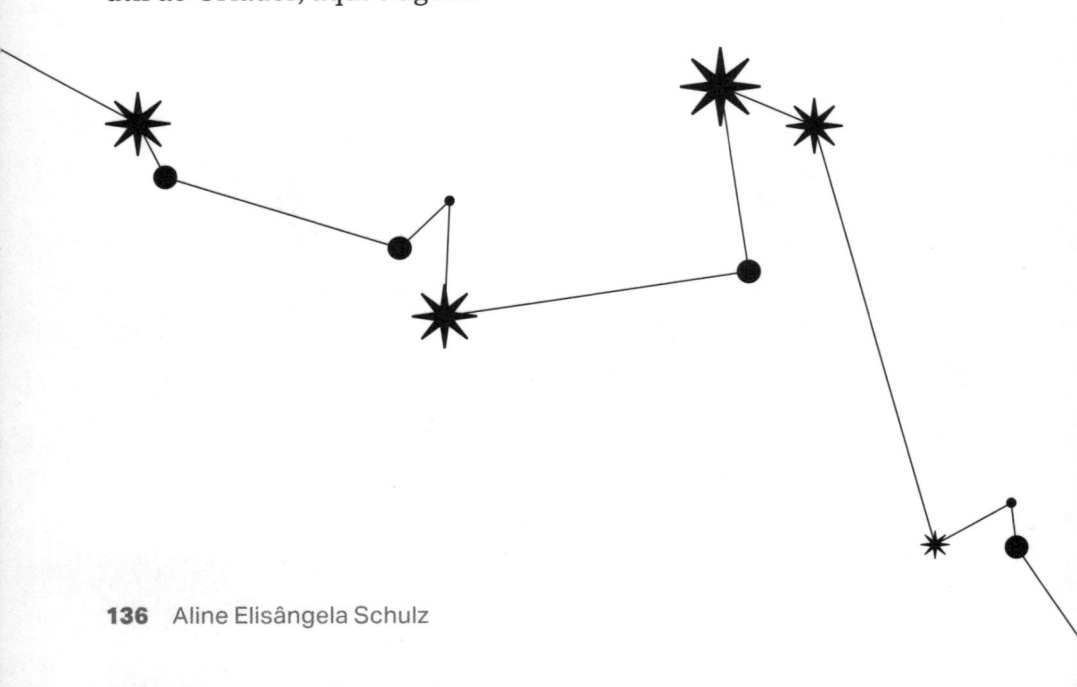

BAÚ DA SUA RIQUEZA:

EXISTEM, EM VOCÊ, HABILIDADES QUE SÃO DIAMANTES brutos a serem lapidados, e que podem aumentar as suas chances de enriquecer, como: organização, planejamento, comunicação, eficiência, integridade, criatividade prática, senso comum, confiabilidade e análise dos detalhes.

Você é um excelente organizador, e faz o mundo funcionar de modo mais eficiente. Então, potencialize os seus ganhos, oferecendo serviços para quem não tem essas habilidades. Abra um negócio nessa área e associe-se a quem precisa daquilo que você tem a oferecer.

Invista em cursos que abram a sua mente, para ser ainda mais criativo; comece a detectar oportunidades disfarçadas, ampliar sua visão, a respeito de tudo o que a sua vida pode ser, além do que já é até o presente momento.

Proponha-se, de tempo em tempo, uma parada para crescer, expandir. Aceite o tempo como um agente de amadurecimento, que vai aprimorá-lo durante a caminhada, levando-o a conquistar o que deseja. Porém, acredite, ao chegar a esse ponto, você pode ir além, pois sempre haverá o próximo degrau da sua escadaria evolutiva e expansão da consciência.

Neste exato momento, sua vida está estagnada? Na mesma? Você gostaria de subir mais um degrau, rumo a viver os quatro objetivos do dinheiro? Não deixar nada para trás? Conseguir melhores resultados? Se sim, escreva em um papel o que você tem feito que precisa ser revisto? O que precisa ser incorporado? Anote, e coloque em um local bem visível, para você ver todos os dias, e não deixar essa energia da mudança ser engolida pela rotina de sempre.

Quando se trata de profissões e carreiras, este signo pode trabalhar como profissional da saúde, higiene ou limpeza, como farmacêutico, enfermeiro ou nutricionista.

Por ser muito eficiente, também pode se tornar assistente social, cientista, inspetor, analista, redator, crítico, pesquisador, revisor, bibliotecário, treinador de empresa ou estatístico. Também podem se encontrar como artesãos, jardineiros, ajudantes de loja, professores, linguistas, consultores ou professores de Yoga.

EXEMPLOS DE VIRGINIANOS FAMOSOS:

Fátima Bernardes (17/09/1962) jornalista e apresentadora de TV
Madre Teresa de Calcutá (26/08/1910) religiosa católica, fundadora da Congregação das Missionárias da Caridade
Príncipe Harry (15/09/1984) Príncipe da Inglaterra
Glória Pires (23/08/1963) atriz brasileira
Keanu Reeves (02/09/1964) ator canadense radicado nos Estados Unidos
Beyoncé (04/09/1981) cantora norte-americana
Sophia Loren (20/09/1934) atriz italiana
Warren Buffett (30/08/1930) investidor e filantropo norte-americano

EXEMPLOS DE VIRGINIANOS RICOS PELO MUNDO, SEGUNDO A *FORBES*:

Warren Buffett

Warren Edward Buffett é um investidor e filantropo norte-americano. É o principal acionista, presidente do conselho, e diretor executivo da Berkshire Hathaway. Constantemente citado na lista das pessoas com maior capital do mundo, ocupou o primeiro lugar, em 2008.

Nascimento: 30 de agosto de 1930, Omaha, Nebraska, EUA.
Patrimônio líquido: 90,4 bilhões USD (2018).

Jack Ma

Mă Yún, mais conhecido pelo pseudônimo Jack Ma, é um empresário, investidor e filantropo chinês. É cofundador e presidente executivo da Alibaba Group, um conglomerado de tecnologia multinacional.

Nascimento: 10 de setembro de 1964, Hangzhou, China.
Patrimônio líquido: 35,7 bilhões USD (2018).

Jorge Paulo Lemann

Jorge Paulo Lemann é um economista e empresário suíço-brasileiro. Um dos fundadores do 3G Capital, Jorge Paulo Lemann é conhecido pelas gigantes aquisições realizadas nos últimos anos, pelo apurado senso de oportunidade que deram a ele e a seus sócios, o controle de grandes companhias como a Kraft Heinz, o Burger King, e a maior cervejaria do mundo – a AB InBev.

Nascimento: 26 de agosto de 1939, Rio de Janeiro, Rio de Janeiro.
Patrimônio líquido: 27,4 bilhões USD (2018).

LIBRA

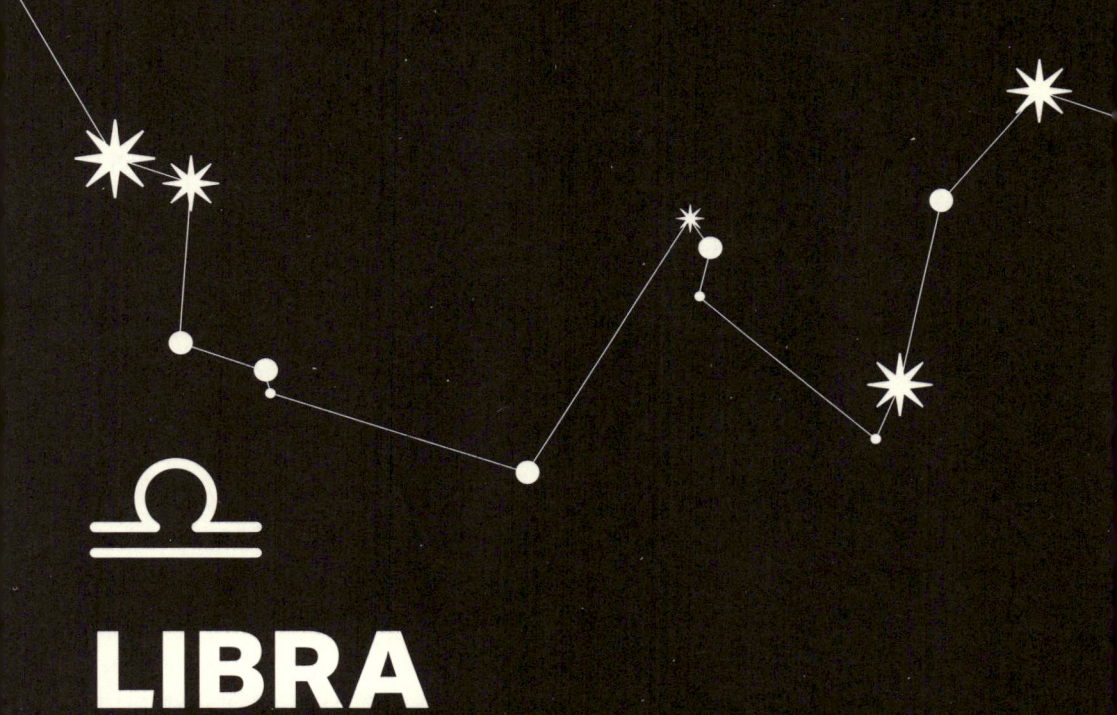

"A ti, Libra, dou a missão de unir os homens em torno da Minha ideia. Tu despertarás o desejo da cooperação, por meio da capacidade de se colocar no lugar do outro e então sentir o que o outro sente. Estarás onde houver desavença, para que possas mostrar o valor do acordo e da justiça. E para que faças um bom trabalho, dou-te a provação da indolência para dominares e, como bênção, concedo-te o dom da PAZ.*"*

(SCHULMAN, 1987, p. 110)

Estamos diante de um signo com grandes desafios voltados aos relacionamentos. Ele, que é o sétimo signo do zodíaco, está vinculado às sociedades comerciais, ao casamento, ao aprender através do outro quem deve ser de verdade.

Por trazer consigo um grande aprendizado de se amar, dizer "não", "dar limites" e "desagradar" são situações extremamente desafiadoras. Existe uma grande vontade em querer ser amado por todos. Por isso, ele tem dificuldade de se posicionar.

Como prioriza os outros, pode ser, muitas vezes, subestimado e deixado de lado, o que acaba magoando-o profundamente. Porém, nem sempre irá assumir isso, pois o bem comum está sobre ele e, por causa disso, buscará se convencer de que, se todos estão felizes, ele também está.

A consequência de uma postura centrada no outro gera uma armadilha que pode trazer muitos prejuízos financeiros ao libriano, pois, quem não se ama, tende a ter em seu peito, no seu coração, uma sensação de "vazio", de que "falta algo".

Essa lacuna o leva à busca desenfreada de preencher esse espaço com aquisições, tratamentos estéticos, artigos de decoração, ou seja, compras que, dificilmente, serão baratas, muito pelo contrário: geralmente são de muito bom gosto, de marca e, portanto, caras. Certamente, ele irá buscar um desconto, caso isso não o faça parecer que não teria todo o dinheiro; em alguns casos, pode até esnobar o seu valor, mostrando-se entediado.

Por causa dessa postura, pode se meter em grandes enrascadas financeiras, algo extremamente desconfortável para ele. Não poder comprar, ou fazer algo que deseja, o deixa muito mal. Assim, conforme o tamanho do rombo, e do tipo de experiência vivida, poderá administrar ou buscar meios para que isso nunca mais aconteça. Nessa hora, a dor o ensinará a se organizar e a encontrar outros caminhos, a fim de que o dinheiro chegue e fique em sua vida de forma permanente.

Quando um libriano passa por um aprendizado intenso pela falta do dinheiro, nasce um grande empreendedor; alguém que olha para quem está fazendo sucesso e deseja aprender com ele; alguém que quer para si mais qualidade de vida, lastro e solidez financeira. Por isso, quando é do próprio interesse, sabe, como poucos, negociar e mediar um negócio, possuindo argumentos sólidos que o fazem encontrar motivos para defender um desconto justo para todos os envolvidos.

Nesse momento, a visão de que o libriano seja indeciso começa a enfraquecer: na verdade, são grandes perfeccionistas disfarçados, pessoas que, só de pensar em ser injusto com algo ou alguém, se sentem desconfortáveis. Eis o motivo de demorarem a tomar atitudes: buscar até os "44 minutos do 2º tempo" de uma partida de futebol, a melhor informação, a fim de que tomem a decisão mais acertada para aquele momento.

O fato de serem apressados ou pressionados faz deles pessoas prontas para explodir a qualquer tempo. Inclusive, não fique perto se ela estiver se maquiando, ou se ele estiver escolhendo uma roupa para sair. E, em alguns momentos, é preciso verificar se a prioridade é sua, ou dos demais, para se posicionar, empoderar-se, sem culpas, e então, conseguir dizer "não". O primeiro não tende a ser uma grande vitória para quem é de Libra.

Entenda que, se você busca um amigo que o defenda cegamente, que endosse o que você faz ou diz, esse não deve ser um libriano, pois ele irá olhar a situação não apenas pelo seu ângulo, mas também pelo dos outros envolvidos, e isso pode gerar uma grande frustração. Como o valor da justiça é mais forte, ele será o primeiro a apontar quando algo não estiver bacana, você não estiver certo ou fizer algo que não deveria.

Como se trata de um signo extremamente vaidoso, passar em frente ao espelho ou qualquer objeto que reflita a sua imagem, e não olhar, está completamente fora de cogitação. Possui um senso estético como poucos, por isso, dificilmente, você verá alguém desse signo malvestido, com a raiz do cabelo sem pintar ou sem perfume. É até normal vermos muitos librianos atuando na área da moda.

Por ser um signo que ama a boa vida, o conforto e experimentar restaurantes e comidas novas, neste momento, ele pode acabar olhando apenas para si mesmo, tornando-se bastante preguiçoso e acomodado.

O alerta deste signo está em esquecer de olhar para os lados, uma vez que já conquistou a vida que merece. Deve lembrar que conquistas temporárias não se manterão ou suprirão a falta de outras coisas em sua vida. Assim como, em outro extremo, aprender a priorizar a si mesmo, caso não saiba dizer "não" e impor limites.

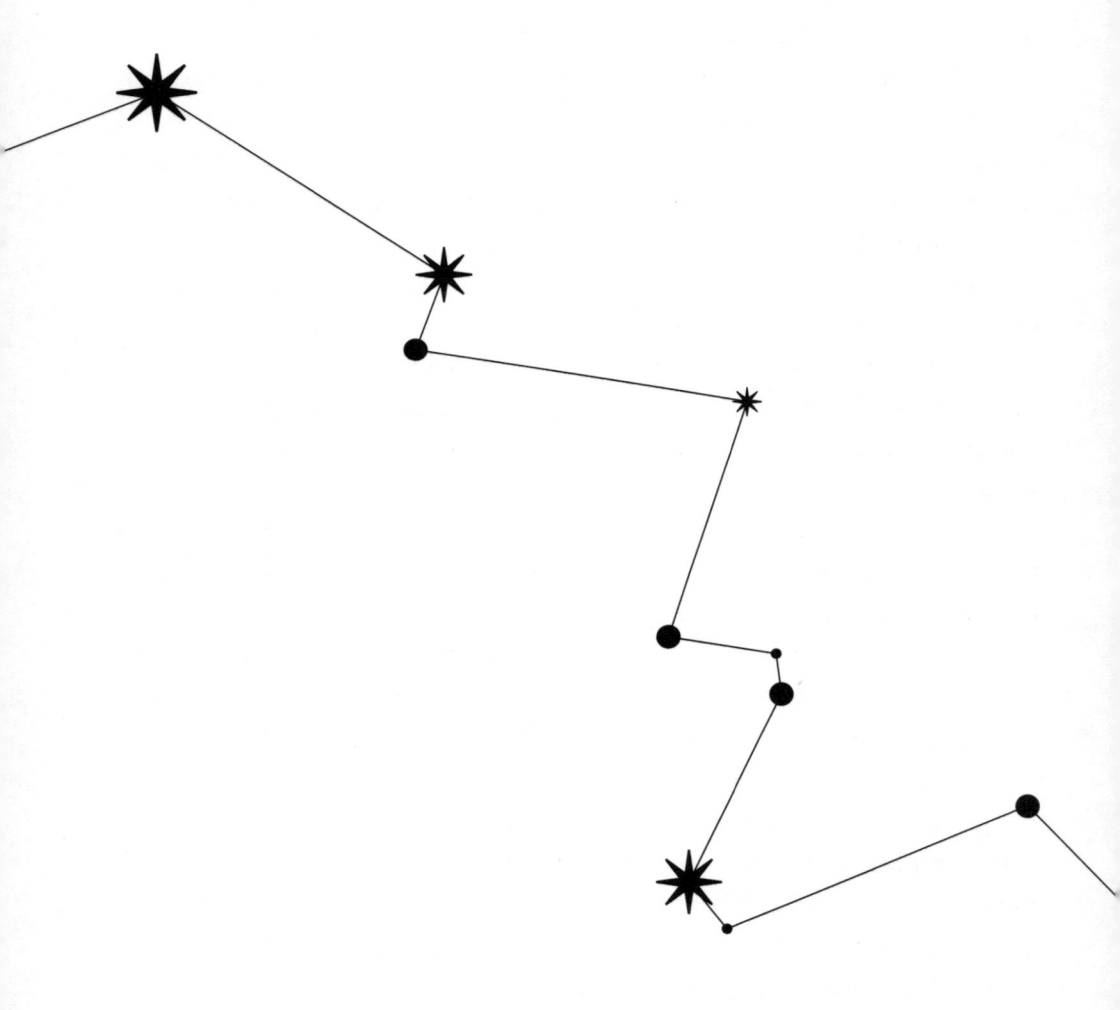

✳ ✳ ✳

MOTIVAÇÃO RAIZ

ESTAMOS DIANTE DE UM SIGNO QUE BUSCA ENRIQUECER, para ter uma vida de conforto e acesso ao que deseja, mas sem se preocupar com o dinheiro. Por isso, as dívidas podem ter sido um marco na sua vida financeira. Um parâmetro de riqueza, para ele, é estar em uma relação onde ama e é amado. A sua motivação raiz, o que o levará a agir, será a parceria. Em nome dela, se reinventa, se expande, vai além; alcança o seu ideal de perfeição de vida. Eles tendem a ser sócios por preferirem trabalhar em conjunto, e não sozinhos.

O desafio, aqui, é lembrar de implementar todos os objetivos do dinheiro em sua vida. Como o primeiro e o segundo estão muito presentes, é natural surgir, à medida que o tempo passa, uma sensação de "vazio" no peito, que não tem como ser preenchida apenas com compras, tratamentos estéticos etc.

Está faltando o terceiro objetivo, que é ajudar as pessoas, realizar trabalhos de caridade, filantropia, isto é, ver o dinheiro chegar, através de suas iniciativas, para os menos favorecidos. Por conta disso, existe um processo de desabrochar, levando-o a aprender e a evoluir como pessoa – que seria a aplicação do quarto objetivo do dinheiro.

Por isso, além da segurança e realização dos seus desejos, o processo de enriquecimento se dá voltado à contribuição, para que o mundo seja um lugar melhor para todos nós. A fim de chegar a essas percepções, os librianos irão se deparar com muitos aprendizados pessoais, que os farão ponderar sua própria vida e entender quais são seus alicerces, se estes ainda são ou não válidos.

Uma vez refletido sobre isso, um processo natural de mudança acontece, intermediado por vários tipos de parcerias, seja na vida pessoal ou no trabalho; serão elas que o movimentarão rumo à concretização das suas metas.

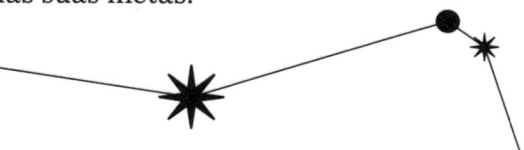

É hora de olhar mais a fundo e perceber o que pode atrapalhar o seu enriquecimento, que seriam os ralos desse signo, aquilo que faz a sua riqueza escorrer por entre os dedos.

✳ ✳ ✳

RALOS:

EIS QUE ESTAMOS DIANTE DE UM SIGNO que tem como grande armadilha, capaz de fazer seu dinheiro sumir, a necessidade de agradar as pessoas que ama, não conseguir dar limites e dizer "não", ser excessivamente generoso com os outros e investir somente nos demais, esquecendo-se de si próprio.

Quando está diante de problemas financeiros, acaba por esconder dívidas, afundando-se no negativo do banco, tudo para manter as aparências, não mudar seu estilo de vida e fazer o que precisa ser feito.

Tudo o que está vinculado a áreas, como beleza, estética, vestuário, calçados, bolsas, perfumes e joias pode provocar um verdadeiro rombo nas suas finanças; sem falar dos tratamentos, academia, cirurgias plásticas e demais intervenções para se manter jovem e belo.

Sair com amigos para o *shopping* pode provocar meses de limite do cartão de crédito comprometido; comprar presentes para o cônjuge também. Muito cuidado para não meter os pés pelas mãos de forma impulsiva e, com isso, acabar afetando a sua saúde, com problemas de cálculos renais, no sistema urinário, doenças inflamatórias na pele, labirintite etc.

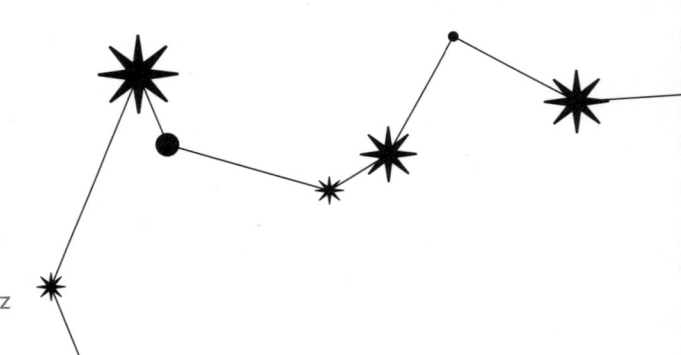

✳ ✳ ✳

INIMIGOS:

PESSOAS QUE OS SUBESTIMAM INTENCIONALMENTE podem se tornar inimigos, pois seu desempenho é focado em agradá-las. Quando percebem, ficam muito irritados.

Sua postura, de buscar harmonia acima de tudo, faz com que se anule, que não olhe para as suas necessidades pessoais, apenas para a dos outros. Por causa disso, pode mentir ou manipular, a fim de manter tudo como está ou resgatar o que acredita ser o ideal perdido.

Viver uma situação cômoda o impede de ter iniciativa para fazer mais. O resultado pode ser a preguiça, a dificuldade de sair de sua zona de conforto, protelar decisões, procrastinar o que precisa ser feito, deixando para depois o que poderia ser feito agora.

No trabalho, não suporta fofocas pelos corredores. Ficar muito tempo sem comer tira o seu bom humor. Não suporta vulgaridade, ofensas, ser dogmático; não gosta de ser enrolado, nem exposto de forma negativa em meio às pessoas.

Existe, ainda, um grande receio de se arrepender das decisões tomadas. No fundo, por ser um grande perfeccionista, tende a demorar para se posicionar, pois sempre espera uma nova informação, algo que o ajude tomar a decisão com mais segurança e certeza. Com isso, pode perder muitas oportunidades, caso elas sejam um pouco mais arriscadas.

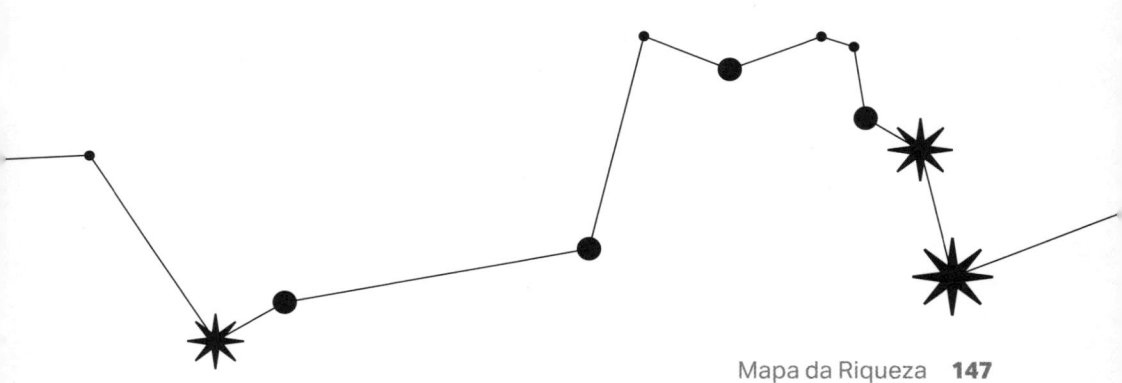

✳ ✳ ✳

ALIADOS:

Quais são os seus aliados nessa jornada de enriquecimento?

* Pessoas decididas e que executam tarefas sem questionar muito; aqueles que o respeitem e o admirem; que cultivem o valor da harmonia; que sejam focados e tragam resultados. Assim como pessoas com iniciativa, sociáveis, bem-humoradas, leves e que sabem a hora certa de tomar uma decisão;

* Como não espera por ninguém para agir, necessita de quem o inspire, o auxilie a se manter no caminho, a se organizar;

* Aqueles que o ajude a lapidar sua comunicação, para que consiga se expor, impor limites e usar a própria imagem, com o intuito de gerar grandes rendimentos para a sua vida, levando-o a enriquecer;

* Crises financeiras o deixam muito frustrado, com uma grande sensação de escassez, de "não poder", o que é muito ruim para ele. Para não sentir mais isso, precisa se tornar mais organizado;

* Encontrar um mentor, com o intuito de deslanchar na carreira, é um excelente meio para progredir e aumentar suas chances de enriquecimento. Precisa formalizar essa parceria, a fim de ter o apoio necessário, enxergar o que não consegue e encontrar respostas e motivação para seguir em frente. O próximo passo seria entrar em um grupo de mentoria, uma "matilha" que esteja no mesmo caminho que ele, ajudando-o a se manter, estimular, reerguer e alcançar suas metas a longo prazo;

* Existe uma beleza nem sempre revelada na concretização de metas. Então, busque o prazer de alcançar seus objetivos, ser reconhecido e tornar-se rico por mérito próprio.

✳ ✳ ✳

CONSELHOS DO MESTRE:

EQUILÍBRIO NÃO É SINÔNIMO DE SE ANULAR. Então, tão importante como todos que estão ao seu redor estarem bem e felizes, é você também se sentir assim. Colocar-se em primeiro lugar não é egoísmo, é uma prova de amor-próprio. Se estiver bem, conseguirá resolver qualquer coisa que aconteça; caso contrário, você não será capaz. Inclusive, pode piorar a situação, e as consequências atingirem aqueles que você ama. Por isso, quando você se cuida, todos saem beneficiados.

A dor e o sofrimento são ferramentas didáticas para nos trazer de volta ao nosso caminho, pois, por algum motivo, acabamos desviando. Quando se trata de riqueza, saiba que, em você, há um grande empresário, com uma grande capacidade de empreender. Não deixe os reveses da vida sucumbirem essas características; tome a iniciativa antes da sua vida se complicar.

Procure a sua independência. O que mais precisa ser ativado em você para ir além? A organização anda de mãos dadas com a abundância. Quem é exemplo de uma pessoa que representa isso para você? Que faz o que você gostaria de seguir? Como é possível trazer para perto de você esse conhecimento? O que você pode replicar em sua vida? Qual resultado você busca? Em quanto tempo? Estabeleça indicadores do que representa ter alcançado essa meta.

O seu maior aliado nessa jornada é o autoconhecimento. Sendo assim, busque se conhecer, entender quais são as suas metas, fortaleça sua autoestima, sonhe alto, ouse e mãos à obra. Tome uma decisão em relação a si mesmo e à sua própria vida, pois você é quem decide os rumos que ela irá tomar daqui para frente; assuma as rédeas dela, agora mesmo!

Use a sua capacidade de mediar e negociar em prol dos seus projetos pessoais; aplique isso para você também. Entenda que, para alcançar algo, você precisa ir atrás de parcerias que possam mostrar o próximo passo ou até mesmo trilhar o caminho com você. Preste atenção aos sinais que pairam ao seu redor e esteja aberto a eles. Faça a sua parte.

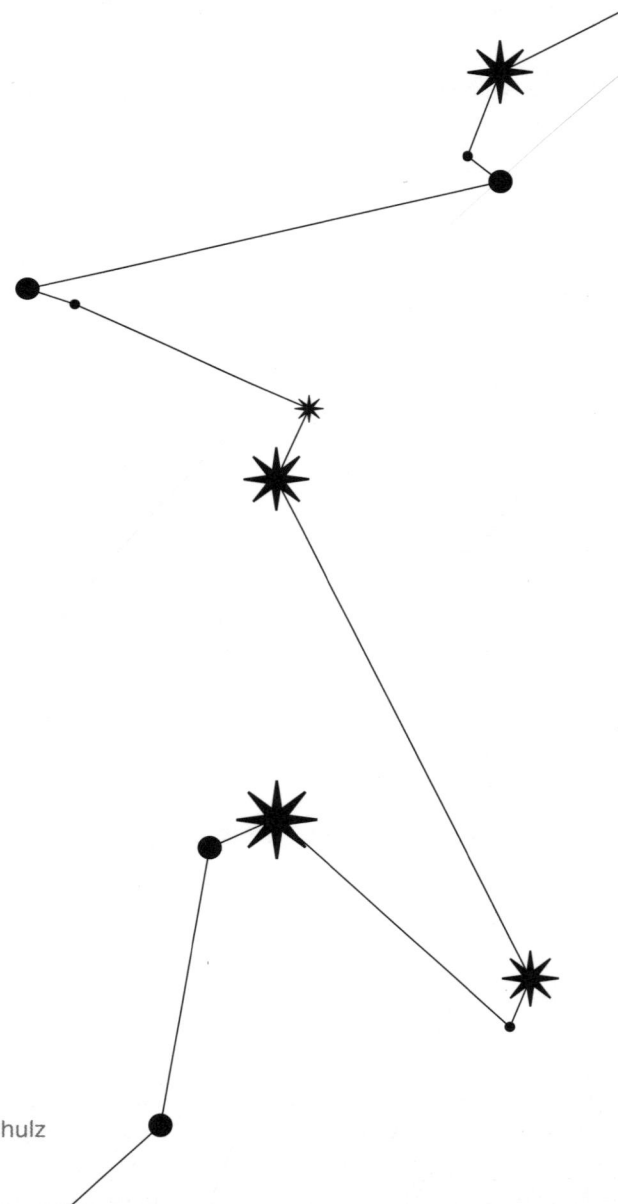

BAÚ DA SUA RIQUEZA:

EXISTEM, EM VOCÊ, HABILIDADES QUE SÃO DIAMANTES brutos a serem lapidados, e que podem aumentar as suas chances de enriquecer, como: mediar, negociar, diplomacia, bom gosto, lidar com pressão, dizer "não"; organizar a sua vida para render e não para se ocupar; traçar metas a curto e médio prazo, a fim de que sejam alcançadas; tornar o prazer uma fonte de renda e buscar aperfeiçoamento na hora de vender suas ideias.

Diplomacia e tato são fortes características de Libra. Sua maneira suave de se colocar é de grande ajuda em discussões com parceiros. Você possui a habilidade de ver ambos os lados da questão, além de ter excelente capacidade de julgamento. Você também sabe como gerar equilíbrio e harmonia nos ambientes. Encontrar a harmonia interior que o capacita a levar o seu Eu inteiro para um relacionamento.

Acredite, você merece! Esteja aberto para entender que existe riqueza disponível para você, e que, para acessá-la, é preciso se expandir, sair do que você conhece, para dar um passo além. Faça a sua parte focado no quanto você é merecedor de uma vida espetacular! Não aceite nada menos do que isso.

Transforme o que você faz nos momentos de lazer e de autocuidado em um negócio; traga para a sua vida aquilo que você mais ama e monetize. Você é bastante conhecedor dessa área, por isso, torna-se um ótimo vendedor. Cerque-se de pessoas com habilidades que você não tem, a fim de chegar aonde deseja.

Quando se trata de carreira e profissão, pode se tornar *designer* de interiores, artista gráfico, consultor de imagens, esteticista, estilista, consultor de compras, negociante de arte ou qualquer coisa dentro do ramo musical. Além de modelo, juiz, advogado, diplomata, conciliador, consultor administrativo, funcionário de agência de encontros, avaliador ou vendedor de imóveis, veterinário, cabeleireiro e manicure.

É MUITO IMPORTANTE DEFINIR PARA SI MESMO:

Por que você deseja enriquecer?

Para quê?

Esse motivo é forte ou fraco?

Vai ajudá-lo a se manter no caminho? Levantar-se mais cedo? Sacrificar momentos a dois para focar, planejar e executar?

Como equilibrar qualidade de vida, com resultados e riqueza?

Viver com tempo para a sua vida pessoal, sem estar sob pressão?

O que o leva a se manter em movimento?

EXEMPLOS DE LIBRIANOS FAMOSOS:

Will Smith (25/09/1968) ator norte-americano
Mahatma Gandhi (02/10/1869) líder espiritual e pacifista indiano
Pedro Almodóvar (25/09/1949) cineasta espanhol
Romero Britto (06/10/1963) artista plástico brasileiro radicado nos Estados Unidos
Miguel Falabella (10/10/1956) ator, dramaturgo, cineasta e autor de novelas brasileiro
Fernanda Montenegro (16/10/1929) atriz brasileira
Catherine Deneuve (22/10/19432) atriz francesa

EXEMPLOS DE LIBRIANOS RICOS PELO MUNDO, SEGUNDO A *FORBES*:

Alice Walton

Alice Louise Walton é a única filha do falecido Sam Walton, fundador da grande loja de varejo Walmart, e de Helen Walton. É irmã de S. Robson Walton, de John T. Walton, e de Jim Walton. De acordo com a Revista Forbes, é a mulher mais rica do mundo.

Nascimento: 7 de outubro de 1949, Newport, Arkansas, EUA.
Patrimônio líquido: 43,9 bilhões USD (2018).

Stefan Persson

Carl Stefan Erling Persson é um empresário sueco, sendo Chairman da Hennes & Mauritz e um dos maiores empresários europeus. Em 2011 a revista Forbes o elegeu como o 13º homem mais rico do mundo com uma fortuna estimada em 24,5 bilhões de dólares.

Nascimento: 4 de outubro de 1947, Estocolmo, Suécia.
Patrimônio líquido: 17,4 bilhões USD (2018).

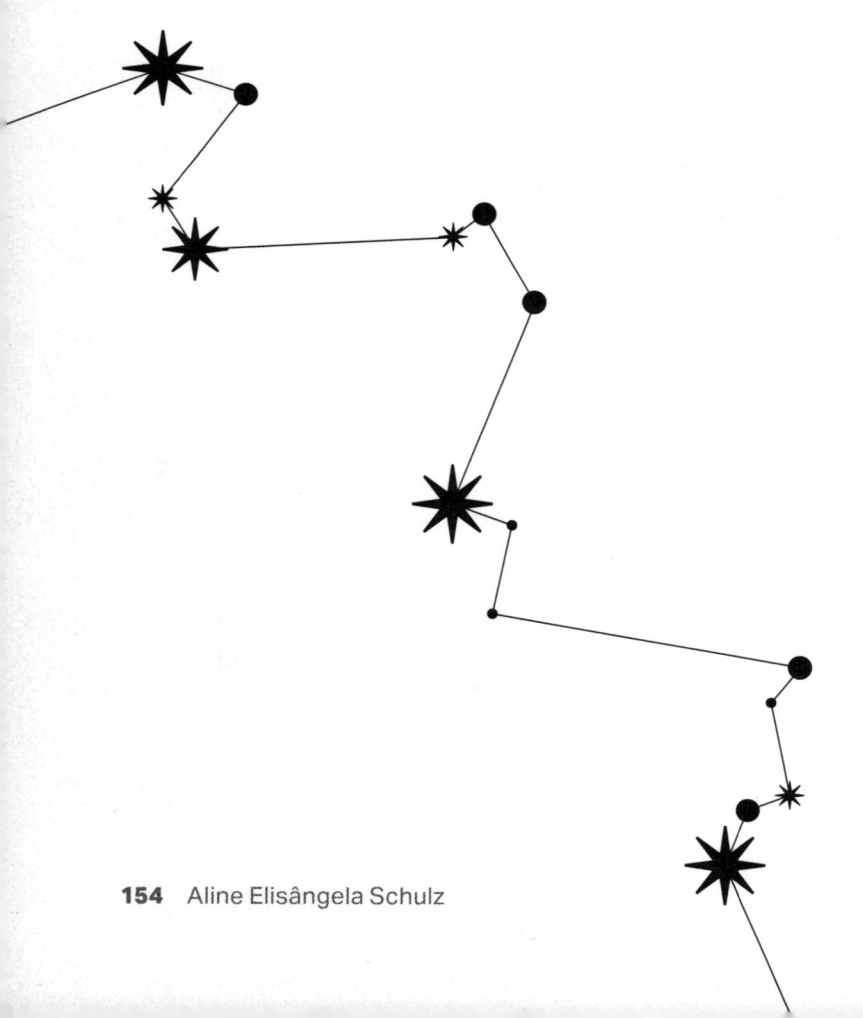

ESCORPIÃO

"A ti, Escorpião, peço que não te afastes de mim quando doer em teu coração as maldades que presenciares. Terás a capacidade de penetrar na mente dos homens e, conhecendo-a, perceberás que não sou Eu, mas a perversão da Minha ideia que está causando tua dor. Chegarás a conhecer o homem em seu instinto animal e lutarás contra o próprio dentro de ti. Para que faças um bom trabalho, dou-te a provação do extremismo para dominares e, como bênção, concedo-te o dom do RENASCIMENTO."

(SCHULMAN, 1987, p. 110).

Morrer e renascer faz parte de quem é nativo do signo de Escorpião. Os altos e baixos – que são impostos a ele, ao longo da vida – tornam sua jornada terrena intensa, com uma sequência de superações, testes de fé e renascimento. Nada é morno: ou é quente ou gelado, fazendo com que a sua existência não seja nada simples, mas bastante desafiadora.

Escorpião é o único signo do zodíaco que tem três animais que o representam em essência: o escorpião (em si), que provoca o receio que todos têm dele – de ser vingativo, venenoso e atacar; revela seu lado "fênix", de morrer e renascer, de se autoboicotar, de se autoenvenenar, através do cultivo de pensamentos negativos, maldosos e rancorosos. Neste aqui temos, de tempos em tempos, um lixo psíquico surgindo, e que precisa ser olhado com carinho, a fim de entender qual lição está oculta nele. No outro extremo, há a sua versão "águia", que voa alto, possui uma visão avantajada – capaz de mergulhar certeiro, em busca do que deseja – e que traz consigo uma sabedoria muito grande, que, frequentemente, se manifesta por meio do seu comportamento e de suas palavras.

Toda vez que a sua versão águia se manifesta, menos você deseja ser de Escorpião. Nesse instante, surge sua terceira versão – a da serpente, que é uma cobra. E o que uma cobra faz, periodicamente? Troca de pele. Por quê? Para, durante a sua vida, se permitir crescer. Vincular todo esse processo ao movimento de evolução do ser humano fica extremamente simbólico, concorda? Por isso, a cada troca de pele, algo morre para que nasça o novo, que o levará para o próximo nível.

Quando uma pessoa deste signo está vivendo a sua versão da serpente, ela vai passar por vários momentos que, aos olhos de quem está perto, poderá parecer bipolaridade, depressão, arrogância ou, no mínimo, intrigante. É fácil pedir ajuda neste momento? Não. Pois, dificilmente, consegue verbalizar o que acontece; e, por conta disso, da mesma forma que ela entrou nesse processo – de morte/renascimento – precisará superar isso.

O que facilita bastante a sua vida é se autoconhecer, a fim de identificar esses momentos, e não negar; brigar com eles. Conseguir entender o que, de verdade, está por trás disso tudo. Caso não consiga sozinho, solicitar ajuda pode ser muito importante, ainda mais se for algo recorrente, até porque, colocar "pontos finais", encerrar ciclos, precisa ocorrer de forma contínua.

Estamos diante de um signo profundo, e isso você já percebeu. O que poucas pessoas sabem é que, simplesmente, não dá para mentir para eles, pois sabem que você está mentindo e, geralmente, não falarão. Pelo contrário, irão dar corda para você se enforcar sozinho; analisar até aonde você é capaz de ir; apreciar o seu tombo de camarote. Por isso, fale sempre a verdade, jamais minta, por pior que seja.

Traição é um tema delicado para o escorpiniano, já que esse é um dos seus maiores medos na vida. Como a sexualidade está associada ao signo, ser traído fisicamente é um tema que tende a "matá-lo" e fazê-lo renascer, trazendo à tona pensamentos que se tornam regras e, por si só, crenças que os norteiam pelo resto da vida. Afinal, se aconteceu uma vez, pode acontecer duas, e ele não aceitará mais isso. Resultado: parar de confiar ou fazer o mesmo para o outro.

Um dos pontos mais marcantes para este signo é o olhar. Pesquise na *internet* o olhar dos três animais que o representam, e perceba como ele vê firme e profundamente, sendo capaz de arrancar a verdade apenas com o olhar; fulminar uma pessoa, a ponto de ela se perder.

Seja na vida pessoal ou no trabalho, trata-se de um signo capaz de resolver problemas como poucos, porque consegue identificar o que realmente está acontecendo, e montar uma estratégia possível de levar a empresa ao próximo nível ou mesmo destravar a vida de alguém. O que busca em troca é a devoção, a lealdade, pessoas nas quais sinta que pode confiar, que representem os ideais da empresa, ou de um bom relacionamento a dois; quem os defenda fora do expediente ou de casa; que esteja disponível para horas extras ou melhorar a parceria.

A verdade é um valor muito forte para ele, por isso, vai procurar pessoas que estejam na mesma sintonia, fazendo-o jamais esquecer um favor ou uma ofensa. Por não suportar a leviandade, a irresponsabilidade, a indiferença e manifestações emocionais exageradas, pode se tornar radical, afastar-se de algumas pessoas, e isso o deixa mais isolado, o que não é muito saudável.

Escorpião é um signo do elemento "água", o que o torna extremamente sensível. Porém, essa sensibilidade nem sempre é manifestada, pois existe certa dificuldade para isso. É algo a ser desenvolvido ao longo da vida, bem como ter poder, segurança e retorno financeiro dos seus esforços. Aliás, adoram dinheiro, e tudo o que vem através dele. Dessa forma, são muito meticulosos e determinados na hora de traçar e conquistar suas metas.

Como a sua mente é astuta, tende a ir diretamente ao ponto, combinando lógica e intuição. Assim, os nativos deste signo são ótimos estrategistas (hipnotizam as pessoas para que façam o que querem), seu pensar é rígido e invariável (poucos alteram suas ideias). Ainda podem ser muito críticos consigo mesmos. Desconfiados, guardam mágoas do passado, permitindo que surjam pensamentos vingativos. O hoje, para ele, é julgado de acordo com o seu passado (em especial, suas emoções); e demoram a confiar em alguém (se traído, não esquece).

O alerta deste signo está em compreender a necessidade do autoconhecimento, isto é, quanto mais mergulhar em si mesmo, mais entenderá o que acontece ao seu redor. Deve compreender que não adianta "arquitetar" planos de vingança, que não será produtivo mostrar que algo não vai bem, mas que é importante falar sobre o assunto; que o significado que damos ao que acontece é o que vai impulsionar ou travar a sua vida. Essa escolha é e sempre será sua!

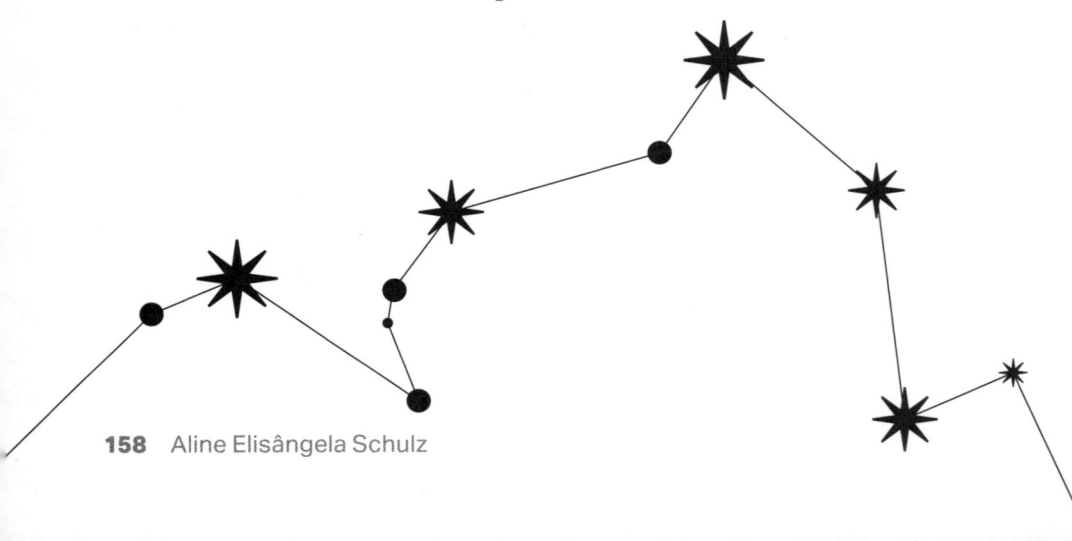

✱ ✱ ✱

MOTIVAÇÃO RAIZ

POR ESTARMOS DIANTE DE UM SIGNO que possui uma capacidade incrível de renascer diante dos altos e baixos da vida, percebe-se que a sua MOTIVAÇÃO RAIZ está conectada a viver esses dois extremos, para buscar um ponto de equilíbrio, um meio termo. Por isso, CRISES e PODER serão molas propulsoras para construir sua riqueza, seja por jurarem para si mesmos que nunca mais vão passar por momentos tão ruins (ligados às finanças); por quererem provar ou se vingar; por mostrarem que conseguem; e, então, terem o poder de parar com as crises.

Ao observar suas motivações, fica clara a necessidade de controle, de se sentir poderoso e importante. Como a vida tende a surpreendê-lo, algumas vezes, negativamente (dependendo de onde está vibrando na sua energia – se é no "eu superior" ou no "eu inferior"), ele tentará cessar esse movimento. A sensação de morte é muito intensa a cada mudança, a cada encerramento de ciclo, a cada transformação no seu pensar, no seu sentir e no seu agir.

As pessoas deste signo querem dar um basta nessa gangorra emocional na qual vivem, e que atrapalha todos os setores da sua vida. Para isso, vão precisar se despir de crenças, parar de resistir à mudança, rever conceitos, abrir mão do que acreditava ser importante e, com fé, seguir em frente. Um novo estilo de vida precisa ser construído onde a lógica da vida deve ser desmistificada.

Organizar-se nas finanças, a fim de conseguir alcançar todos os objetivos da riqueza em vida, é uma meta, que vai desde o momento de conquistar a solidez financeira até a realização dos seus sonhos e das pessoas as quais acredita que mereçam. Contribuir para algo maior em si mesmos, e entender os aprendizados ocultos por trás de tudo isso, é uma missão para uma vida toda. Sendo assim, é hora de olhar mais a fundo e compreender o que pode atrapalhar o seu enriquecimento, que seriam os ralos deste signo, aquilo que faria sua riqueza escorrer por entre seus dedos.

* * *

RALOS:

AS PESSOAS DESTE SIGNO TENDEM a ter histórias de vida intensas, recheadas por altos e baixos bem marcantes – algumas vezes traumáticas – e isso pode ser generalizado, ou seja: acreditar que, porque aconteceu uma vez, acontecerá sempre. Nesse caso, haveria a tendência a se fechar e, quando alguém se fecha, se bloqueia para viver não apenas aquela experiência, mas tudo. Essa consequência pode impedí-lo de ver e aproveitar novas oportunidade e enriquecer.

Estamos diante de um signo cuja sexualidade é forte e, por isso, seus desejos também. Portanto, o dinheiro pode ser gasto com acessórios sensuais, lingerie, literaturas, até mesmo na contratação de profissionais da área. O cuidado, aqui, é a frequência com que isso acontece, pois pode causar um grande rombo no orçamento.

Com um faro "detetivesco", os escorpianos sabem quando alguém está mentindo, e a traição, para eles, é a morte. Se isso chega a acontecer, ou mesmo se desconfiam, podem investir em detetives, com o intuito de descobrir, entrar em um divórcio litigioso, gastar para extravasar, a fim de provar algo para o ex-parceiro, e isso acaba afetando profundamente a sua solidez financeira.

É preciso olhar para dentro de si e descobrir o que se passa em seu interior, o que impede você de construir uma base, expandir, manter, doar e contribuir. Os mistérios precisam ser revelados, com o objetivo de que você possa identificar padrões que se repetem em sua vida, baseados em desconfiança, medo, mágoas, mudança de humor em meio a pessoas e lugares. Devido à sua sensibilidade, pode se tornar uma pessoa extremamente possessiva e controladora, fazendo-o, inclusive, adoecer.

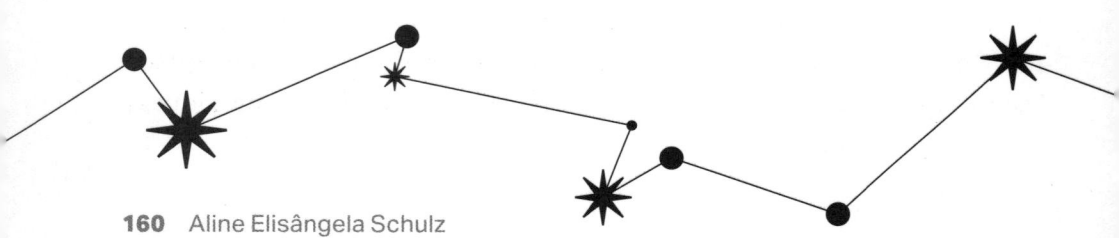

✳ ✳ ✳

INIMIGOS:

LUZ AMARELA PARA PESSOAS EXTREMAMENTE RACIONAIS e objetivas: ou você consegue achar um meio termo ou pode ter muitos problemas com elas, devido à tensão que pode surgir. Muito cuidado em relação ao seu conhecimento, ou seja, evite usá-lo apenas para alcançar poder, manipular as pessoas, conseguir o que deseja com as pessoas ou através delas.

Sua mente pode se tornar sua grande inimiga. É preciso olhar para dentro de si e enxergar os pensamentos e ideias que se repetem com frequência e, principalmente, a qualidade deles. Eles podem ser rígidos, pessimistas, negativos, fatalistas ou auto-obsessivos, e isso é uma trava que o impede de mudar.

Não conseguir ser diplomático e conviver com pessoas que mentem, falam pelas costas ou passam os outros para trás. Essa postura pode gerar um radicalismo muito grande da sua parte, afetando a harmonia da família, o cotidiano no trabalho e, por consequência, seus ganhos financeiros.

A falta de honestidade consigo mesmo, por viver situações as quais não esteja gostando; não conseguir se expressar, gerando comportamentos autodestrutivos, de autoboicote – que, aos olhos de quem vê, passa a ideia de desleixo, apatia, falta de comprometimento, perda de foco e de fuga.

Algumas situações que se repetem tendem a ocultar aprendizados que não iniciaram nesta existência. Entretanto, enquanto não compreender o que há por trás de tais situações, identificar o seu propósito, cortar laços, dificilmente, conseguirá encerrar esse ciclo e seguir em frente.

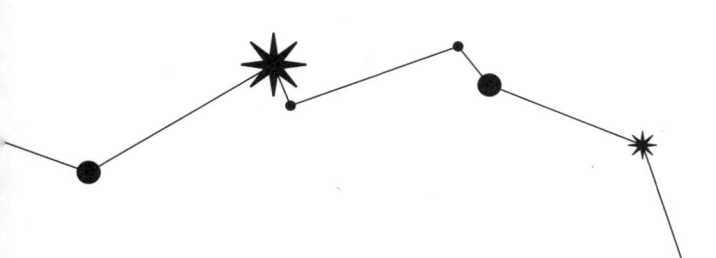

✱ ✱ ✱

ALIADOS:

Quais são os seus aliados nessa jornada de enriquecimento?

✱ Há, em você, um grande estrategista; uma pessoa capaz de enxergar o que move cada um que está ao seu redor. Ative essa força para alavancar seus ganhos materiais e enriquecer. Transforme isso em uma fonte de renda;

✱ Olhe para cada situação que a vida trouxe para você como uma aliada, a fim de enxergar o que não está vendo. Para o óbvio deixar de ser óbvio é preciso realizar as mudanças necessárias;

✱ A espiritualidade e o autoconhecimento são pilares essenciais para que entenda a sua forma de lidar com o dinheiro, principalmente, de onde ele vem, e o que você faz sem pensar, atualmente. Por isso, frequentar centros holísticos e palestras auxilia na mudança da sua mentalidade em relação às finanças. Caso contrário, você tende a atrair crises de cura para aflorar a lição que deve ser aprendida e que, por algum motivo, está sendo ignorada;

✱ Toda vez que alguma coisa deixar de fluir, ou algo se repetir com pessoas ou lugares, você deve buscar ferramentas que investiguem o seu inconsciente; elas são de muita utilidade. Você é um ímã, e atrai o que vibra! Por isso, mude a si mesmo, para mudar o que acontece ao seu redor.

> **QUESTIONE-SE:**
>
> O que é riqueza para você?
>
> Por que deveria lutar por ela?
>
> No que ela vai ajudá-lo a ser mais útil na Terra?
>
> O que o dinheiro ensina a você?
>
> Quais crenças você tem em relação a ser milionário, e que o impedem de acessar a riqueza que já existe e é sua?

Após responder às perguntas, encontre exemplos de pessoas que já são o que você deseja conquistar. Observe o que elas já fizeram ou deixaram de fazer. Siga seus passos. Procure estar perto delas. Aprenda com os seus erros e acertos.

✳ ✳ ✳

CONSELHOS DO MESTRE:

ACEITAR QUE A VIDA É FEITA DE MUDANÇAS, de ciclos que se iniciam e terminam, é fundamental para atravessar as fases de baixa sintonia. Quando estiver em um momento não muito bom, respire fundo, busque se conectar ao Criador (da maneira que você achar melhor), identifique o que realmente está acontecendo. Caso não consiga sozinho, procure ajuda.

Soltar e desapegar do passado, do que as pessoas fizeram, é libertador; principalmente, aceitar que não se pode controlar as ações dos outros. Cada um é responsável pelos seus atos, e você é responsável apenas pela forma como se manifesta, fala e age.

Por isso, lapide a sua forma de interagir com as pessoas, e não queira controlar a reação delas, porque isso diz respeito a elas. Algumas vezes, o que fazemos aflora aprendizados ocultos dentro de quem está ao nosso redor; porém, como não fomos treinados a olhar primeiro para nós, tendemos a apontar o dedo e culpar o outro. Pense nisso!

Quando não estiver gostando de algo, seja honesto consigo mesmo e exponha em palavras; aprimore suas emoções, para conquistar sua merecida riqueza. Trabalhe o perdão, a libertação de memórias passadas; compreenda a origem de tudo e ative a sua capacidade de superação, a fim de virar a página sem tanta intensidade.

Torne as suas lembranças, e as suas emoções, parceiras da sua jornada de vida. Crie alertas de que o dinheiro é a concretização e a manifestação da sua missão de vida na Terra, que não é apenas para você, que serve para ajudar e aprender. Domine essa arte do enriquecimento, conquiste essa vitória.

A maior lição das pessoas deste signo é olhar para o poder, ver o que significa para ele, e perceber onde entra a riqueza nesse item. Olhar para dentro de si, e identificar suas sombras, com o intuito de iluminá-las; tornar-se luz, a partir de um processo de alquimia e regeneração da sua alma; compreender que a sua resistência a passar por situações ruins não deveria acostumá-lo à escassez; preparar-se para ter riqueza requer uma preparação física, emocional, mental e espiritual. Olhe para sua vida com profundidade, honre o seu passado e apronte-se para o seu futuro. Você merece!

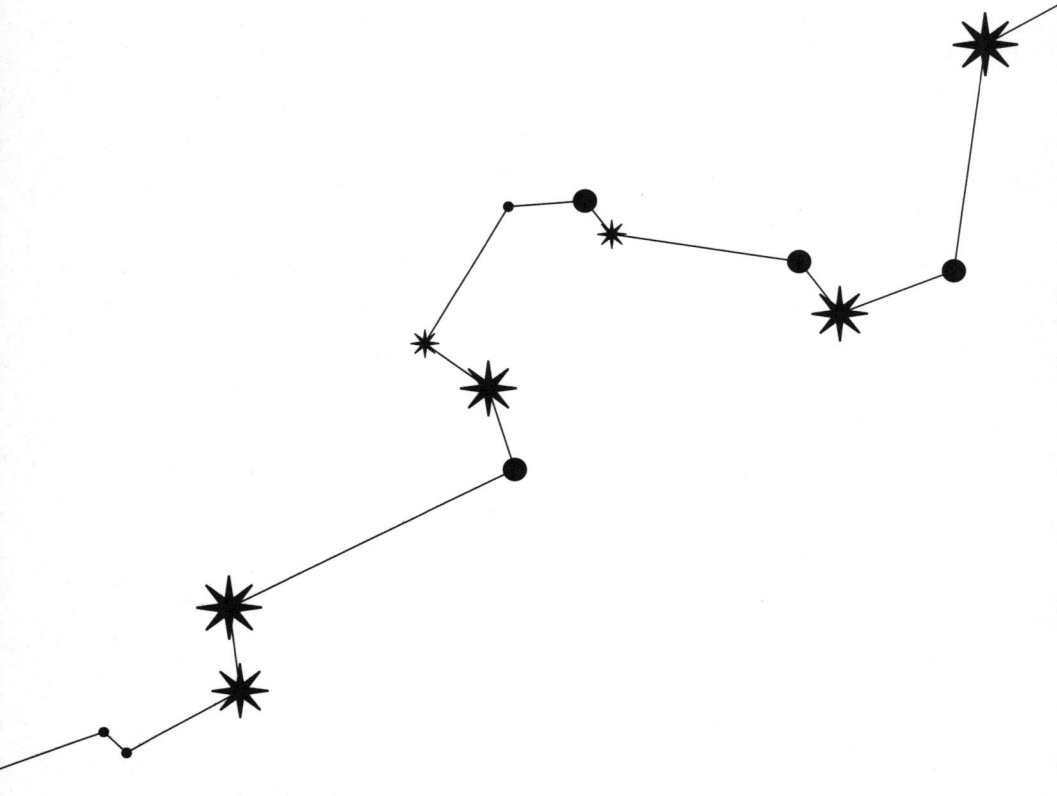

BAÚ DA SUA RIQUEZA:

EXISTEM, EM VOCÊ, HABILIDADES QUE SÃO DIAMANTES brutos a serem lapidados, e que podem aumentar suas chances de enriquecer, como: ser mais acessível sentimentalmente, mais objetivo, planejar e concretizar; passar segurança, diplomacia, transformação, intensidade, maestria, magnetismo, poder, sexualidade, segredos, destruição e sensibilidade.

Atualmente, você ama o que faz para gerar dinheiro em sua vida? Se você não ama, dificilmente, não adoecerá; e não conseguirá ficar rico. Entenda qual o motivo de você estar ali, e construa um passo a passo, uma transição, que irá levá-lo a fazer o que ama; assim, pode conquistar a riqueza permanentemente em sua vida.

Sempre podemos aprender com os outros. Encontrar referências de pessoas que faliram e retornaram solidamente é uma fonte de inspiração para você; torne-as um estudo de caso para você. Aprenda com elas e crie estratégias que sirvam para aplicar na sua vida. O que precisa ser feito? Quem fará (cerque-se de pessoas para ajudá-lo)? Para quando? Qual a sua meta?

O que você aprende nos momentos de crise pode ser ensinado, replicado, escrito, publicado, gerar cursos, palestras, entrevistas, eventos ao vivo. Abra-se e compartilhe no lugar certo, para pessoas que estejam dispostas a aprender através da dor dos outros; aqueles que queiram evitar o sofrimento; ou aqueles que estejam nele, e queiram saber como você fez para sair.

Você reúne, em si, a chave para conquistar a riqueza. Para isso, é necessário abrir misteriosas portas, que irão revelar o real motivo de você ter nascido e viver tais situações, com determinadas pessoas. Não pare de buscar até sentir que as peças do seu "quebra-cabeça" estão se encaixando. Então, a sua riqueza será liberada para que você tenha acesso ao que já existe, e é seu por direito.

Quando se trata de profissões e áreas para desenvolver uma carreira, podemos notar muitos escorpianos trabalhando como médico, policial, cientista, investigador, detetive particular, funcionário de asilo, psiquiatra, agente de pesquisa, psicólogo, hipnoterapeuta, agente funerário, corretor de seguros, ginecologista, doulas, terapeuta sexual, psicoterapeutas reencarnacionistas, terapeutas que usam como ferramenta a medicina vibracional. Por ter o perfil ideal de um investidor (por ser muito observador), pode fazer verdadeiros milagres.

EXEMPLOS DE ESCORPIANOS FAMOSOS:

Pelé (23/10/1940) jogador de futebol
Bill Gates (28/10/1955) magnata, empresário, diretor executivo, investidor, filantropo
Roberto Benigni (27/10/1952) ator e diretor italiano
Julia Roberts (28/10/1967) atriz norte-americana
Diego Maradona (30/10/1960) ex-jogador de futebol argentino
Luiz Felipe Scolari (09/11/1948) técnico de futebol
Demi Moore (11/11/1962) atriz norte-americana
Leonardo DiCaprio (11/11/1974) ator norte-americano
Whoopi Goldberg (13/11/1955) atriz norte-americana
William Bonner (16/11/1963) jornalista e apresentador brasileiro

EXEMPLOS DE ESCORPIANOS RICOS PELO MUNDO, SEGUNDO A FORBES:

Bill Gates

William Henry Gates III, mais conhecido como Bill Gates, é um magnata, empresário, diretor executivo, investidor, filantropo e autor norte-americano, que ficou conhecido por fundar, junto com Paul Allen, a Microsoft, maior e mais conhecida empresa de software do mundo, em termos de valor de mercado.

Nascimento: 28 de outubro de 1955, Seattle, Washington, EUA.
Patrimônio líquido: 97,7 bilhões USD (2018).

Charles Koch

Charles de Ganahl Koch é um empresário estadunidense, atual presidente e diretor executivo da Koch Industries, uma das maiores empresas privadas dos Estados Unidos. Charles é um dos irmãos megaempresários, da indústria dos Estados Unidos, e presidente de uma das 10 maiores empresas privadas do país.

Nascimento: 1 de novembro de 1935, Wichita, Kansas, EUA.
Patrimônio líquido: 53,9 bilhões USD (2018).

Samuel Robson Walton

Samuel Robson Walton é filho do fundador do Walmart, Sam Walton e, atualmente, presidente do conselho da companhia. Foi listado pela Revista Forbes, em 2005, como o décimo homem mais rico do mundo, com uma fortuna de 18,3 bilhões de dólares; e, em 2011, com 21,0 bilhões de dólares.

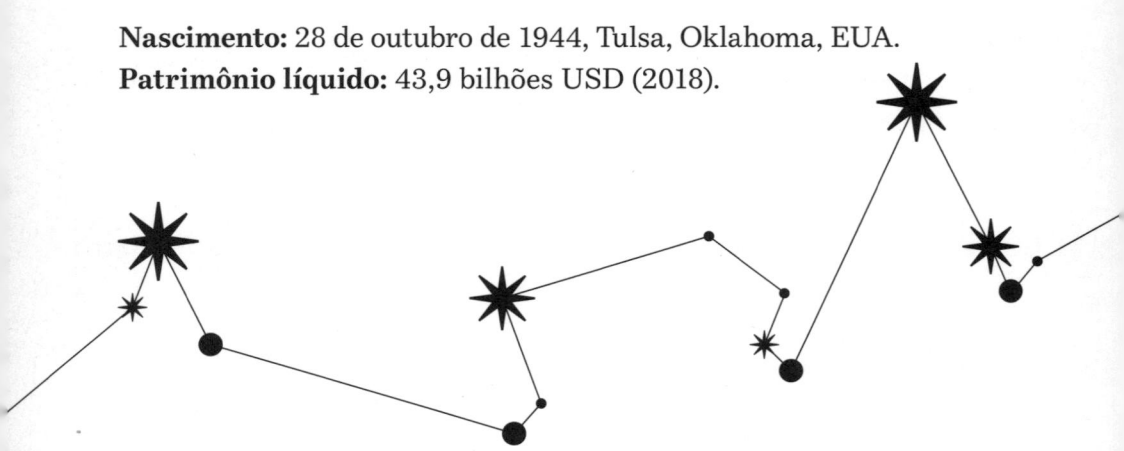

Nascimento: 28 de outubro de 1944, Tulsa, Oklahoma, EUA.
Patrimônio líquido: 43,9 bilhões USD (2018).

SAGITÁRIO

"A ti, Sagitário, atribuo a missão de ensinar o riso e a esperança, para que no meio das incompreensões da Minha Criação o homem não se torne amargo. Através da esperança, implantarás no coração humano a fé e através da fé voltarás teus olhos para Mim. Expandirás assim Minha ideia por todos os cantos e os mais longínquos lugares. E para que realizes um bom trabalho, dou-te a provação da intolerância para dominares e, como bênção, concedo-te o dom da GENEROSIDADE."

(SCHULMAN, 1987, p. 110).

Estamos diante de um signo que não nasceu para ser pequeno, que traz consigo a necessidade de expandir, aprender, desbravar; de, através das suas experiências, compreender o real e profundo significado da vida. Nada é pequeno, morno ou simbólico para ele, tudo tende a ser exagerado, intenso e altamente estimulante.

Os sagitarianos vivem uma vida de aventuras. Tudo o que acontece com eles faz parte de algo maior, que os levará a serem quem nasceram para ser. Por isso, não suportam a rotina, fazer sempre as mesmas coisas ou estarem junto de pessoas que não o acompanhem nesse desbravar da vida.

A sua alegria de viver é contagiante, seus aprendizados tendem a ser compartilhados, e quem está perto não consegue ficar imune a isso. Mais cedo ou mais tarde essa paixão é passada para os demais, que irão cultivar a semente plantada por eles.

Quando se trata de dinheiro, os nativos deste signo gostam muito do prestígio, do estilo de vida que ele proporciona; porém, nem sempre estão muito comprometidos em fazer o que precisa ser feito – em termos de estrutura – ou nem sempre têm os pés no chão para construir isso. Preferem arriscar; estar, constantemente, na adrenalina, o que pode levá-los a serem grandes pioneiros ou perderem grandes valores.

No trabalho, você encontrará sagitarianos manifestando sua verdade e justiça, o que, à primeira vista, pode não ser muito agradável pelo seu jeito de falar. São generosos com quem está perto, não medem esforços em defender e ajudar nos momentos difíceis. Possuem uma liderança inata, sendo que seus métodos têm uma lógica incrível. Apaixonados pelo que fazem, são capazes de incentivar e motivar, levando toda a equipe à ação.

As pessoas deste signo possuem uma rede de amigos influente, com a qual podem contar para novos projetos e até mesmo para iniciativas com fins beneficentes. Procuram estar com pessoas organizadas, que sejam movidas pelos seus sonhos, tenham uma filosofia de vida, amem os animais, sejam justos, leais, gostem de viajar e, se possível, tenham conhecimentos básicos em outros idiomas.

Acompanhar o ritmo de vida deles não é para qualquer um, por isso, é preciso entender que são seres dinâmicos, que pulam da cama cedo e num gás total, desligando apenas na hora de dormir. Para eles, é importante a pessoa ser lógica, apresentar argumentos justos, não levar nada que fale para o lado pessoal, ser autodidata e inteligente.

Como a sua vida geralmente é dinâmica e movimentada, este signo precisa se cercar de pessoas que o ajudem a se organizar, cumprir prazos e tarefas. Caso contrário, sempre estará atrasado, perdendo compromissos e agendando dois eventos no mesmo dia.

Os sagitarianos não suportam presenciar injustiças, fofocas, ficar preso em reuniões enfadonhas, crueldade com animais, segredos, egoísmo, possessividade e mentiras. Nesses momentos, tendem a se irritar e manifestar sua insatisfação para com todos os envolvidos.

É um eterno estudante e estará sempre envolto de conhecimento, a fim de buscar sua identidade e realização pessoal. Se não estiver aprendendo, pode se sentir perdido e sem rumo. Quando uma filosofia de vida que ele acredita há muito tempo cai por terra, entra em crise. Nesse momento, é importante iniciar a sua busca por um novo alicerce em sua existência.

A sua comunicação é bastante exagerada e motivada, possuindo uma expressão capaz de se ajustar ao público em questão, desde adolescentes até mesmo a pessoas com um tom mais formal, expressando-se de maneira adequada a cada um deles. Trata-se de uma habilidade que ele vai lapidando ao longo dos anos, e que será muito importante quando puder compreender a importância que o "ensinar" tem em sua vida.

Conseguem ajudar as pessoas a encontrar os milagres em suas próprias vidas, mostrando para elas o que têm de melhor, que é algo seu, único, seu potencial. Por isso, é possível que acabem invadindo o espaço do outro, na ânsia de querer ajudar.

Por serem muito inteligentes, tendem a respeitar as pessoas que admiram. No trabalho, não seguirão ordens enquanto não as entenderem a fundo e não verem sentido nelas. Por causa disso, costumam ser questionadores, provocando certos desconfortos entre os mais próximos.

O alerta deste signo está no fato de ele ser sincero demais, acreditar que todos estejam prontos para escutar a verdade. Conta, ainda, com uma proteção extra, fazendo com que abuse da sorte. Muita atenção à sua jornada terrena: certifique-se de que ela seja trilhada comemorando-se cada conquista, e não apenas passando de uma fase para outra. Celebrar é muito importante, assim como entender que a justiça divina é diferente da justiça humana; que não existem vítimas, nem culpados, nem vilões, e sim, aprendizados; que todos nós estamos sendo convidados a crescer como pessoas, ou seja, expandir. Alguns aceitam melhor, outros não; cabe a nós compreendermos isso!

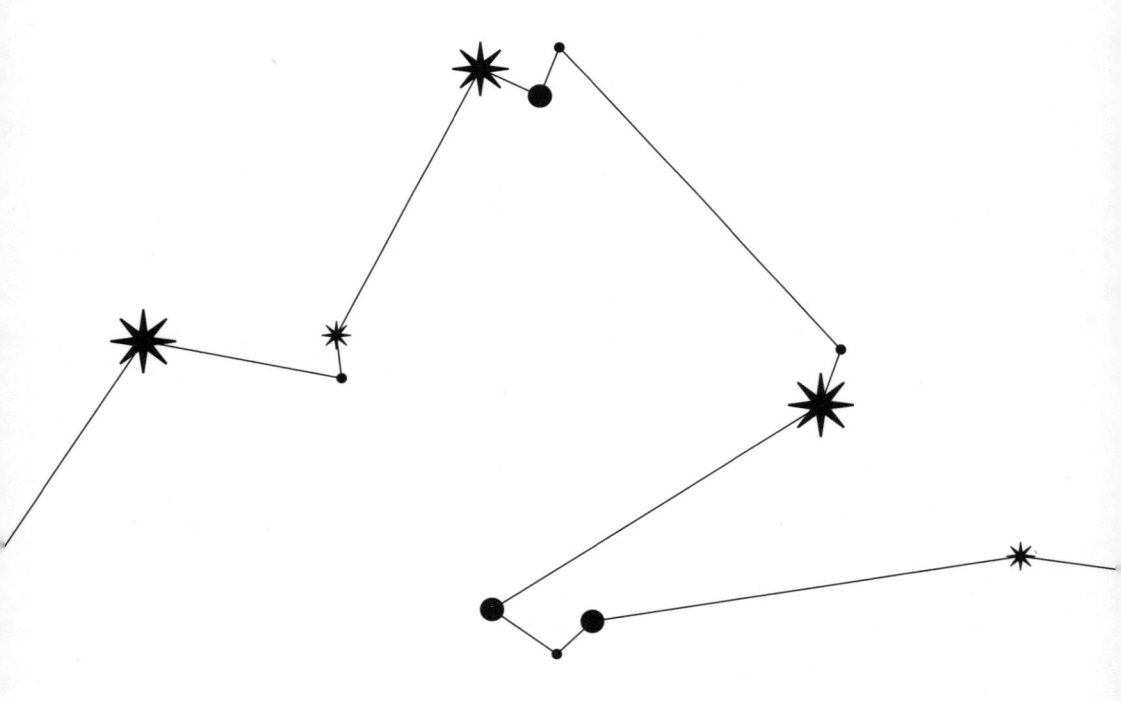

✳ ✳ ✳

MOTIVAÇÃO RAIZ

SAGITÁRIO ACREDITA NA VIDA e tem um sentido de liberdade bem apurado, capaz de levá-lo à sua motivação raiz constantemente, que é a expansão. O crescimento deste signo não é algo facultativo, e sim, a gasolina da vida, adrenalina pura. Expandir é aprender, se aventurar, conhecer novos lugares e pessoas; é compartilhar filosofias de vida, ser feliz cada dia mais e mais! Como é um grande otimista por natureza, quando decide fazer algo, nada abala a motivação de alcançar o seu desejo, e isso o mantém no caminho.

Sabe aplicar com profundidade o conhecimento prático em sua vida. Por isso, atrai pessoas interessadas em escutar suas histórias e seus ensinamentos. Como é engraçado, seguidamente está rodeado de pessoas que são contagiadas por sua alegria. Para ele, a vida é uma grande aventura a ser vivida, o que o conecta profundamente ao segundo objetivo do dinheiro: viver seus sonhos.

Por mais que os sagitarianos sejam amantes da liberdade, terem anseio em conhecer o mundo e sere, livres, eles são pessoas que precisam se organizar melhor para conquistar a solidez financeira. Quando algo acontece e mexe nesses pontos, passa a se planejar para continuar expandindo.

Como são extremamente generosos, podem contribuir fortemente com causas nobres, porém, nem sempre conseguem refletir sobre os aprendizados ocultos que estão por trás dessa forma de lidar com o dinheiro, e como isso afeta quem está ao seu redor. É hora de olhar mais a fundo e perceber o que pode atrapalhar seu enriquecimento, que seriam os ralos deste signo, aquilo que faria sua riqueza escorrer por entre seus dedos.

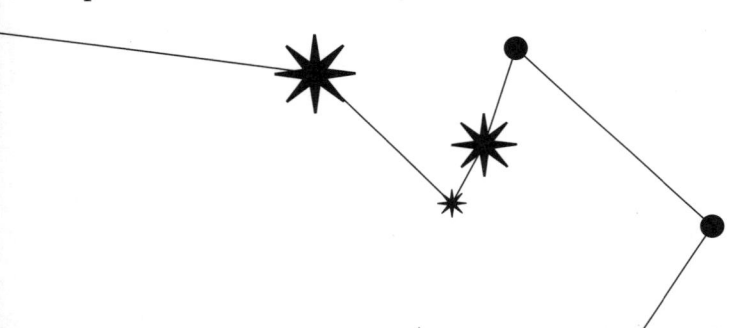

✷ ✷ ✷

RALOS:

ESTAMOS DIANTE DE UM SIGNO que ama o conhecimento e busca por ele constantemente, o que pode causar um rombo financeiro muito grande. Inclusive, comprar livros ou cursos sem colocar em prática o que aprende pode ser apenas uma fuga.

Ele também adora viajar, mas muitas vezes decide a data e o destino na última hora. Dessa forma gasta mais do que precisa e contrai dívidas desnecessárias, acreditando que irá encontrar uma solução para "limpar a bagunça", que é o que normalmente acontece.

Por ser exagerado, nada para ele é pequeno ou simbólico. A forma como se expressa pode atrapalhar oportunidades com pessoas que se sentem ofendidas. Por ser muito generoso, não mede esforços para presentear, fazendo-o comprar de forma compulsiva, ou comer de maneira excessiva, sem pensar.

Os "abusos" afetam a saúde, servindo como um alerta para equilibrar a sua vida. Por isso, as coxas, os quadris, o fêmur, o osso ilíaco e o fígado tendem a ser vulneráveis. Também pode apresentar problemas com o nervo ciático, pélvis, glúteo, cóccix, sacro, até mesmo espasmos ou câimbras nesses locais.

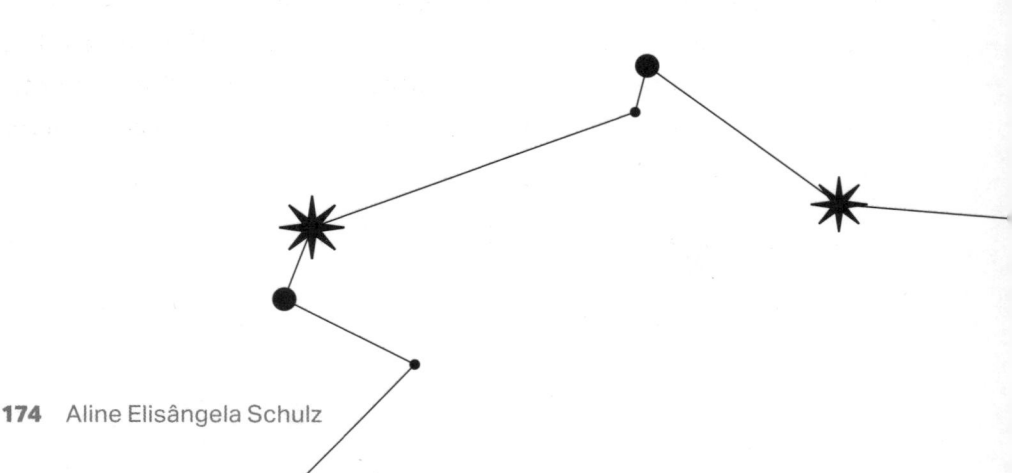

* * *

INIMIGOS:

FIQUE ALERTA ÀS PESSOAS DEPENDENTES, aos falsos amigos, àqueles que questionam suas escolhas e decisões; aos pessimistas e negativos, que colocam apenas obstáculos em suas iniciativas.

A impulsividade pode ser sua grande inimiga. Então, muito cuidado ao agir sem pensar nas consequências de seus atos; e ainda, ao dizer como as pessoas devem viver, já que essa atitude pode desencadear inimigos.

Atenção àquilo que você considera ser certo e justo, pois pode acabar entrando em discussões precipitadas, causando verdadeiras dores de cabeça, principalmente, quando não respeita uma pessoa, por acreditar ter razão, que algo está injusto, e ao defender, cegamente, animais, crianças e idosos.

Como é intenso, tende a não gostar nenhum pouco do que é rotineiro no momento de concretizar seus planos. Esse pode ser um dos aspectos que precisa ser trabalhado, a fim de evitar a frustração ao não conquistar algo.

Estar em movimento é muito importante para ele, porém, precisa saber se está no rumo certo, sendo assim, cuidado com o "fazer por fazer". É preciso saber por que você está executando algo, com o intuito de fazê-lo ter sentido e chegar a um lugar concreto.

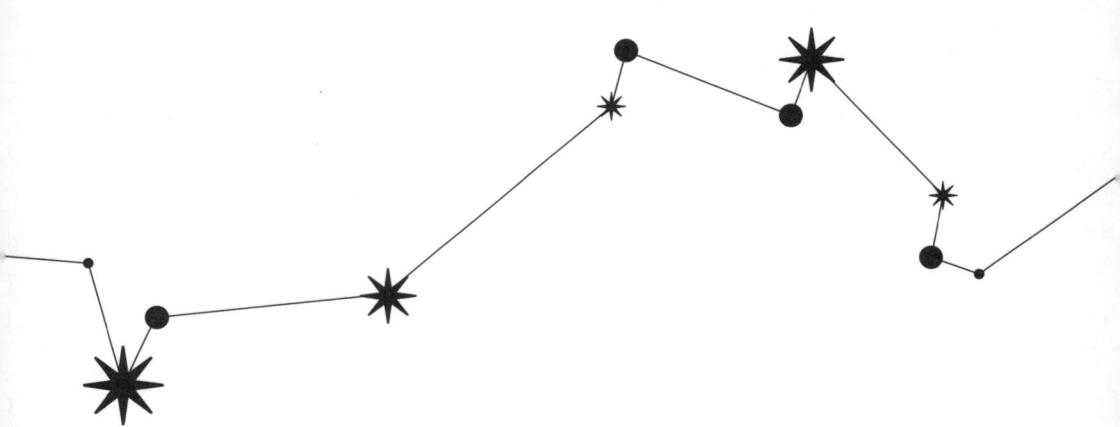

✱ ✱ ✱

ALIADOS:

Quais são os seus aliados nessa jornada de enriquecimento?

✱ Procure pessoas focadas, que não gostem de aventuras, e sim de processos; tenha um planejamento, a fim de se aliar a elas e consolidar seus planos do início ao fim;

✱ O excesso de energia física pode, muitas vezes, acarretar irritação e impaciência, portanto, faça atividades, para equilibrar e dar vazão à tranquilidade. Dessa forma, será mais fácil lidar com os diferentes ritmos das pessoas;

✱ Como ama estar em crescimento, entende que "viver" é estar aberto às oportunidades que chegam a você todos os dias, por meio de pessoas ou coincidências. Quando percebe uma oportunidade, aplica-a imediatamente;

✱ Alie a filosofia de vida com a prática diária. Simplifique a sua vida, escreva ou fale sobre isso. Passe adiante com criatividade e simplicidade o que você tem aprendido. O que faz sentido para você tende a ser passado com paixão e intensidade;

✱ Una seu magnetismo em prol do crescimento e expansão da humanidade. Ajude a quem deseja, aqueles que o procuram para ser quem nasceram para ser. Olhe para quem já fez isso. Replique;

✱ Tenha clareza do estilo de vida que deseja. Pegue um papel e anote esta meta. Escreva o que você precisa para viver: (onde, com quem, o que proporcionaria isso etc.). Arregace as mangas e mãos a obra!

✳ ✳ ✳

CONSELHOS DO MESTRE:

ASSUMA A SUA LIDERANÇA e seja porta-voz de quem não pode se defender. Levante bandeiras. Ajude, mas sem perder de vista que cada um está em determinada situação, porque traz junto um aprendizado oculto para todos os envolvidos.

Não abuse da sorte. Faça a sua parte. Crie estratégias. Alie-se a pessoas de visão e monte uma equipe para operacionalizar suas iniciativas. Vale muito a pena se estruturar, inclusive pela liberdade e estilo de vida que isso vai trazer para você.

Estude e aplique. Sistematize seus aprendizados em um passo a passo. Construa a sua verdade, ensine e enriqueça. Em outras palavras, aprenda, filtre, aplique, ajuste, sistematize e replique.

Sua mente busca filosofias que o conecte com o Criador. Suas ações são inspiradas, movidas ao porquê de sua existência, que é defendido fortemente. Como procura respostas às grandes perguntas da vida (por que nasci nessa família? Qual o meu propósito?), questione o papel do dinheiro em sua vida, tentando compreender a sua finalidade para aplicá-la no seu dia a dia.

Ative em você a determinação de ser útil ao Criador na Terra. É possível enriquecer ensinando, sendo porta-voz de algo maior e transformando vidas. Existem muitas pessoas procurando o que você já encontrou!

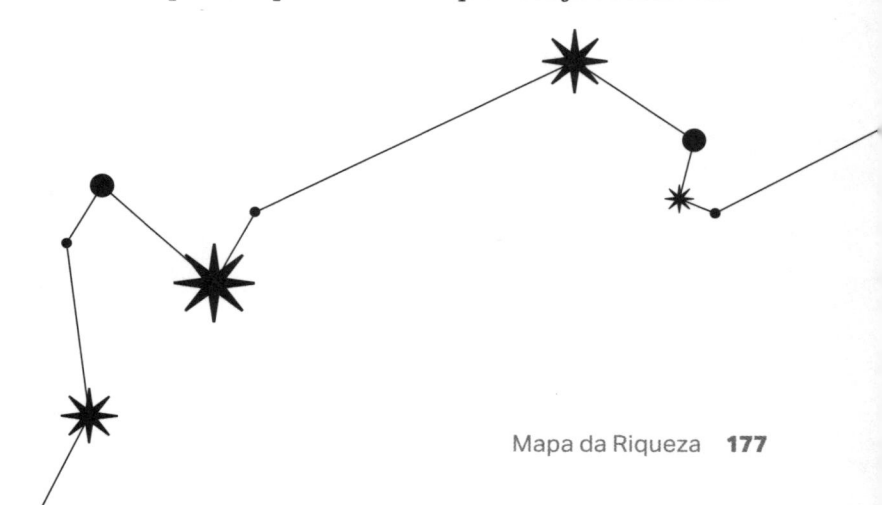

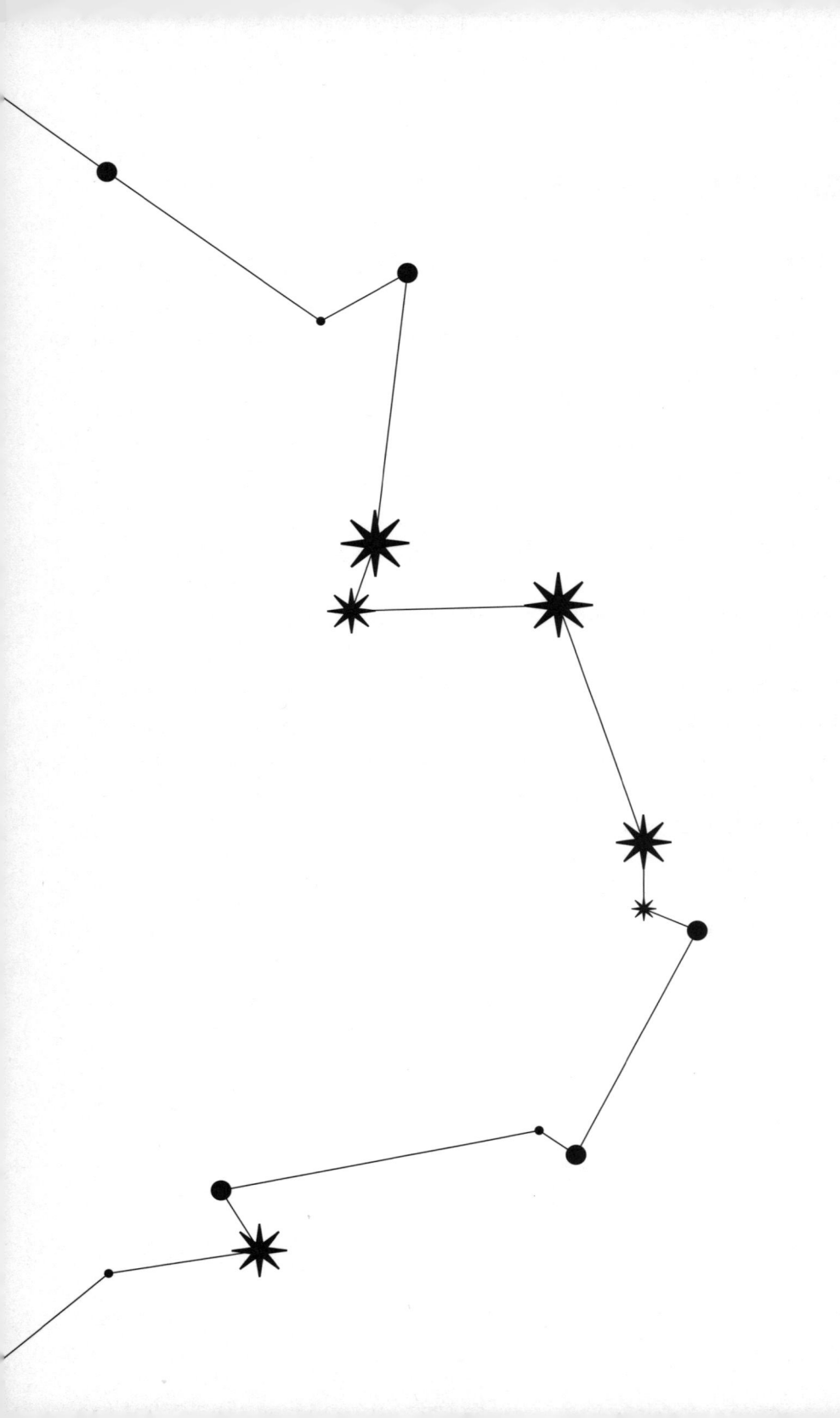

BAÚ DA SUA RIQUEZA:

EXISTEM, EM VOCÊ, HABILIDADES QUE SÃO DIAMANTES brutos a serem lapidados, e que podem aumentar suas chances de enriquecer, como: diplomacia, liderança, gestão de pessoas, comunicação amorosa, autoestima, paciência e aceitação.

Entenda que a ação que não é replicável não contribui para a evolução da humanidade. Não deixe a falta de foco, ou continuidade, afetar as reais chances de multiplicar suas finanças.

Construa, ao seu redor, uma estrutura de vida que o permita ter liberdade. Para isso, busque referências: quem o inspira hoje? Por quê? O que ele (a) fez, que você ainda não fez? O que foi preciso deixar de lado? Monte um plano de ação e o deixe visível para enxergá-lo todos os dias.

Faça cursos focados, a fim de agregar aos seus negócios, e não apenas por prazer. Tenha clareza de onde quer chegar; busque conhecimento e pessoas que contribuam para isso. Atraia todos pelo "viver do mesmo propósito", embarcando nessa aventura juntos, e estruturando um império a partir disso.

Observe o que as pessoas mais precisam, e ajude-as a conseguir. Essa é uma excelente fonte de enriquecimento, que, além de trazer solidez financeira, o levará a viajar, conhecer outros indivíduos e crescer sem tirar um real do bolso.

Por causa da necessidade de liberdade e estímulo intelectual, quando se trata de carreiras e profissões, podemos encontrar sagitarianos sendo guia de viagens, piloto, filósofo, tutor, palestrante, professor, advogado, psicoterapeuta, intérprete, relações públicas, vendedor de livros, escritor, editor, guru, consultor, dirigente de academias e *personal training*.

EXEMPLOS DE SAGITARIANOS FAMOSOS:

Brad Pitt (18/12/1963) ator norte-americano
Jorge Mario Bergoglio (17/12/1936) Papa Francisco
Taís Araújo (25/11/1978) atriz e apresentadora brasileira
Woody Allen (01/12/1935) cineasta e ator norte-americano
Britney Spears (02/12/1981) cantora norte-americana
Ozzy Osbourne (03/12/1948) cantor e compositor britânico
Silvio Santos (12/12/1930) apresentador e empresário brasileiro
Steven Spielberg (18/12/1946) diretor de cinema norte-americano

EXEMPLOS DE SAGITARIANOS RICOS PELO MUNDO, SEGUNDO A *FORBES*:

Abigail Johnson

Abigail Pierrepont Johnson é uma empresária norte-americana e presidente da Fidelity Investments Personal and Workplace Investing. Fidelity foi fundada por seu avô, Edward C. Johnson II, e seu, pai Edward C. Johnson III, é o seu atual CEO.

Nascimento: 19 de dezembro de 1961, Boston, Massachusetts, EUA.
Patrimônio líquido: 17,3 bilhões USD (2018).

Anne Cox Chambers

Anne Cox Chambers é uma empresária bilionária dos Estados Unidos, filha do falecido James M. Cox, e irmã de Barbara Cox Anthony. Simpatizante e financiadora do Partido Democrata, Chambers foi embaixadora dos Estados Unidos, em Bruxelas, durante o governo de Jimmy Carter.

Nascimento: 1 de dezembro de 1919, Dayton, Ohio, EUA.
Patrimônio líquido: 17,3 bilhões USD (2018).

Lei Jun

Lei Jun é um empreendedor bilionário chinês, que fundou a Xiaomi, uma das maiores fabricantes de celulares do mundo.

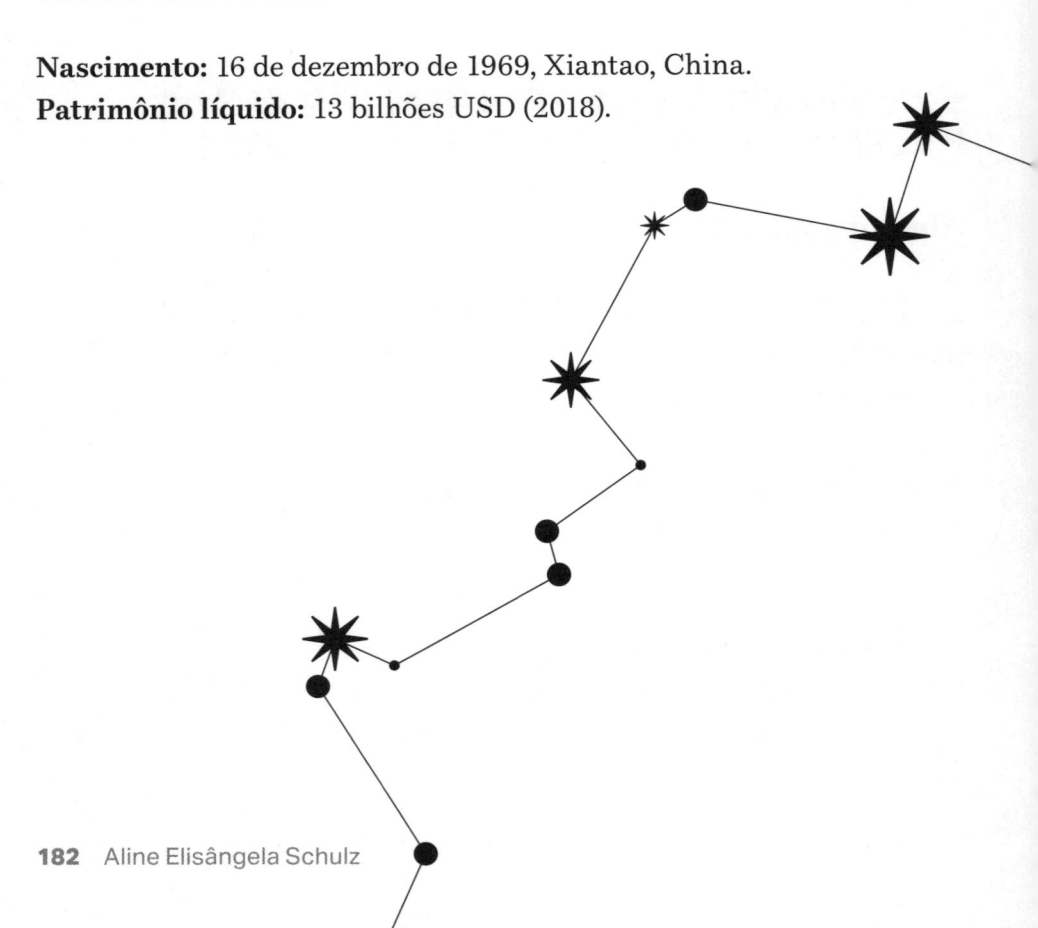

Nascimento: 16 de dezembro de 1969, Xiantao, China.
Patrimônio líquido: 13 bilhões USD (2018).

CAPRICÓRNIO

"A ti, Capricórnio, dou a tarefa de mostrar com o suor do teu rosto o valor do trabalho. Fincarás com disciplina os alicerces de Minha Criação, para que nada destrua suas bases. E tua alegria pelo dever cumprido ensinará que a responsabilidade não é um fardo e sim uma condição natural. E para que faças um bom trabalho, dou-te a provação da culpa para dominares e, como bênção, concedo-te o dom da AUTORIDADE."

(SCHULMAN, 1987, p. 111)

Estamos diante de uma alma antiga, que é o senhor do tempo, o ancião do zodíaco. Por causa disso, sua vida tende a andar apenas na segunda metade; antes, você estará apenas se estruturando, se sentindo meio estranho, pois parece que algo não está no lugar (e não está mesmo, ele próprio sente isso).

Se já chegou à segunda metade da vida, deve ter percebido que tudo parece estar mais calmo, como a poeira quando assenta. As coisas começaram realmente a se encaixar, a vida a deslanchar, e as ideias surgirem; aliás, se prepare: enquanto os demais vão querer parar e descansar, você estará a pleno vapor, criando, mudando, expandindo.

Como você é o grande *workaholic* do zodíaco, desde criança, gostava de brincar de alguma profissão e tinha um forte laço com seus avós, preferindo estar entre os adultos do que em meio às crianças.

A fase da adolescência pode ser enroscada, pois, como é mais maduro do que os demais, achar algumas atitudes alheias desnecessárias. Com isso, o isolamento começa a se firmar; ou ainda, parte para a busca de amizades com pessoas mais velhas, que possam agregar "algo mais" à sua vida.

Os capricornianos não nasceram a passeio, e eles sabem disso. Por causa dessa sensação, parar parece errado. Por se sentirem culpados nos períodos de ócio, não conseguem curtir os momentos de lazer; e se tiverem o planeta Saturno (que os rege) na casa 5, darão menos espaço ainda aos hobbies e prazeres. (Quer descobrir? Então, acesse este link: **aulacomaline.com.br**).

Os nativos deste signo precisam se empenhar em aprender, porém, quando aprendem jamais esquecem. Sendo assim, desde cedo, têm em si incutida a ideia de que precisam ter foco e perseverança, caso queiram alcançar suas metas.

Estamos diante de um signo extremamente competente, que, no trabalho, sabe exatamente o que acontece na empresa, domina todas as funções e variáveis que ali se apresentam. Além disso, são buscadores incansáveis por alcançar metas, lucratividade e reconhecimento no mercado. Trabalhar para ele é um prazer, por isso, nunca tem hora para acabar; seu local de trabalho é o seu 2º (ou 1º) lar.

Como este signo é muito organizado, tem tudo sob controle, e prazos não são um problema para ele. Procura cumprir suas tarefas de forma disciplinada, sendo uma fonte de inspiração para quem está ao seu redor. Tendem a ser muito recriminadores daqueles que não cumprem com suas palavras e, devido a essa postura, podem parecer severos e agir como "pais" das pessoas.

Quando se trata de dinheiro, este signo busca o reconhecimento no trabalho através de seus ganhos. Se não vê futuro onde está, tenta encontrar outro local para apostar e conquistar o seu lugar ao sol. Não é de sair gastando, muito pelo contrário: pensa, constantemente, no futuro, a fim de construir seu lastro desde o princípio, do primeiro salário recebido.

Na hora de gastar, os capricornianos compram só coisas boas e duráveis. Se for para investir, buscam um consultor, pois não suportam a ideia de arriscar e perder o que já conquistaram. Quando crianças, é comum vê-los cobrando por favores feitos: "dou 'X', se fizer 'Y'".

Como precisou se empenhar, desde muito cedo, para conseguir o que deseja, as pessoas deste signo têm tendência a imaginar que a vida é mais difícil do que parece. No entanto, é preciso lembrá-los de que ela só começa na segunda metade, e que, enquanto isso, precisam ter paciência com eles mesmos, com o que acontece; compreender que tudo o que se passa se faz necessário.

De uma paciência incrível quando está motivado, facilmente alcança o que deseja. Entretanto, é preciso ficar alerta às ideias fixas que tem sobre uma vida próspera e abundante, pois elas podem limitar sua expansão, visão de oportunidades, atrapalhando sua jornada de enriquecimento.

Os capricornianos demonstram pouco (ou nada) em suas feições, ou seja, eles são uma incógnita. No entanto, por trás dessa fachada de: "aparentemente, não sei o que quero", há uma pessoa bastante ambiciosa, que deseja ser muito bem paga pelos seus serviços, e que reclama quando não o é, já que sabe do seu potencial, do que é capaz de fazer pelas pessoas e pela empresa em si.

Este é um signo trabalhador, que planeja e executa. Essas características são muito bem-vindas na hora de conquistar sonhos, porque ele não poupa esforços para isso. No seu estilo "antigo" de ser, possui valores muito fortes, e tende a cumprir com sua palavra: se disse que irá fazer algo, acredite, ele fará, de um jeito ou de outro!

O alerta deste signo está em entender que "os fins não justificam os meios". Para ser verdadeiramente feliz, é preciso equilibrar o lado profissional com o pessoal; compreender que, de vez em quando, a vida vai pedir para você crescer, e que isso não tem como acontecer, caso fique parado ou fazendo as coisas sempre da mesma forma.

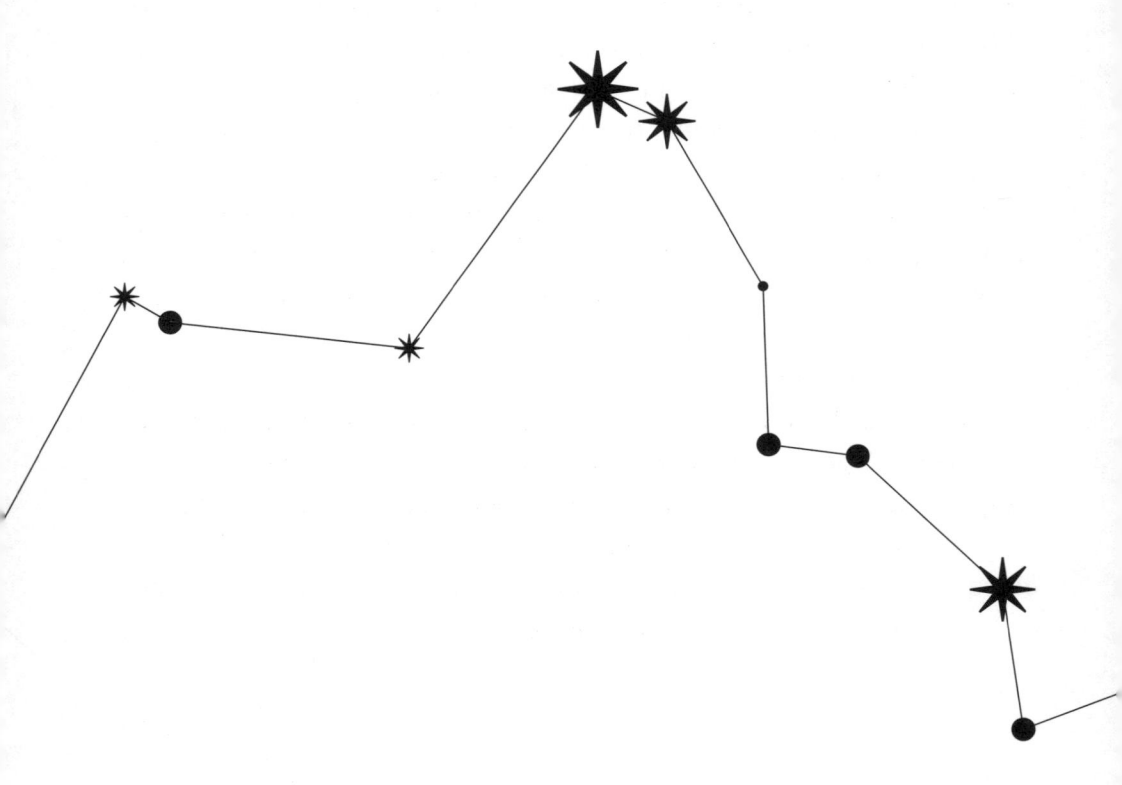

*　*　*

MOTIVAÇÃO RAIZ

PARA OS CAPRICORNIANOS, A MOTIVAÇÃO RAIZ está 100% conectada em se destacar e ser visto como referência em algo. Por isso, *status* e solidez são a sua grande mola propulsora para agir.

Almeja alcançar o posto de referência pelo *status* que isso provoca. Ser reconhecido financeiramente pelos seus resultados gera a solidez que tanto ambiciona em sua vida.

Quando consegue ser especialista em algo, terá obtido o reconhecimento por todos os seus esforços e, certamente, receberá na mesma proporção. O *status* é o resultado que o leva a se destacar por algo que fez, gerando autoridade em forma de ganho financeiro, e tudo isso se torna resultado da sua grande capacidade de disciplina e foco.

Ao ser perseverante e disciplinado, você acaba virando uma verdadeira inspiração para aqueles que querem aprender a seguir seus sonhos e alcançar seus objetivos.

É hora de olhar mais a fundo e perceber o que pode atrapalhar seu enriquecimento, e que seriam os ralos deste signo, aquilo que faria sua riqueza escorrer por entre os dedos.

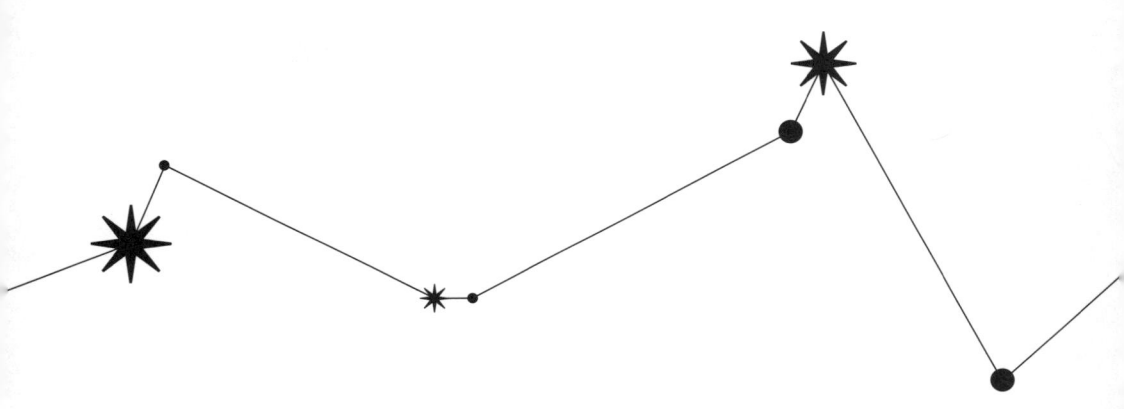

* * *

RALOS:

NÃO PERCEBER QUE PRECISA PARAR E DESCANSAR é um dos grandes ralos das pessoas deste signo, o que as impedem de acessar outras oportunidades de ganhos financeiros. Devem aprender a relaxar, pois suas vidas se resumem em trabalho, e isso faz com que não vivam de verdade.

Tudo tem limite, e o nosso corpo, igualmente. Por chegar ao extremo no ambiente profissional, pode se ressentir e apresentar problemas de saúde, como resfriados, problemas nas articulações, descalcificação, fragilidade dos meniscos (cartilagens presentes na região do joelho), doenças de pele, complicações nos joelhos e rótulas.

Como são obstinados em alcançar seus objetivos, podem não perceber que, por merecimento próprio, conquistaram uma forma de encurtar o caminho até eles. Nesse caso, torna-se um ralo o fato de resistirem às mudanças, por sair do que foi inicialmente traçado.

Por ter seu pensamento focado em economizar, a fim de construir um futuro seguro, especialmente para quando se aposentarem, acabam não interagindo com as pessoas, perdendo possibilidades que poderiam usufruir, além das já planejadas.

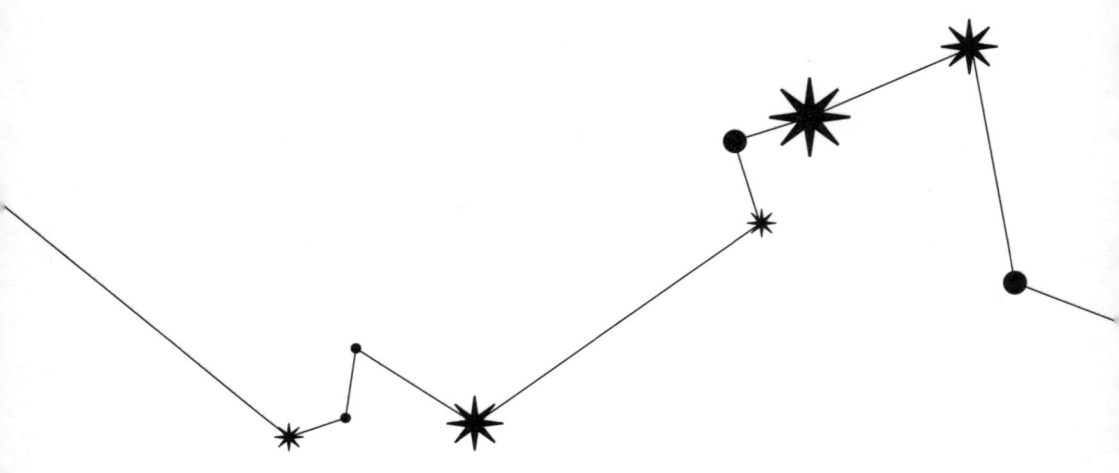

✱ ✱ ✱

INIMIGOS:

ATENÇÃO ÀS PESSOAS QUE QUEREM QUE VOCÊ se baseie nelas, execute suas tarefas, que são rebeldes, confusas e irresponsáveis. Além disso, você não suporta ataques de choro, sentimentalismos ou chantagens emocionais.

A falta de criatividade e flexibilidade faz com que o nativo deste signo não se permita ponderar, analisar e verificar se é possível ou não realizar algo. É preciso se abrir para a vida, deixar a mente fluir e aceitar o imprevisto, aumentando sua resiliência diante do "não planejado".

Estar preso a uma rotina, e fazer tudo da mesma forma, evita que você enxergue além; e, por ser do elemento terra, o fato de não saber aonde está pisando é muito ruim, levando-o a ser uma pessoa metódica e controladora.

Muito alerta para não julgar rápido demais as pessoas e oportunidades apenas pelas posições e estilos de vida diferentes do seu. Não é pelo fato de você não viver da mesma maneira que o outro, que isso não significa que não seja bom ou mesmo que você não possa aprender algo com ele.

O que, muitas vezes, o prejudica na conquista de seus objetivos são os intransigentes pontos de vista, a sua dificuldade em compreender o abstrato. Dessa forma, procura manter somente o "conhecido", pois já sabe onde está pisando. Nesses casos, são necessários tempo e calma, a fim de que possa aprender e se convencer a mudar.

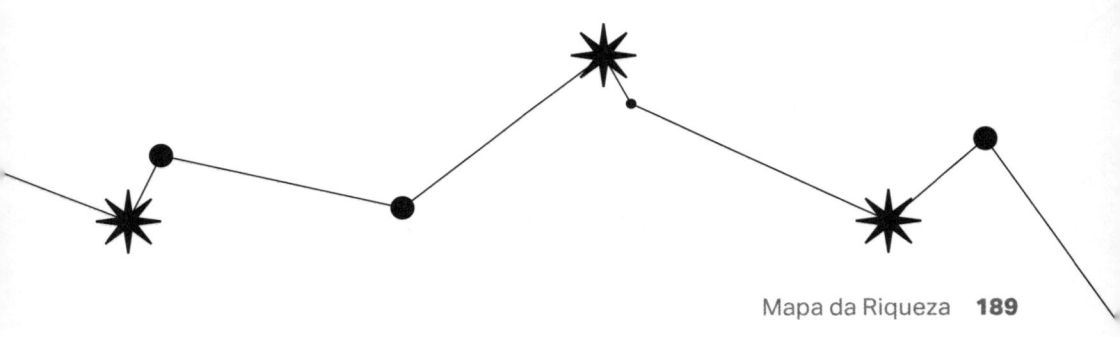

✳ ✳ ✳

ALIADOS:

Quais são os seus aliados nessa jornada de enriquecimento?

* O fator "tempo" é um grande aliado. Quanto mais velhos, melhores ficam. Seu futuro tende a ser abundante, em função do seu planejamento, foco e economia;

* Construa uma estrutura de vida que o permita ousar depois. Quando chegar à sua primeira meta, exercite a capacidade de "se abrir", pois, se você tende a ser muito bom em baixar a cabeça e fazer, muitas outras pessoas não o são. Por isso, unir-se a quem já aprendeu, e hoje colhe os louros pelos seus feitos é muito bacana;

* Faça *networking*, expanda a sua habilidade de fazer novos amigos, participe de confraternizações, grupos de alta performance e que ampliem sua visão sobre os negócios e seus ganhos financeiros;

* Frequentar cursos que o estimulem com soluções criativas seria muito interessante, até mesmo para se desenvolver e identificar parcerias para projetos futuros;

* Criar experiências nas quais você não tenha o controle das variáveis é uma grande oportunidade de mudar sua mentalidade e, por consequência, o seu comportamento, transformando o seu jeito de atuar no mercado de trabalho ou em novos projetos.

Regularmente, é importante olhar para a sua vida e se questionar:

1. Estou no caminho do que quero?
2. O que eu queria um tempo atrás ainda se mantém?

3. Qual o meu sonho hoje?
4. Como seria ter duas vezes mais que isso?
5. O que, ou quem, torna isso possível?
6. O que precisa ser feito?
7. Até quando quero ter alcançado minhas metas?
8. Monte um plano de ação a partir das respostas.

✳ ✳ ✳

CONSELHOS DO MESTRE:

ENTENDA QUE A VIDA É MUITO MAIS QUE SÓ TRABALHO, *status*, reconhecimento e riqueza. Chegou a hora de começar a desbravar a prosperidade em sua vida! Por isso, leia livros, converse com pessoas que conquistaram a vida dos sonhos, financeiramente, e reserve um tempo para curtir a família, viajar, realizar filantropia, se autoconhecer, fazer atividade física etc.

Entenda a força da união dos opostos: unir-se àqueles que são mais eficazes nas áreas em que você não domina torna-se algo grandioso em oportunidades para ambos. Os contrastes revelam o equilíbrio no final, que apenas ocorre quando cada um dos envolvidos realiza a sua reforma íntima, a fim de se aperfeiçoar como ser humano.

Diante de outras possibilidades, respire fundo, não dê nenhuma resposta rapidamente, observe primeiro, analise depois, procure saber mais (quem já fez, de que forma, se foi bom ou não), para, então, dar o seu veredito final. Entenda que permanecer como está não o levará ao enriquecimento. Para que possa dar o próximo passo, é preciso arriscar, sair da zona de conforto, ou seja, daquilo que é conhecido.

O planeta Terra é um local de infinitas possibilidades, com lugares para explorar e pessoas para conhecer; são muitos aprendizados que o permitem evoluir como pessoa. Por isso, é importante estabelecer uma porcentagem de suas finanças para usufruir o que a vida tem a oferecer, ver além do que apenas acumular; utilizar da matéria para atingir seus sonhos e os das pessoas próximas, realizar filantropia, conquistar uma vida mais leve e feliz, junto a seus familiares.

Nós precisamos ter uma estrutura de vida organizada, mas sem ficarmos presos a ela. Portanto, pare de querer controlar tudo: a vida é maior que isso. É hora de unir a matéria e a expansão de sua consciência. Por mais que foque na conquista da sua riqueza, chegará um momento em que terá (e sentirá) falta de algo que não vai saber explicar, e este será o propósito da sua existência.

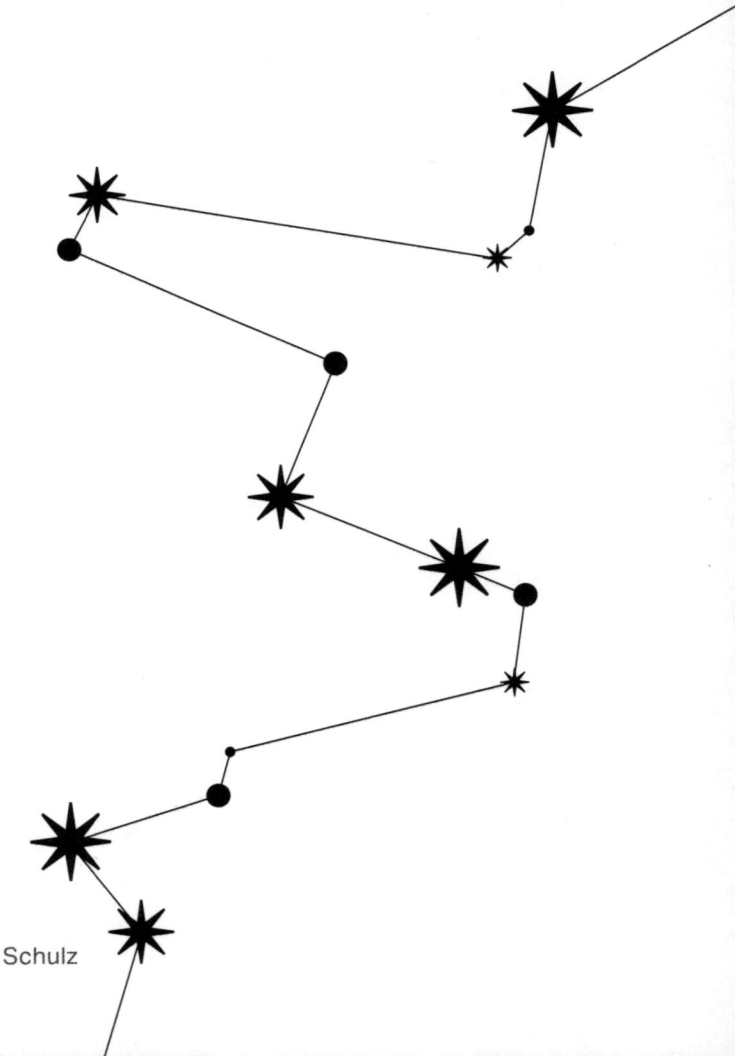

BAÚ DA SUA RIQUEZA:

EXISTEM, EM VOCÊ, HABILIDADES QUE SÃO DIAMANTES brutos a serem lapidados, e que podem aumentar suas chances de enriquecer, como: liderança, gestão de pessoas, unir prazer ao trabalho, delegar, ser flexível e lidar com o imprevisto.

Foque-se em encontrar parcerias, em ver quem não consegue ser o que, naturalmente, você é: organizado, metódico, obstinado por métricas, planilhas, fazer e alcançar. Formalize uma sociedade comercial, e mãos à obra!

Observe onde as pessoas perdem o foco, e que, por esse motivo, não conseguem alcançar seus objetivos. Sistematize isso, e replique; realize consultorias pagas, receba por ensinar o que você faz naturalmente.

Construa – na primeira metade da sua existência – com persistência e disciplina, a sua estrutura de vida, para que, depois, passe a abrir sua mente, vê-la fluir mais leve, e usufruir de seus ganhos. Entenda que a sua vida se encaixa na segunda parte dela.

Caminhos iguais, resultados iguais. Pare, neste momento, e olhe para a sua vida. Você já conquistou o que queria? Está com solidez financeira? Qual o seu próximo passo para ir mais além? Seria conquistar o quê? Decida o que você quer e pronto! Agora, é sistematizar o seu passo a passo, o que você faz de forma incrível.

Quando se trata de profissões e carreiras, este signo, por ser muito ambicioso e burocrático, pode atuar em funções como alto funcionário público, administrador de benefícios, político, oficial da lei, empreendedor, gerente de banco, professor, planejador, ortopedista, osteopata, dentista, arquiteto, agrimensor, construtor, matemático, engenheiro, biógrafo e geólogo. Depois de se aposentar, por vezes, passa a atuar como consultor, especialista em alguma área que ambiciona e tem reconhecimento e retorno financeiro abundantes.

EXEMPLOS DE CAPRICORNIANOS FAMOSOS:

Bradley Cooper (05/01/1975) ator norte-americano
Kate Middleton (09/01/1982) Duquesa de Cambridge
Stephenie Meyer (25/12/1973) escritora norte-americana, conhecida por escrever os livros da saga "Crepúsculo"
Claudia Raia (23/12/1966) atriz e bailarina brasileira
Denzel Washington (28/12/1954) ator norte-americano
Rita Lee (31/12/1947) cantora e compositora brasileira
Michael Schumacher (03/01/1969) ex-piloto de Fórmula 1
Lewis Hamilton (07/01/1985) piloto britânico de Fórmula 1
Tiger Woods (30/12/1975) jogador de golfe profissional

* * *

EXEMPLOS DE CAPRICORNIANOS RICOS PELO MUNDO, SEGUNDO A *FORBES*:

Jeff Bezos

Jeffrey Preston Bezos é um empresário estadunidense conhecido por ser o fundador e CEO da Amazon.com, importante e famosa empresa de comércio eletrônico dos Estados Unidos. Bezos nasceu em Albuquerque, no Novo México, e cresceu em Houston, Texas.

Nascimento: 12 de janeiro de 1964, Albuquerque, Novo México, EUA.
Patrimônio líquido: 155,3 bilhões USD (2018).

Vladimir Potanin

Vladimir Olegovich Potanin é um bilionário russo, empresário e oligarca. Ele adquiriu sua fortuna, notavelmente, através do controverso programa de empréstimos por ações na Rússia, até meados dos anos 90.

Nascimento: 3 de janeiro de 1961, Moscou, Rússia.
Patrimônio líquido: 15 bilhões USD (2018).

Lee Kun-hee

Lee Kun-hee é o presidente da Samsung Electronics. Demitiu-se em 21 de abril, 2008 devido ao escândalo dos fundos Samsung Slush, mas retornou em 24 de março, 2010. Ele fala coreano, inglês e japonês. Em 1996, Lee tornou-se um membro do Comitê Olímpico Internacional.

Nascimento: 9 de janeiro de 1942, Uiryeong, Coreia do Sul.
Patrimônio líquido: 17,2 bilhões USD (2018).

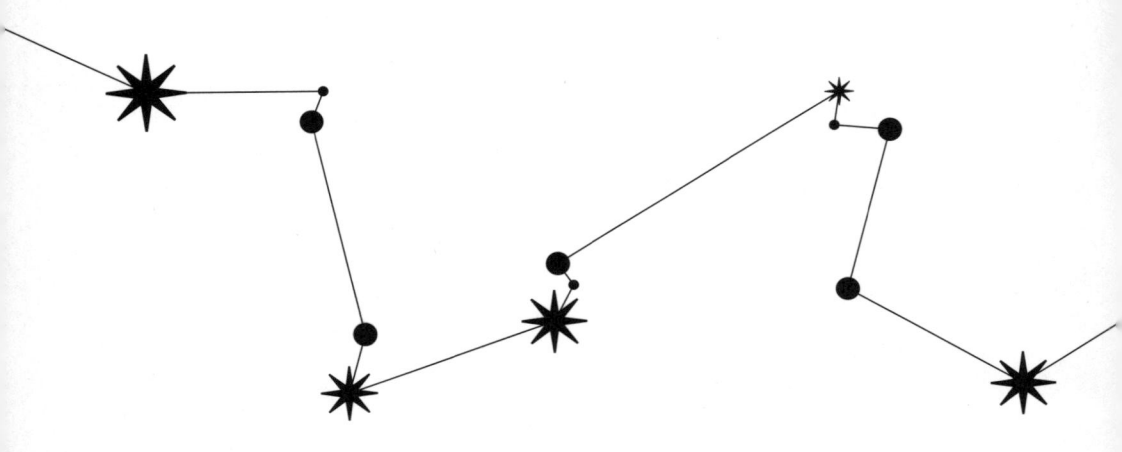

AQUÁRIO

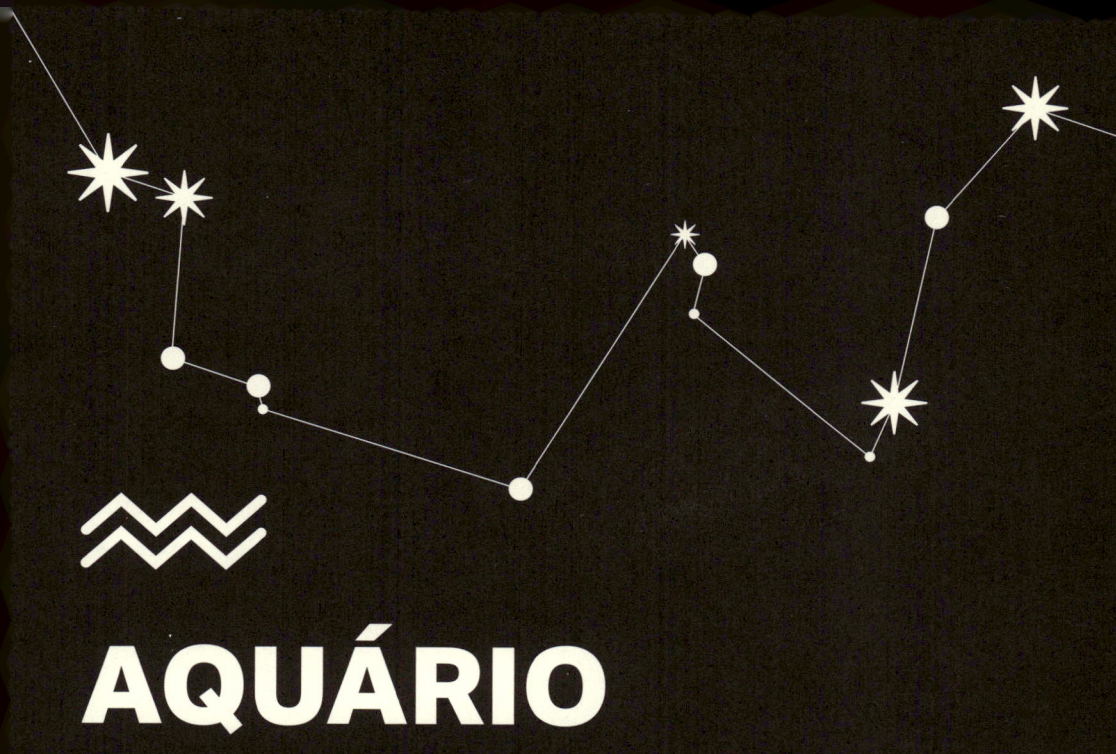

"A ti, Aquário, dou a missão de abrir os olhos dos homens para novas possibilidades. Por isso terás o conceito do futuro e do amor fraternal. Sentirás a solidão dos que vivem à frente do seu tempo, pois não lhe permito personalizar Meu amor. Viverás livre para que possas servir à humanidade renovando a Minha Criação. Para que faças um bom trabalho, dou-te a provação da rebeldia para dominares e, como bênção, concedo-te o dom do *PROGRESSO*."

(SCHULMAN, 1987, p. 111).

Aceitar responsabilidades não é algo simples para este signo, que é sinônimo de liberdade, igualdade e fraternidade. Principalmente, se vierem acompanhadas de uma regra ou autoritarismo. Nesse momento, eles pulam fora rapidinho.

Como é altamente questionador, lidar com regras nem sempre coerentes é um grande desafio. Com uma capacidade incrível de transformar o velho em novo, o arcaico para o moderno, nem sempre será bem visto pelas pessoas por causa de suas perguntas que irão tirá-los de suas zonas de conforto, o que, dificilmente, alguém gosta.

Este signo tem uma senha para acessar o mundo das ideias. Sendo assim, o que visiona agora pode se tornar algo corriquei no futuro. O x da questão, aqui, é como começar tais ideias e concretizá-las, o que, muitas vezes, não ocorre, seja por pura distração ou falta de foco.

Estamos diante de um signo que também é chamado de "mochileiro do zodíaco", por causa da sua necessidade de liberdade. Para ele, o mundo é a sua casa, e todos que estão no planeta Terra são seus familiares, o que é bastante difícil de ser compreendido pela sua família de origem.

Por ser extremamente arrojado, tende a chocar as pessoas com seus conceitos e seu jeito autêntico de ser. Em um mundo "quadrado", ele veio para inovar, quebrar padrões, mostrar que existem outras formas, e que muitas das coisas que passamos adiante não têm sentido em seu significado.

Extremamente desapegado e aberto para o novo, o aquariano ama viajar, se aventurar, conhecer novas pessoas, fazer amigos, aprender e compartilhar. Por isso, estar em meio à sociedade, seguindo regras, o faz se rebelar. É preciso tomar cuidado para não se tornar um "rebelde sem causa, pois isso pode trazer vários problemas.

Quando se trata de trabalho, pensar em um signo que é extremamente amigo e nada convencional ao liderar, à primeira vista, pode parecer contraditório. Dificilmente, você verá um aquariano nessa posição, pois ele ama a liberdade, não gosta de mandar, de cumprir regras, de submeter-se a horários.

Se você tiver um chefe deste signo, saiba que ele tende a ser distraído e a não cumprir prazos. Entretanto, pode trazer ideias revolucionárias para a empresa, modernizá-las, e conseguir transformar o que é velho e arcaico em algo novo, ou seja, no que há de mais moderno no mercado.

Ao seu redor sempre estará em pauta o seguinte tema: mudança.

Este signo vai emprestar a sua criatividade e capacidade de ver além para transformar aquilo que está parado, seja na sua vida ou no trabalho, o que, certamente, irá incomodar àqueles que não querem mexer em nada.

É preciso muita atenção para permanecer no "orai e vigiai", em relação a ele ser imprevisível, de não gostar de ser mandado, de adorar ser excêntrico e diferente dos demais. Por ser mais "avoado", pode ter dificuldade em cumprir prazos e regras. Nada que uma boa conversa não resolva ou que não possa ser contornado, caso a pessoa deste signo assim o quiser.

Os aquarianos preferem trabalhar mais em grupo a sozinhos; gostam de estar em meio a pessoas alto astral, que topam inovar e ver de diferentes formas o que acontece ao redor; não gostam de injustiças, seja no trabalho ou em qualquer outro lugar.

Estamos diante de uma personalidade intelectual e intuitiva, que se manifesta de diversas maneiras: ora idealista; ora nada convencional; ora diferente e petulante; imprevisível e caótico; rebelde e teimoso; genial e desajustado; intenso, original e inventivo. Trata-se de uma pessoa que tem muito a contribuir, a partir do seu jeito de ser; especialmente, se os seus colegas e superiores souberem respeitar seu espaço e individualidade no local de trabalho.

Os nativos deste signo podem fazer uma grande mudança na sociedade, pois estão abertos ao inesperado e seguem a sua intuição com inteligência. Em contrapartida, por conta disso, também tendem a ser mal interpretados.

Em relação às finanças, sua forma de agir pode ser bem antagônica: ou sabem exatamente quanto têm no banco, cada centavo, o que entra e sai; ou são um verdadeiro caos, desconhecendo quanto de valor têm, afundando-se em várias dívidas, por descuido, e gastando mais que podem, a fim de mostrar sua autenticidade.

O alerta deste signo está em perceber o quanto pode contribuir para a modernização da nossa sociedade, e que, sim, fazer isso irá desacomodar muitas pessoas que não desejam a mudança e, muito menos, repensar seus hábitos e suas formas de ver a vida.

Outro ponto a ser ressaltado é o fato de ele ser rebelde, de querer ser diferente e levar isso até as últimas consequências; chocar as pessoas com o seu jeito de ser, vestir e viver. Porém, lembre-se: se com regras a nossa sociedade já se encontra um caos, imagina sem!

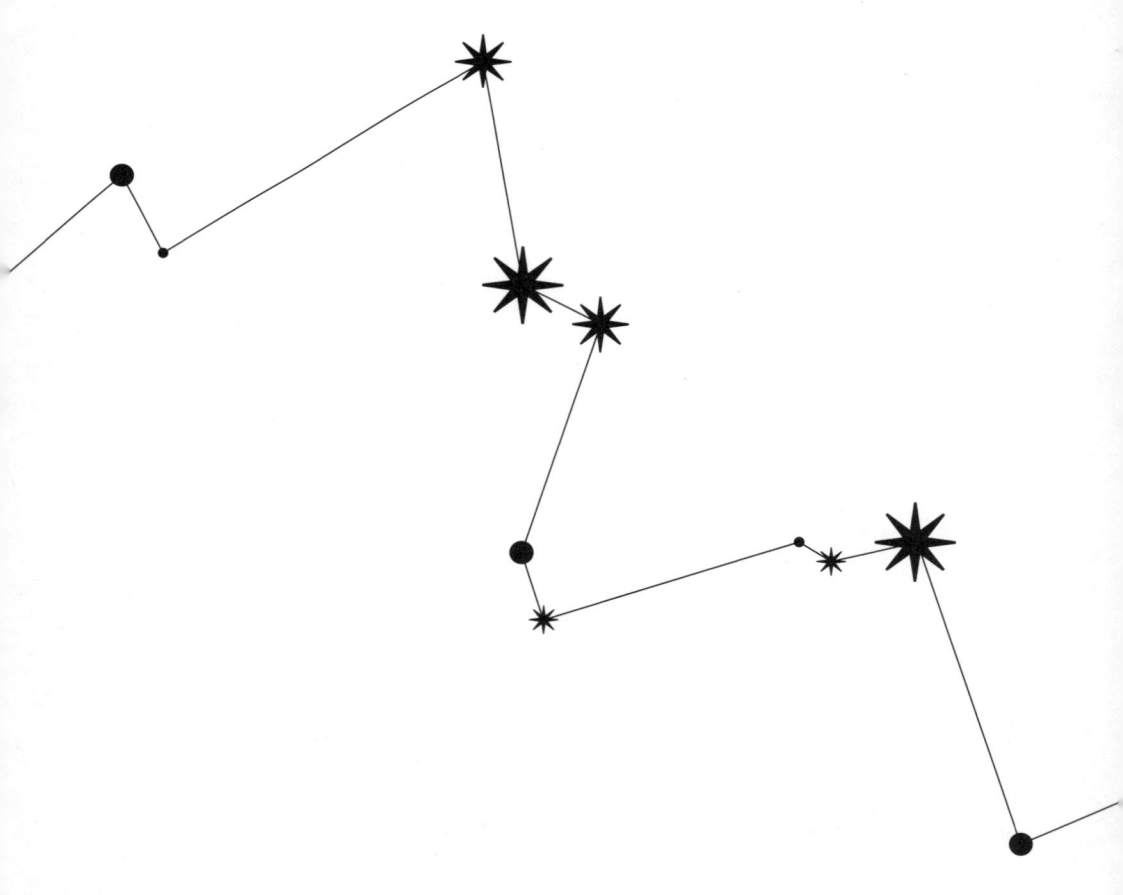

* * *

MOTIVAÇÃO RAIZ

PARA OS AQUARIANOS A MOTIVAÇÃO RAIZ está 100% conectada à liberdade financeira e contribuição. Amam novos desafios, mudanças e não suportam se sentir presos pela falta que o dinheiro traz, e isso os motiva a enriquecer. Afinal, estar sob o comando (que já é ruim) de alguém que tolhe o seu direito de ir e vir já é o fim do mundo para ele; ao mesmo tempo, serve de motivação para seguir atrás dos seus sonhos, inclusive, sair de casa precocemente e partir para o mundo.

Ama a liberdade que o dinheiro traz. Portanto, este seria um motivo para buscar o enriquecimento; ou, ainda, ajudar o planeta através de alguma causa ou obra social que impacte profundamente, a sociedade, trazendo igualdade para todos.

Ao observarmos os objetivos do dinheiro, vemos que as pessoas deste signo visam contribuir com a humanidade. À medida que o tempo passa, constroem sua solidez financeira pela necessidade de serem livres e, após conseguirem, realizam os próprios sonhos e também os das pessoas ao seu redor.

No entanto, pode acabar doando a sua verba, demonstrando que, ainda precisa desenvolver a compreensão do real papel do dinheiro, em termos de aprendizados pessoais, e solidificá-lo da sua estrutura de vida; ou seja, equilibrar o que entra e sai, de modo que não falte para si mesmo. É hora de olhar mais a fundo e perceber o que pode atrapalhar o seu enriquecimento, e que seriam os ralos deste signo, aquilo que faria a riqueza escorrer por entre seus dedos.

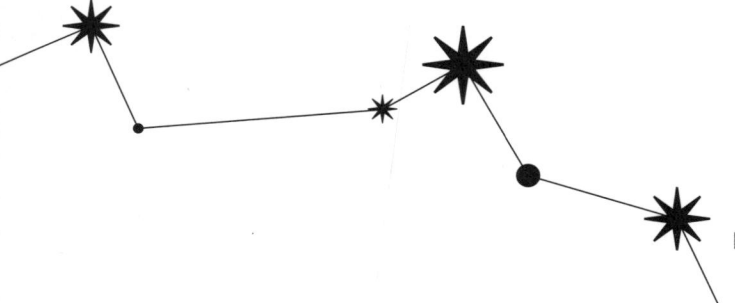

✶ ✶ ✶

RALOS:

OS NATIVOS DESTE SIGNO PRECISAM TOMAR MUITO CUIDADO com o excesso de desapego, pois podem perder o foco facilmente, pelo fato de terem muitos ideais e falarem demais. Dessa forma, não alcançam os resultados que o ajudem a obter o estilo de vida que desejam.

Não planejar e viver apenas o "hoje"; não buscar além do básico; desperdiçar oportunidades, por não querer se comprometer; questionar, ao ponto de passar do limite e ser demitido; investir em artigos que ressaltem a sua autenticidade, sem se ater a valores e, por causa disso, acabar se perdendo nos gastos e se endividar; ou não ter ambição alguma para crescer na carreira.

Como você possui o hábito de ajudar, questionar e sugerir, não entende o real valor embutido nisso tudo, deixando de cobrar pelos seus serviços e orientações prestados. Sendo assim, as pessoas tendem a "abusar" dessa sua habilidade, o que pode afetar a sua saúde, trazendo doenças nervosas, hipertensão, fragilidade nas extremidades, além de problemas nas pernas, tíbia, perônio, tornozelos, calcanhar, tendões e nervos.

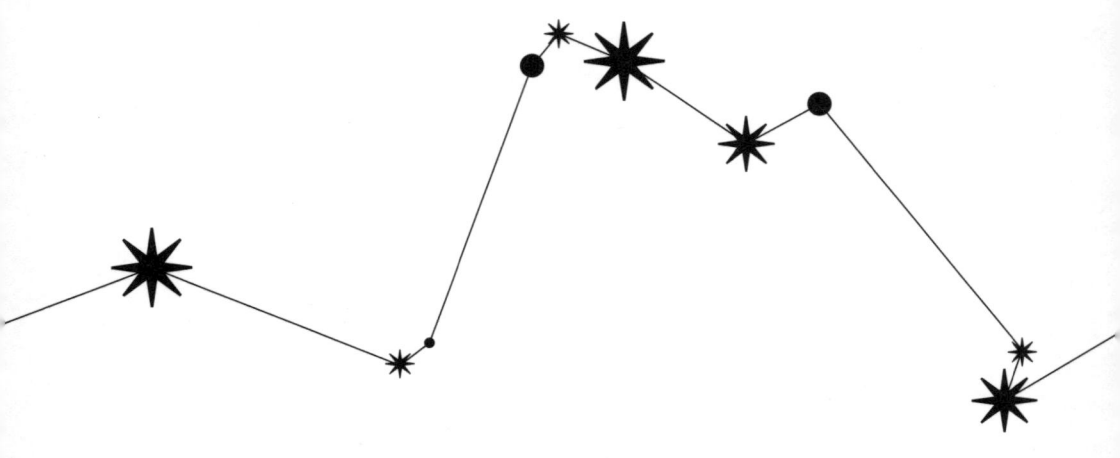

✳ ✳ ✳

INIMIGOS:

MUITA ATENÇÃO COM AQUELAS PESSOAS que queiram enquadrá-lo nas regras, que tolhem a sua liberdade, que o impedem de criar, e são muito práticas e realistas. Este signo desaprova quem vive além de suas reais condições, não suportando a desonestidade.

Por querer ser livre, original, excêntrico e autêntico a qualquer preço, literalmente, gostar de ir contra as regras e ao que é pedido, podendo se tornar uma pessoa difícil de conviver.

Não observar, em si, as crenças em relação à riqueza, aquilo que o impede de trilhar o caminho do enriquecimento; focar apenas em um aspecto do dinheiro, deixando de lado todos os demais, como: contribuir, aprender a lidar com um valor alto e construir uma vida estruturada.

Não escutar ninguém e, assim, demorar mais tempo para conseguir o que deseja, devido às tentativas de erros e acertos, quando poderia, na verdade, aprender com quem já chegou lá.

Você já parou para questionar:
* Qual o preço que você está disposto a pagar pela sua liberdade?
* O que você está disposto a fazer, que não tenha feito hoje?
* Quanto você está disposto a se comprometer por causa disso?

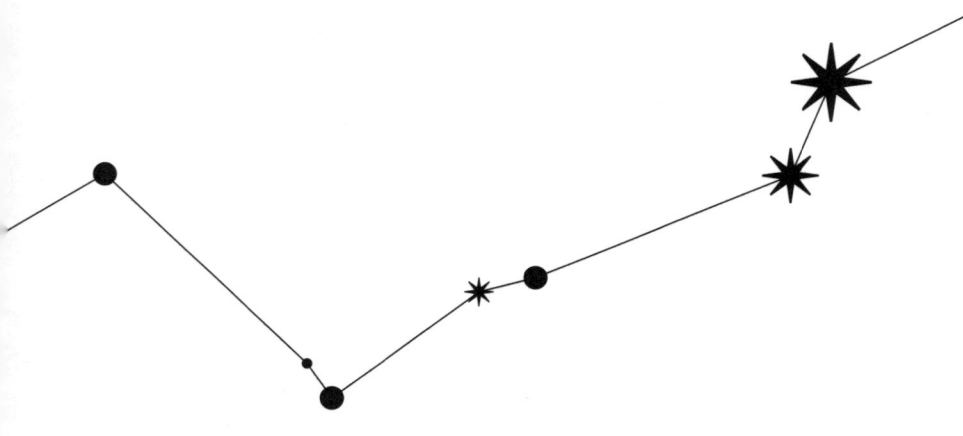

* * *

ALIADOS:

Quais são os seus aliados nessa jornada de enriquecimento?

* Una-se a pessoas que o ajudem a resolver questões práticas, concretizar suas ideias, desenvolver o "operacional" dos seus projetos; quem tire as ideias da sua mente, trazendo-as para o mundo real e tornando-as lucrativas. Este é o seu grande diferencial no mercado;

* Mude a sua mentalidade para alterar o seu comportamento. Entenda que somente é livre quem tem dinheiro. É hora de investigar, a fundo, o motivo que o atrapalha de enriquecer, e virar a página. Lembre-se: quem busca apenas o que precisa para viver é egoísta, pois está pensando somente em si;

* Abra-se para o novo, porém estruture-o, para que ele possa ser concretizado; a partir disso, conquiste a solidez financeira, construa um lastro, contribua para que a sociedade aprenda, dia após dia, as lições que o enriquecimento traz;

* Novos conhecimentos, transformação e inovação rejuvenescem a sua alma. Quando estiver parado, procure ver como fazer a mesma coisa de maneira diferente. Como

PARE PARA REFLETIR:

1. O que você gosta de fazer que possa trazer retorno financeiro?

2. De que maneira?

3. Existe alguém que já fez isso?

4. Como você pode aprender com os erros dos outros e aperfeiçoar o seu projeto?

5. Coloque isso em um papel visível, onde possa construir uma nova rotina (com espaços livres para o inesperado), sem perder de vista a sua meta.

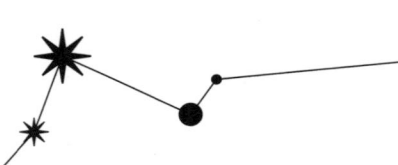

você pode ser ainda melhor, mais eficiente e rentável? Resolva essa equação e se surpreenda com os resultados;

* Imponha mudanças nos lugares e com as pessoas certas: aquelas que o pagam para isso; utilize essa sua capacidade onde, de fato, buscam por isso.

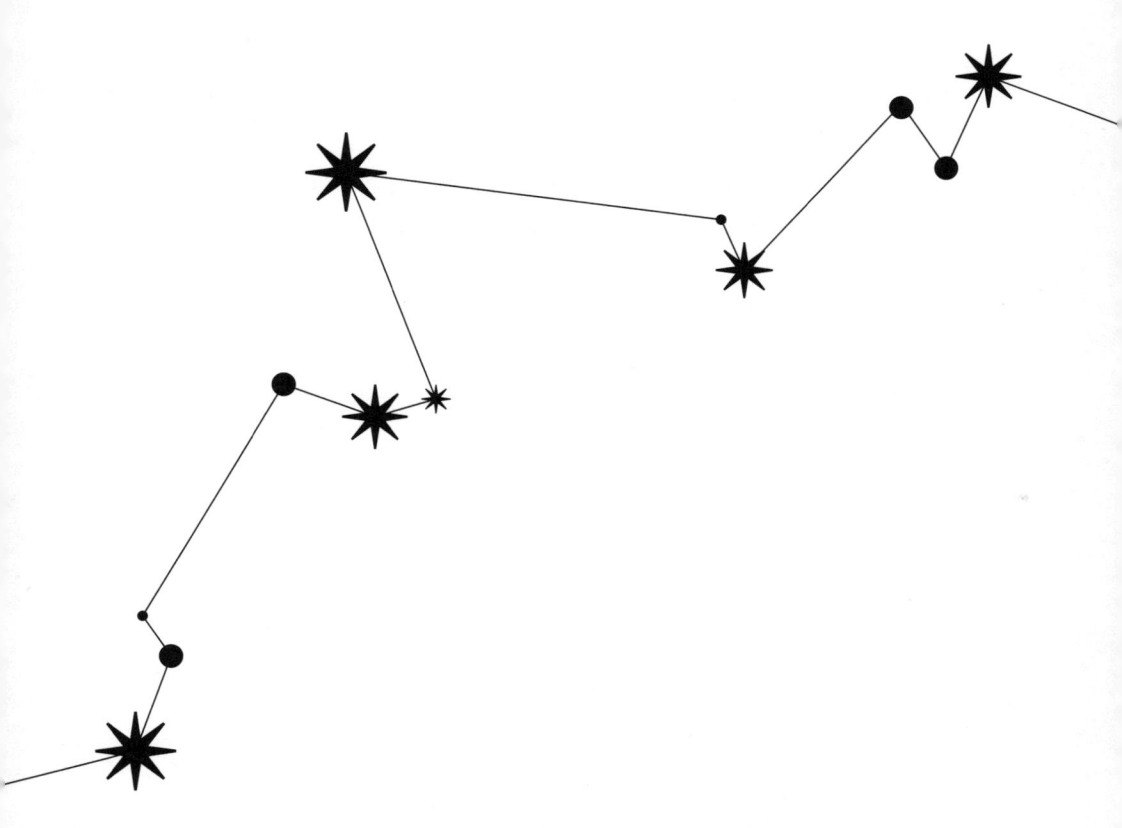

* * *

CONSELHOS DO MESTRE:

É MUITO IMPORTANTE VOCÊ ENFRENTAR SEUS DESAFIOS diários, respeitando as necessidades básicas do ser humano: ter dinheiro para se alimentar, ter luz, ter um lugar para morar e ter condições de possuir roupas para se aquecer.

Pegue um papel e escreva as suas qualidades e defeitos. Do lado das qualidades, anote o que pode ser feito para isso se tornar uma fonte de riqueza em sua vida e observe como os seus defeitos podem atrapalhar.

Por ter uma consciência social clara do que será necessário, há, em você, um ímpeto de promover a mudança nas pessoas, o que, nem sempre, é compreendido neste momento, mas, no futuro, sim. Não desista. Siga em frente. Construa melhores argumentos na hora de defender suas ideias.

Mudar faz parte da vida. Ajustar essa mudança em prol de algo maior do que si mesmo, é muito nobre; porém, de nada adianta se você não tem uma vida estruturada para isso, ou seja, apenas se doa o que se tem. Você só consegue ajudar os outros se tiver uma base sólida primeiro.

Monte um banco de ideias para: 1. alcançar a sua meta; 2. implementar uma a uma e, assim, não estagnar; e 3. ajudar as pessoas que desejarem crescer.

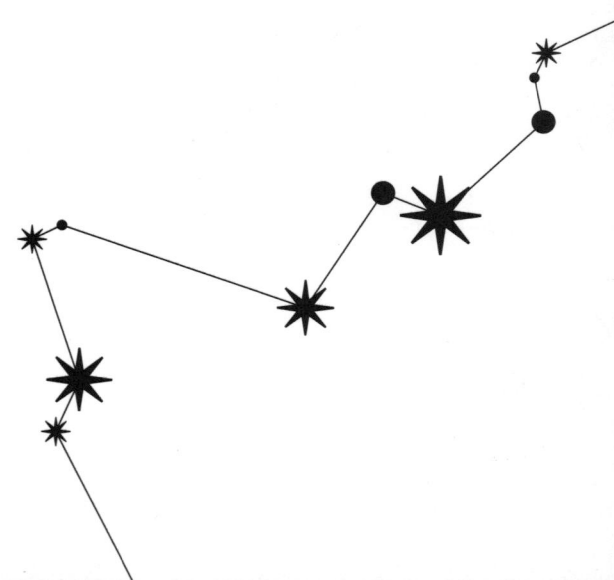

BAÚ DA SUA RIQUEZA:

EXISTEM, EM VOCÊ, HABILIDADES QUE SÃO DIAMANTES brutos a serem lapidados, e que podem aumentar suas chances de enriquecer, como: liderança, investir em implementar soluções criativas, vender, ensinar e aprimorar a sua comunicação.

Conscientizar-se de que o "ser diferente" não sobrevive sem uma base que alicerce essa ideia. Portanto, questione-se: qual estrutura você precisa para gerar riqueza? Anote e faça acontecer!

Trabalhe a sua humildade e aprenda com quem já fez (ou faz), o que você quer implementar na sua vida. Adapte e construa o seu jeito, encurtando o caminho e a curva de aprendizado.

Observe o que é fácil para você, e não é para os demais. Onde estão as pessoas que precisam do que você tem? Seja a solução para os problemas delas e enriqueça ajudando-as.

Atue em um lugar onde haja flexibilidade de horários, ou até mesmo de casa; onde você possa trabalhar em equipe, trocar e expor suas ideias sem ser limitado; onde essas ideias sejam valorizadas e, muitas vezes, implementadas.

Quando se trata de carreira e profissão, como este signo possui uma grande vontade de ajudar a humanidade a evoluir, pode se tornar um físico quântico, analista de sistemas, engenheiro eletrônico, sociólogo, antropólogo, assistente social, voluntário, astrônomo, ecologista, astronauta, terapeuta cognitivo, inventor, corretor, arqueólogo, *coach*, astrólogo e consultor, trazendo soluções nada convencionais para as pessoas.

EXEMPLOS DE AQUARIANOS FAMOSOS:

Neymar (05/02/1992) jogar de futebol
Michael Jordan (17/02/1963) jogador de basquete profissional
Cristiano Ronaldo (05/02/1985) jogador de futebol
Sandy (28/01/1983) cantora, compositora e atriz brasileira
Shakira (02/02/1977) cantora colombiana
Regina Duarte (05/02/1947) atriz brasileira
Kelly Slater (11/02/1972) surfista norte-americano
Henri Castelli (10/02/1978) ator brasileiro
Zeca Pagodinho (04/02/1959) cantor e compositor brasileiro

EXEMPLOS DE AQUARIANOS RICOS PELO MUNDO, SEGUNDO A *FORBES*:

Carlos Slim

Carlos Slim Helú é um empresário mexicano, é conhecido em seu país por Midas, devido à sua habilidade em transformar empreendimentos decadentes em companhias saudáveis e lucrativas. Considerado o rei Midas das telecomunicações.

Nascimento: 28 de janeiro de 1940, Cidade do México, México.
Patrimônio líquido: 61,3 bilhões USD (2018).

Michael Bloomberg

Michael Rubens "Mike" Bloomberg é um magnata empresário e político norte-americano. Fundador da empresa de comunicações Bloomberg, e ex-chefe do governo municipal da cidade de Nova York.

Nascimento: 14 de fevereiro de 1942, Brighton, Boston, Massachusetts, EUA.
Patrimônio líquido: 49 bilhões USD (2018).

Tadashi Yanai

Tadashi Yanai é um empresário bilionário japonês, fundador e presidente da Fast Retailing, da qual a Uniqlo é uma subsidiária.

Nascimento: 7 de fevereiro de 1949, Ube, Yamaguchi, Japão.
Patrimônio líquido: 25,6 bilhões USD (2018).

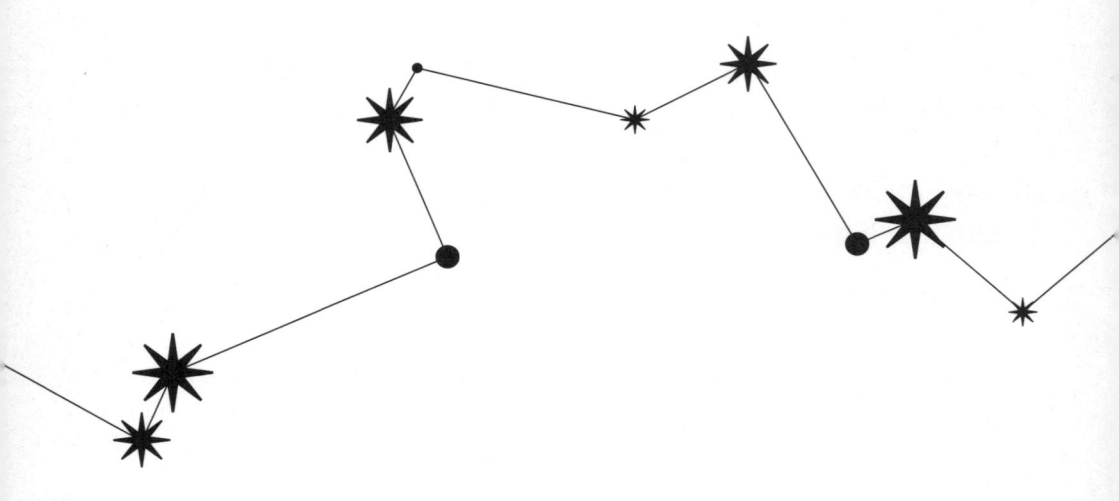

PEIXES

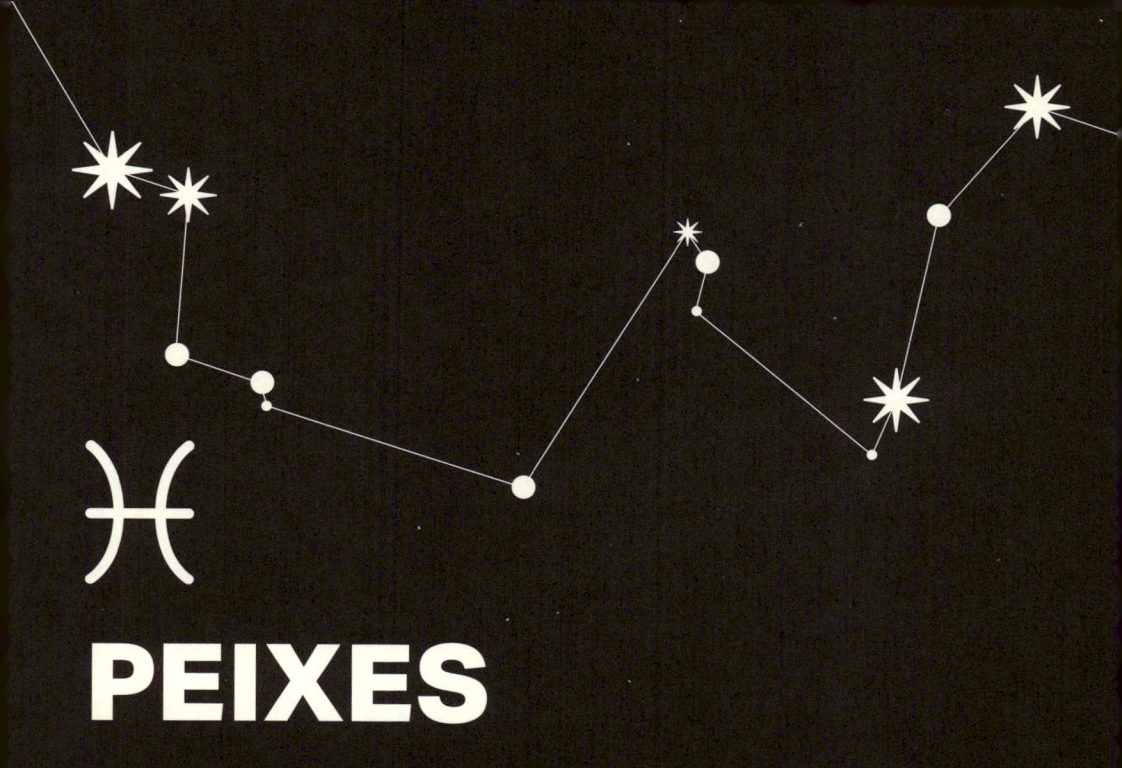

"A ti Peixes, não foi à toa que te deixei por último, pois te dou a mais difícil de todas as tarefas. Peço-te que reúnas todas as tristezas dos homens e as tragas de volta para Mim. Tuas lágrimas serão, no fundo, Minhas lágrimas. A tristeza e o padecimento que terás de absorver são os efeitos das distorções impostas pelo homem à Minha ideia, mas cabe a ti levar até ele a compaixão, para que possa tentar de novo. Será tua a missão de amparar e encorajar a todos teus irmãos, fazendo-os acreditar que eles são capazes, e sempre podem tentar novamente. Por essa tarefa, Eu te concedo o Dom mais alto de todos: tu serás o único de Meus doze filhos que me Compreenderás. Mas esse Dom do ENTENDIMENTO é só para ti, Peixes, pois quando tentares difundi-lo entre os homens eles seguirão e poucos te escutarão.

E entre todos, Peixes, foi o único que retornou ao seu lugar sorrindo, carinhosamente, para cada um dos seus onze irmãos, sabendo que cada um deles, agora, tinha se tornado parte da vida dele. Naquele momento, ele já amava a cada um profundamente, então, agradeceu a Deus tanta honra por essa missão tão difícil!"

(SCHULMAN, 1987, p. 111)

Estamos tratando, aqui, de um signo com muitos rótulos, como: sonhador, sensível, intuitivo, espiritual, dedicado, tolerante, suscetível, crédulo, vítima, fujão, esponja, inseguro, entre outros.

Quem está sob a sua tutela tem um grande desafio pela frente: saber administrar blocos de informações energéticas, como um código pessoal, que somente eles podem acessar. Para complicar ainda mais a situação, este é um subsídio que só irá fazer sentido para ele, e ninguém mais. Por mais que tentem explicar aos outros, ninguém irá entender, e isso será motivo para muitas decepções em sua vida.

Como assim? Vou fazer uma analogia.

Imagine um peixinho no fundo da imensidão do mar, tranquilo e sereno, nadando em paz e, de repente, através da vibração na água, ele sente a presença de algo que está vindo, e está para acontecer, sem sobreaviso algum, apenas o constatar de uma sensação que lhe diz: "Saia daí! Você está em perigo" (trata-se de algo que somente ele pode perceber, e que, ao tentar explicar para os demais, ninguém compreende). De repente, após um tempo, surge o predador.

Claro, estou escrevendo de uma forma romanceada, porém, muitas vezes, é assim que acontece. Embora se concretize sua primeira sensação, dificilmente, após tentar explicar isso aos demais (e que, obviamente, ninguém acredita), ele sai ileso.

No final das contas, a sua autoconfiança sai abalada. Então, ao trilhar o seu caminho, ao longo dos anos, seja em pensamento, em seus atos, nas suas emoções, ou em qualquer outro setor da sua vida, o autoconhecimento emerge como uma peça fundamental para a sua própria evolução espiritual, como uma maneira de trazer a compreensão do que está, de fato, acontecendo.

Muitos piscianos estão adormecidos para o seu verdadeiro potencial. Dessa forma, por conseguir se colocar no lugar das pessoas, eles se perdem de si mesmos, sofrem calados em frente às agruras da vida.

Não conseguem lidar com o fato de que o mundo não é feito, unicamente, de paz e harmonia. Por isso, tornam-se sonhadores, fugindo, muitas vezes, para um mundo particular, criado por eles mesmos.

Observe que esse refúgio está relacionado diretamente à saudade de algo que ele, normalmente, não sabe dizer do que se trata. Estamos falando, aqui, da saudade do "nosso verdadeiro lar", ou seja: o plano astral superior, denominado céu!

Afinal, ali é possível ajudar, ensinar e aprender bastante, sem se preocupar com as enrascadas mundanas. Por isso, muitos deles caem nas desgraças dos vícios, como bebidas e drogas.

Todo pisciano possui dentro de si um ser romântico, seja na forma de encarar ou projetar a sua vida. Muitos dizem que, ao cair em suas graças, já era, pois são extremamente encantadores com seus pares, pessoas que lhes são muito importantes. Dessa forma, podem, inclusive, em nome do verdadeiro amor, do amor incondicional, se sacrificarem ou se anularem, buscando agradar o outro completamente; ou atraírem situações onde se tornem os mártires no relacionamento, e isso de qualquer ordem. Extremamente sonhadores nessa área da sua vida, esperam muito das pessoas e, por isso, tendem a se frustrar; afinal, todo mundo possui defeitos, como eles mesmos.

A espiritualidade na sua vida é algo marcante. Se ainda não o é, será! Como é um radar no fundo do mar, leia-se "o todo percebido a todo o instante", ele é muito vulnerável a qualquer energia que o circunde, seja de um ambiente, de uma pessoa ou de situação.

É fundamental aprender a se proteger. Trata-se de uma forma de sobreviver e, com isso, separar o que é seu dos demais, com o intuito de conseguir ter mais objetividade diante de qualquer momento turbulento, onde o ideal seria sair naquele instante para poder olhar o todo, e depois, sim, tomar a melhor decisão. Em meio ao furacão, dificilmente, ele conseguirá ser parcial.

Por ser muito observador, compreender a natureza do que move o ser humano é uma das suas especialidades. Seu radar é muito apurado, porém, como é extremamente suscetível à opinião alheia, ou mesmo do psiquismo do local, deixa-se contaminar com essa energia, diminuindo a intensidade da sua luz própria, se tornando vulnerável às mais densas vibrações.

É preciso aprender a manter sua pureza, entretanto, perder a ingenuidade perante a malícia dos seres que estão ao seu redor. Isso, sem falar da energia que entra em contato nos diferentes ambientes onde circula.

Raramente, você encontrará um pisciano a frente de uma grande empresa. Os poucos que existem são extremamente criativos e empregam essa criatividade nos seus negócios. Ele terá sempre um elemento espiritual junto ao seu dia: incensos para serem queimados de vez em quando, várias orações e um incentivo aos colaboradores, com o intuito de se autoconhecerem. Pode ser um grande terapeuta dos seus colaboradores, podendo tocar um grande negócio nessa área e se dar muito bem no ramo do desenvolvimento pessoal.

O alerta deste signo está em entender por que foge, a fim de não encarar seus aprendizados. Desenvolver sua autoestima, independentemente das pessoas, e não se anular por causa de ninguém. Parar de acreditar que precisa salvar o mundo, e se colocar, constantemente, no lugar do outro, a ponto de se confundir com eles e não saber mais quem é.

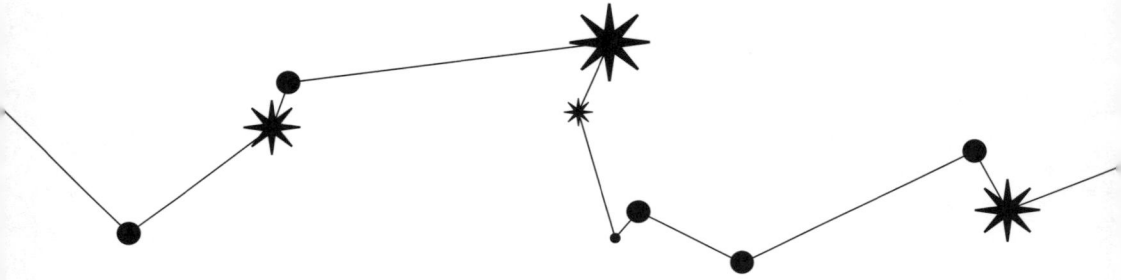

* * *

MOTIVAÇÃO RAIZ

PARA OS PISCIANOS A MOTIVAÇÃO RAIZ está conectada em ATER-RAR e AJUDAR PESSOAS. Como este nativo é muito empático, consegue se colocar no lugar dos outros. Quando descobre que alguém está sofrendo, sofre junto, e faz tudo para interromper este sofrimento. Como está muito sintonizado ao que acontece ao seu redor, nem sempre consegue colocar os pés no chão e viver uma vida realista, com todas as responsabilidades incutidas nela.

Quando se trata de olharmos para os objetivos do dinheiro, ele percebe que manter a vida financeira em ordem não é o seu ponto mais forte. Mesmo que se preocupe com a segurança, o nativo deste signo é distraído, podendo gastar sem se dar conta, o que pode causar um rombo em suas finanças.

É comum um pisciano esquecer completamente de si mesmo e, por isso, viver grandes desafios nessa área. Ele tem muito foco em ajudar as pessoas, mas se esquece de que precisa construir uma solidez financeira, a fim de ter uma base para viver os seus sonhos e, consequentemente, ajudar os demais.

Normalmente, buscam ter o que precisam para o seu dia a dia e, quando descobrem que quem busca dinheiro apenas para honrar suas contas é egoísta e pensa somente em si mesmo, fica chocado.

Por isso, o quarto objetivo do dinheiro (de aflorar seus aprendizados, se apresentar e surgir forte) pede passagem para que o pisciano pare e reflita sobre como a espiritualidade precisa ser manifestada de forma abundante na moeda corrente da Terra, que é o dinheiro para ajudar a si mesmo, às pessoas e realizar sonhos. É hora de olhar mais a fundo e perceber o que pode atrapalhar o seu enriquecimento, e que seriam os ralos deste signo, aquilo que faria a riqueza escorrer por entre seus dedos.

* * *

RALOS:

O QUE PODE ATRAPALHAR O SEU ENRIQUECIMENTO é o fato de ser sensível demais, fazendo-o oscilar em suas emoções. Como é muito generoso e ingênuo, você não consegue dizer "não" e se deixa levar por histórias tristes que as pessoas contam quando querem dinheiro emprestado.

Não controlar o seu fluxo de entrada e saída, gastar mais do que pode em presentes, livros de autoajuda, artigos místicos, terapias, cursos; e não aplicar (ou usar) toda essa informação, com o intuito de trazer mais rendimentos à sua vida.

Por não conseguir se posicionar, acaba apresentando doenças estranhas e difíceis de diagnosticar; além de problemas nos pés, na circulação sanguínea, veias e inflamações dos gânglios.

Os piscianos tendem, ainda, a não perceber as oportunidades, por serem pessoas distraídas, avoadas, ou por acreditarem já ter o suficiente para viver, o que pode diminuir, consideravelmente, suas chances de enriquecer.

Embora, por vezes, você se encontre em apuros, acaba sempre descobrindo uma solução e se desenvencilhando dos problemas de maior impacto. Então, não abuse da sorte, pois é preciso fazer a sua parte no combinado, para que consiga se salvar ao aprender as lições incutidas nas mais diversas situações.

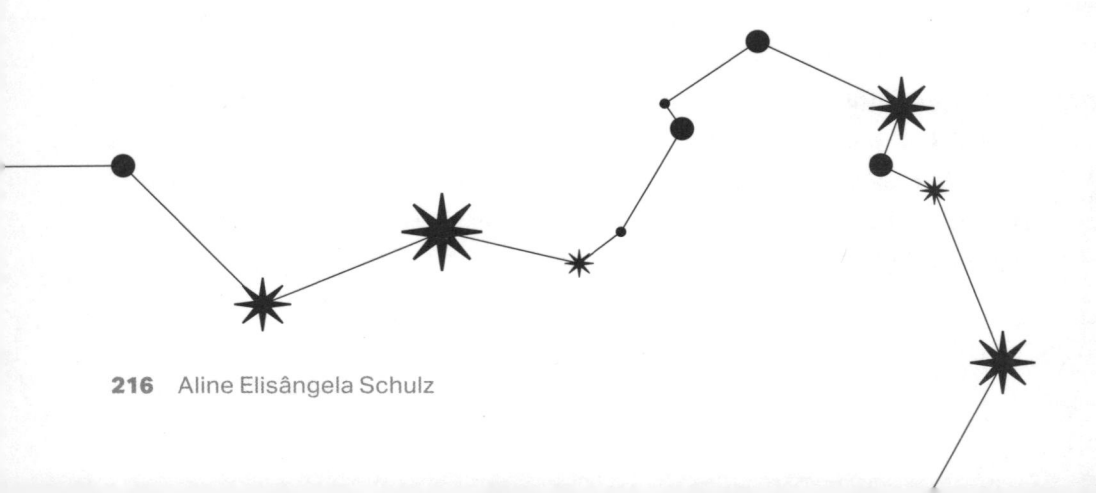

✻ ✻ ✻

INIMIGOS:

O que pode impedir este signo de enriquecer:

* Não saber lidar com a dura realidade do mundo;

* Não distinguir entre a verdade e a mentira. Nem todo pisciano compreende que precisa se afastar para olhar de fora a situação e, assim, conseguir tomar decisões;

* A sua tendência é de não cumprir com o que prometeu.

Atrair pessoas que o subestimem; que agem de forma egoísta; que sejam oportunistas; que ajam conscientemente de forma maldosa; que mintam para ele, o ridicularizem e desmereçam a sua intuição. Tudo isso afeta a sua autoestima e, portanto, todo o resto da sua vida.

A falta de foco, de não conseguir verbalizar o que está sentindo de forma racional se torna um grande inimigo na hora de construir uma vida bem alicerçada na matéria e expandir a sua riqueza.

Considerar-se uma vítima do sistema, por pura insegurança; passar a manipular as pessoas, por não ter controle sobre as suas finanças, estar uma hora bem, outra não, sem solidez financeira. Esse padrão de ser ora vítima; ora mártir; ora salvador – tão comum ao pisciano – deve ser evitado, pois provoca grandes estragos, de forma geral, em sua vida, impedindo-o de enxergar com clareza e cumprir o seu real propósito de vida.

Suas crenças se tornam suas grandes inimigas, já que endossam uma vida de abnegação, doação, na qual ter dinheiro seria um pecado ou algo ruim; de que precisaria levar uma vida sem luxos e confortos, sacrificada em prol do outro; ou de que deve viver apenas com o suficiente para as suas necessidades básicas.

✻ ✻ ✻

ALIADOS:

Quais são os seus aliados nessa jornada de enriquecimento?

* Após passar por fortes momentos de apuros financeiros, os piscianos podem surpreender e se tornarem extremamente organizados, com prazos cumpridos e tudo anotado, de maneira exemplar. Porém, a maioria precisará se cercar de pessoas que a ajude a organizar sua agenda e lembrá-la dos compromissos;

* Atraia pessoas que estejam abertas às mudanças, que consigam captar todas as suas ideias, transformando-as em projetos realizáveis, rentáveis; que contribuam para o mundo se tornar um lugar melhor para todos; que suas habilidades sirvam para um grande propósito;

* Busque centros holísticos e terapia, a fim de compreender mais sobre a sua energia, a influência do que acontece ao seu redor, e como isso o afeta diretamente, inclusive, na forma de lidar com as suas finanças. O que há por trás do seu primeiro ímpeto, de não querer olhar a questão "enriquecimento" mais de perto;

* Una-se às pessoas que mostrem a você a importância da riqueza material, para que possa acessar completamente a riqueza espiritual aqui e agora. Ambas precisam estar em equilíbrio para que o seu propósito se realize na matéria. É necessário aprender a dominar todo esse processo que começa em você, mas vai além e alcança o mundo. Replique em sua vida os bons exemplos de quem conseguiu fazer essa ponte lado do espiritual na Terra, e vice-versa;

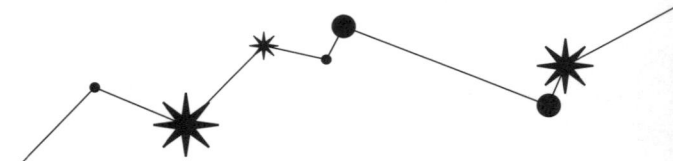

* Medite como é possível auxiliar as pessoas e, ao mesmo tempo, monetizar isso de forma transparente e correta. Olhe o que elas precisam, e seja essa "fonte de auxílio", cobrando pelos seus serviços. Por isso, aperfeiçoe-se na maneira de ajudar; seja cada vez mais eficiente nessa contribuição. Lembre-se: não se cobra pela energia, mas pelo desenvolvimento humano e por todos os recursos investidos, a fim de trazer a qualidade que a pessoa merece neste momento (aluguel, luz, água, telefone, música, cursos etc.);

* Mostre para um pisciano o quanto ele é amado, e tenha paciência quando estiver recebendo a chave que abre o "baú dos seus segredos". Por mais que você não o entenda através da sua mente, haverá uma coerência e uma lógica inegável à sua percepção. Não feche a porta: espere e perceberá que está diante de uma preciosidade, assim como a espiritualidade que se manifesta por meio daquilo que não podemos ver, mas sentimos.

✳ ✳ ✳

CONSELHOS DO MESTRE:

É PRECISO UNIR A MATÉRIA AO ESPÍRITO com objetividade; buscar agir, cada vez mais, com os pés no chão; entender que a transformação espiritual, a nossa evolução, se dá de forma simples, reta e direta, na prática do nosso dia a dia. Assim, conseguirá viver a totalidade espiritual a qual busca.

Para contribuir com o mundo, será preciso, primeiramente, ter uma estrutura de vida. Neste momento, os seus aprendizados irão aflorar. Consequentemente, você buscará apoio para enfrentar, ao invés de querer fugir.

É preciso compreender que cada ser vive em meio às condições ideais para aflorar seus aprendizados. Por isso, não existem vítimas, nem culpados, nem vilões; e, sim, lições ocultas por trás de pessoas e situações. Você consegue ajudar o próximo sem precisar trazer para si a dor do outro; sem senti-la como se fosse a sua. O seu auxílio será mais eficiente, caso consiga fazer isso.

Ative o motivo certo para conquistar a riqueza material na sua vida. Assim, você evolui e pode viver experiências místicas, em lugares inimagináveis, além de contribuir com a sua missão pessoal e coletiva.

É importante, eventualmente, se afastar, para olhar a sua vida de fora, ver o que está acontecendo e então, chegar a algumas conclusões; decidir o que fazer, qual rumo tomar.

Você possui habilidades mediúnicas que podem ajudá-lo a se solidarizar com aqueles à sua volta; sua natureza cuidadosa vai querer auxiliar seus semelhantes; sua abordagem imaginativa do mundo é criativa e artística; tende a alcançar a iluminação e a unicidade com o divino, retornando à sua totalidade espiritual.

BAÚ DA SUA RIQUEZA:

EXISTEM, EM VOCÊ, HABILIDADES QUE SÃO DIAMANTES brutos a serem lapidados, e que podem aumentar as suas chances de enriquecer, como: tornar a sua ajuda uma fonte de renda, aproveitar a sua capacidade de ser empático como ferramenta de trabalho e, até mesmo, na gestão de pessoas.

Una-se às pessoas bem-sucedidas e que fazem o que você busca. Aproxime-se delas; leia as suas biografias; pergunte como elas conseguiram chegar lá. Escreva esse passo a passo em um papel e organize a sua vida, a fim de que possa acontecer algo semelhante.

A organização anda de mãos dadas com a riqueza. A riqueza manifestada na Terra representa a materialização da riqueza espiritual nela. Organize a sua vida material, para ter tranquilidade e se dedicar a projetos altruístas, sem preocupações; permita-se passar por novas experiências que irão impactar profundamente a sua carreira.

Quando se fala em carreira e profissão, este signo pode focar nas seguintes atividades: ator, dançarino, poeta, escritor de ficção, fotógrafo ou animador; terapeuta, hipnoterapeuta, psiquiatra, enfermeiro, médico; trabalhar com dependentes químicos ou alcoólatras, tarólogo, sacerdote, curador intuitivo, astrólogo, ilusionista, podólogo, organizador de cruzeiros, marinheiro, pescador; trabalhar na água, com tanques de peixes, hidroginástica e natação.

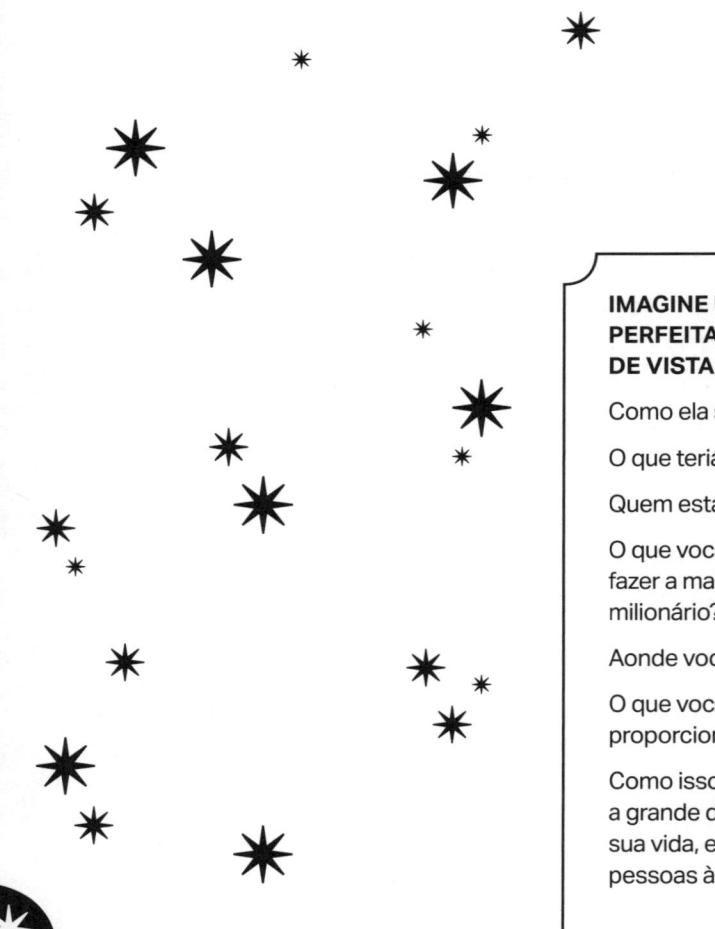

IMAGINE UMA VIDA PERFEITA, DO PONTO DE VISTA MATERIAL:

Como ela seria?

O que teria nela?

Quem estaria nela?

O que você poderia fazer a mais, se fosse milionário?

Aonde você poderia ir?

O que você poderia proporcionar?

Como isso poderia fazer a grande diferença na sua vida, e na vida das pessoas à sua volta?

EXEMPLOS DE PISCIANOS FAMOSOS:

Albert Einsten (14/03/1879) físico
Steve Jobs (24/02/1955) empresário, cofundador da companhia *Apple*
Rihanna (20/02/1988) cantora
Dakota Fanning (23/02/1994) atriz norte-americana
Ana Hickmann (01/03/1981) apresentadora brasileira
Jon Bon Jovi (02/03/1962) cantor norte-americano
Tom Cavalcante (08/03/1962) humorista brasileiro
Sharon Stone (10/03/1958) atriz norte-americana
Luan Santana (13/03/1991) cantor e compositor brasileiro
Queen Latifah (18/03/1970) atriz e cantora norte-americana
Edson Celulari (28/03/1958) ator brasileiro

EXEMPLOS DE PISCIANOS RICOS PELO MUNDO, SEGUNDO A *FORBES*:

Bernard Arnault

Bernard Jean Étienne Arnault é um empresário francês, atual presidente e diretor executivo da LVMH, a maior empresa de artigos de luxo do mundo.

Nascimento: 5 de março de 1949, Roubaix, França.
Patrimônio líquido: 77,2 bilhões USD (2018).

Michael Dell

Michael Saul Dell é um empresário norte-americano. É o presidente e fundador da Dell, uma das maiores fabricantes e fornecedoras de produtos eletrônicos e de tecnologia do mundo. Michael Dell é o presidente do conselho de administração e executivo-chefe da Dell. Fundou a empresa com U$ 1.000, em 1984, aos 19 anos.

Nascimento: 23 de fevereiro de 1965, Houston, Texas, EUA.
Patrimônio líquido: 23,4 bilhões USD (2018).

Rupert Murdoch

Keith Rupert Murdoch é empresário australo-americano, acionista majoritário da News Corporation, e um dos maiores grupos midiáticos do planeta. Em 2015, foi classificado como a 32ª pessoa mais poderosa do mundo, e a 76ª maior fortuna mundial, pela Revista *Forbes*.

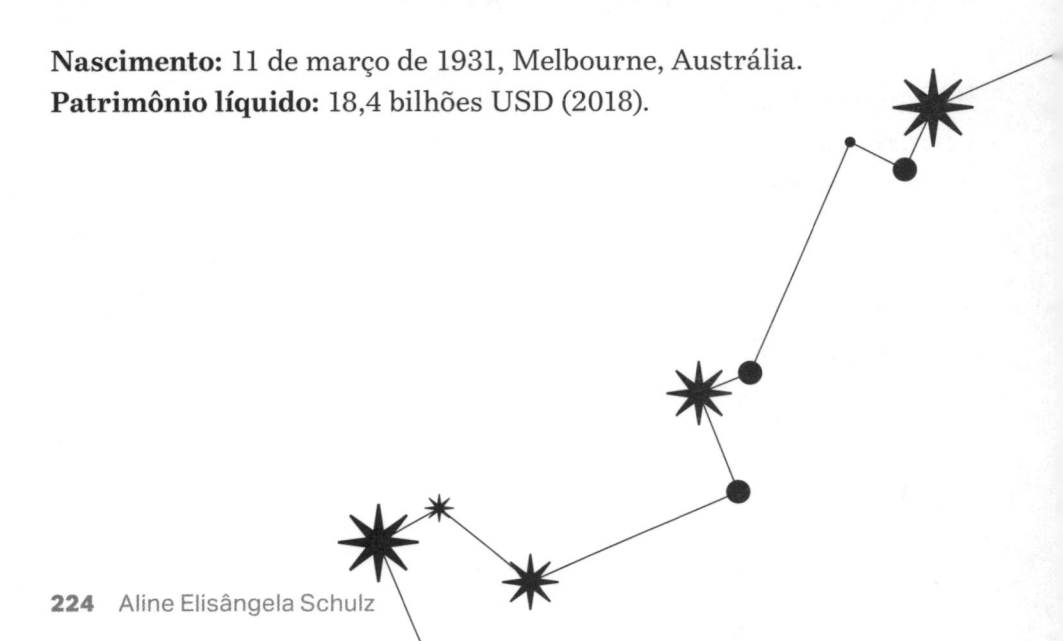

Nascimento: 11 de março de 1931, Melbourne, Austrália.
Patrimônio líquido: 18,4 bilhões USD (2018).

O GPS QUE VAI ENCURTAR O SEU CAMINHO DA RIQUEZA

As leis do carma são extremamente simples e muito profundas ao mesmo tempo. Pensamentos, palavras e ações criam e resolvem o carma. Segundo Martim Schulman, a única e maior razão para a origem de muitas condições cármicas vem das opiniões e atitudes de um indivíduo.

Assim, um dos caminhos mais fáceis para resolver o carma é aprender a nos libertarmos de atitudes e opiniões fixas, que podem ou não ser verdadeiras. Nós sempre achamos que a vida é um processo de "aprender e desaprender". Toda vez que aprendemos algo novo, estamos fortalecendo ou abandonando algo antigo. Quando temos realizações importantes, frequentemente, descobrimos que as atitudes e opiniões que mantivemos durante muito tempo não são verdadeiras para nós.

E agora que você já conhece a Motivação Raiz do seu signo e entende o que, verdadeiramente, há por trás da sua busca pelo enriquecimento, chega a hora de ir adiante. Por isso, criei um passo a passo simples e profundo, prático e descomplicado, para qualquer pessoa aplicar em sua vida.

Estou falando de itens cruciais que devem estar na sua pauta constantemente, se você quiser enriquecer.

Lembre-se: a sua Motivação Raiz é o seu porquê. Por causa dela você irá se superar, se reinventar, e seguir em frente, rumo à conquista do que é seu!

Para ajudá-lo, criei um Método que aborda a existência de 5 pontos que deverão ser seguidos com muita atenção, a fim de não o desviar do caminho que são: os Ralos, os Inimigos, os Aliados, o Conselho do Mestre e o seu Baú da Riqueza.

Se não estivermos com esses pontos na nossa mira, podemos nos desfocar do que é realmente importante, negligenciar oportunidades, ficarmos "cegos e surdos" aos sinais que pairam ao nosso redor, que servem para encurtar o nosso caminho (por puro merecimento), e acessar o nosso "baú do tesouro".

É importante frisar que esses cinco itens, citados anteriormente, precisam estar em sintonia com a sua Motivação Raiz e, para isso, desenvolvi uma sequência de perguntas e respostas que vão ajudá-lo em um passo a passo, simples e eficiente, a aplicar todo este conhecimento em sua vida.

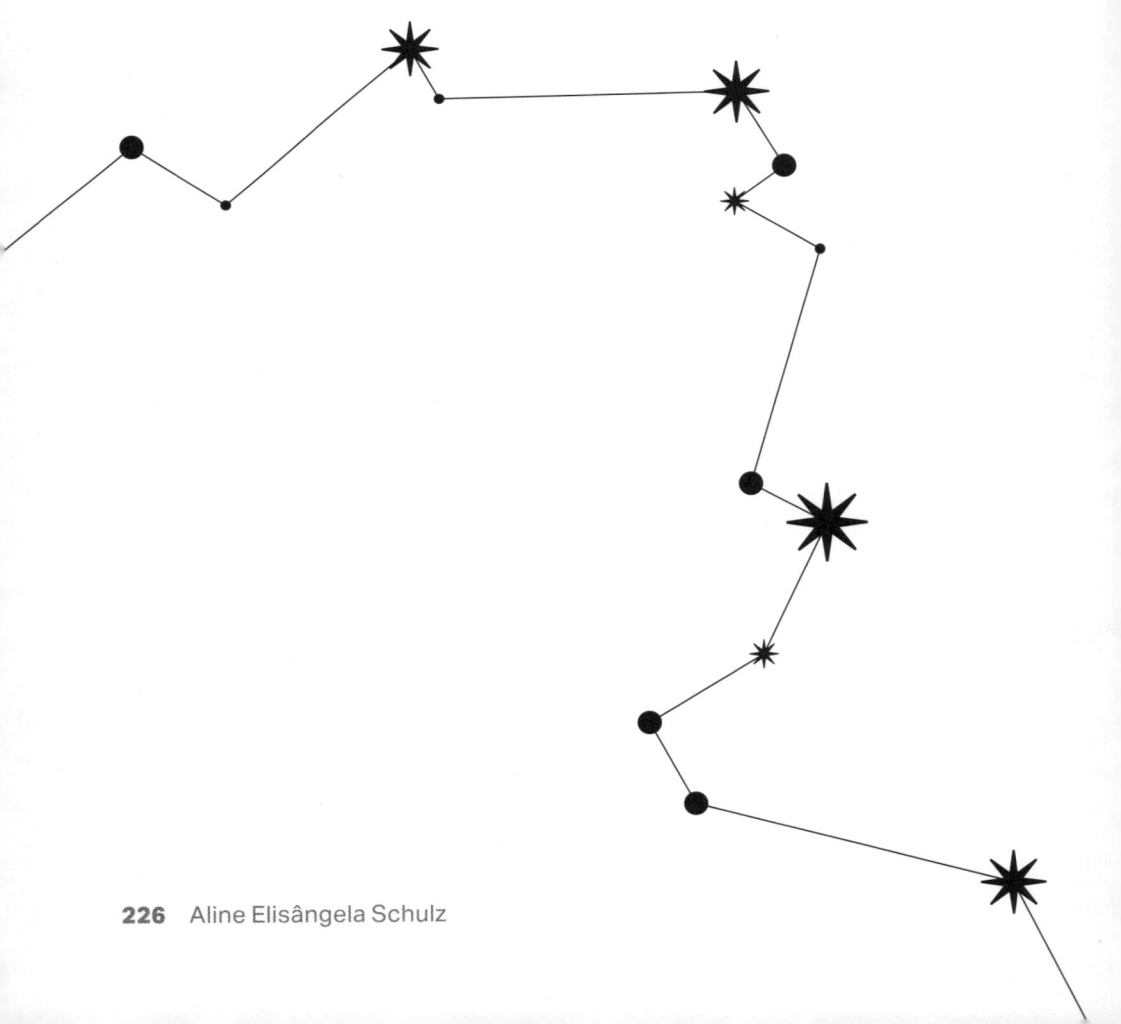

COMO APLICAR

1. Pare tudo o que estiver fazendo, para refletir, profundamente, a respeito do que você leu até agora.

2. Escreva, abaixo, de forma resumida, qual é o seu porquê. De tudo o que foi escrito aqui, o que fixou para você, neste momento?

3. Escreva os 4 objetivos do dinheiro e, ao lado, coloque o que você tem feito por cada um deles. Identifique qual item está mais fraco, em relação aos demais. Escreva o que precisa ser implementado, neste exato momento, para abarcar tal objetivo.

a) Solidez financeira e estabilidade	
b) Seus sonhos realizáveis, e os de outras pessoas	
c) Contribuição para a humanidade	
d) Os meus aprendizados com o $ são:	

4. Trace uma meta pessoal, e o seu ponto de partida:

Minha meta é:

5. Cruze a sua meta com o seu porquê – sua Motivação Raiz – e perceba se ambos estão em sintonia. Isso ajuda a equilibrar todos os 4 objetivos do dinheiro na sua vida.

Qual ponto mostra que ambos estão em sintonia? Cite-o aqui.

6. Caso não estejam em sintonia, identifique o motivo. Pode ser que essa meta não seja a sua.

Por que a minha meta não está em sintonia com minha Motivação Raiz?

7. Não siga em frente enquanto não tiver unido a sua meta à sua Motivação Raiz. Elas precisam estar em sintonia; uma fazer sentido para a outra.

8. Preencha abaixo:

Minha meta é:

Ela está em sintonia com a minha Motivação Raiz. Por quê?

Por isso, estou ____% comprometido em aplicá-la.

Dia ___/___/_____

_____
Assinatura

9. Verifique se essa meta está coerente com a sua vida atualmente. O que você quer, e quais são as suas habilidades.

Possuo as habilidades que preciso? ( ) Sim ( ) Não
Quais são ou deveriam ser?

Como posso aprimorá-las?

Quem já conseguiu e pode ser a minha fonte de inspiração?

10. A partir deste momento, identifique onde estão os seus "ralos" e os seus inimigos.

Meus ralos, neste momento, são:	Meus inimigos, neste momento, são:

11. Pare e veja onde estão os seus aliados, e os vincule ao seu Baú da Riqueza.

Neste momento, meus aliados para alcançar a minha meta são:

Posso ativá-los, em minha vida, tomando a iniciativa para fazer:

12. Quais conselhos ajudam, neste momento, a concretizar a minha meta?

Os conselhos são:

13. O que precisa ser implementado a partir deste momento para que a riqueza se manifeste em sua vida?

14. O que você se compromete a fazer, todos os dias, a partir de agora, para desenvolver um novo hábito, que tornará a riqueza algo natural em sua vida?

15. Por que valeria a pena, para você, conquistar, manter e expandir a riqueza em sua vida?

16. Tendo consciência de tudo o que você respondeu, agora é hora de implementar, no seu dia a dia, aquilo ao que se propôs. Para isso, recomendo que pegue um caderno (ou um bloco) e transforme-o em uma espécie de "diário". Todos os dias, escreva nele, "se abra", agradeça... E ele será o seu confidente, o local onde você contará como está sendo essa jornada de enriquecimento, de empoderamento para acessar a riqueza que já é sua e apenas aguarda que você se apodere dela.

17. Escolha uma pessoa que será testemunha deste processo de enriquecimento. Compartilhe com ela, uma vez por semana, algo que está acontecendo ou como você está se sentindo. Peça para ela se comprometer com você, ser a sua companheira de jornada, que o ajude a seguir em frente e a não desistir.

Minha Testemunha de enriquecimento é: _____

Quando iremos conversar sobre o que está acontecendo comigo? Que dia da semana? Em qual horário? Onde?

Qual o papel dessa pessoa? O que espero que ela faça?

Qual é o meu papel? Comprometo-me a:

18. Mãos à obra! É hora de encerrar esta página na sua vida. Leia e releia suas anotações. Veja se o que você respondeu ainda se mantém; se está cumprindo com o seu plano de ação, e por quê. Refaça-o, se necessário. Realize os ajustes e mantenha o foco, em especial:

Quais resultados alcançou?

Como você estava antes, e como está agora? (comemore)

E, vamos para o seu próximo passo! Qual a sua próxima conquista? Como você pode ir além? (recomece e responda a essas perguntas, porém com um novo foco).

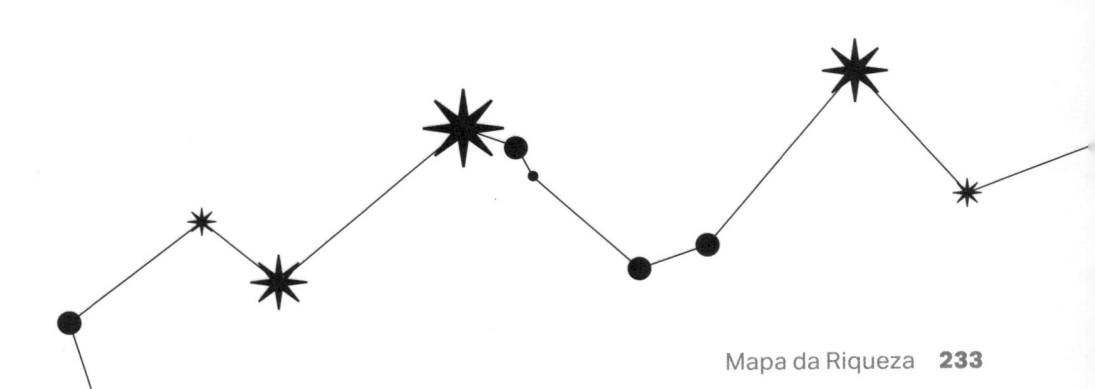

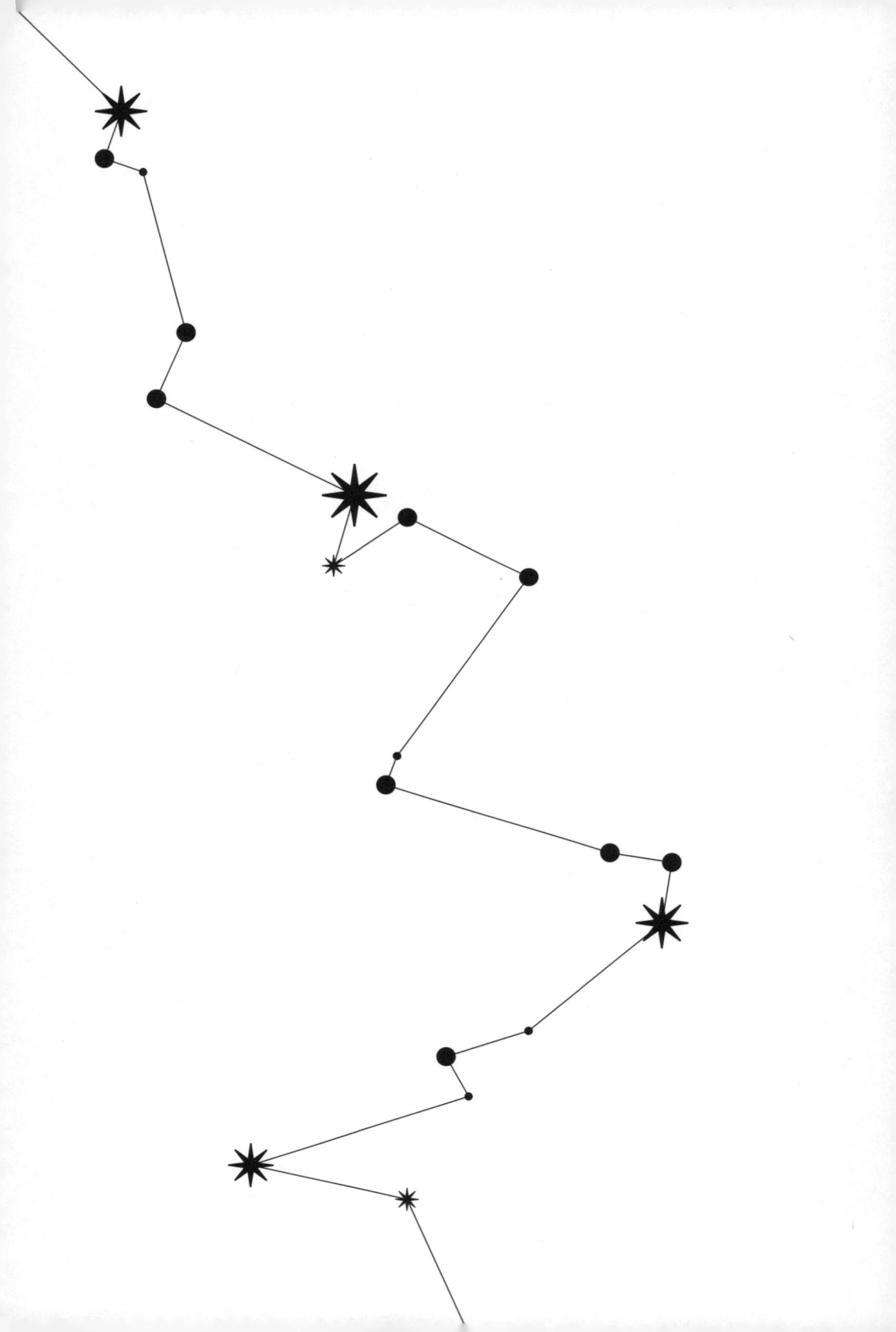

A RIQUEZA ESTÁ EM SUAS MÃOS

A gora, chegou a hora de você fazer a sua parte: ler e reler tudo o que está escrito aqui e aplicar. Quando movimentamos a nossa vida de forma focada, ela responde na mesma intensidade.

Lembre-se de anotar, todos os dias (no seu diário), e compartilhar os seus ganhos, dilemas e superações com a pessoa escolhida. Compartilhe o seu comentário comigo, no meu *site*: *www.caminhosolar.com.br*. Faça um vídeo, suba no seu canal do *YouTube*, e depois, envie o *link* para: *contato@caminhosolar.com.br* (se você ainda não tiver um canal, crie a sua conta, pois é simples e gratuito!). Dessa forma, poderemos usar o seu exemplo, a fim de inspirar mais pessoas.

Acredito que, ao compartilharmos os nossos resultados com pessoas que estão na mesma busca, ampliamos e potencializamos os nossos benefícios e, principalmente, contribuímos para que elas também sigam em frente e conquistem resultados incríveis, assim como você.

ALGUMAS OBSERVAÇÕES

1. Nem sempre é gostoso reconhecer os inimigos que estão na nossa vida, e que amamos; ou os comportamentos que não nos ajudam a enriquecer. Por isso, ao se dar conta de uma verdade, a nossa primeira tendência é negar. Dizer não! Um alerta: cultive a humildade de olhar para dentro de si, e esvaziar o seu copo, para ir além; busque mudar a sua percepção sobre si mesmo e sobre essa área da sua vida.

2. Pode ser que você perceba um chamado, para realizar uma transição de carreira. Um alerta: planeje essa transição; organize-se para que ela não ocorra de forma abrupta; que seja leve e natural. Nada que é feito abruptamente perdura ou se mantém. A organização anda de mãos dadas com a prosperidade. Pense nisso!

3. O resultado chega para quem age, faz a sua parte. A riqueza está no caminho daquele que decide ousar, fazer diferente, pois sabe que o que você tem feito até o presente momento não está levando-o aonde você merece estar.

4. Por isso, desde logo, tenha claro em sua mente: QUAL É O SEU PORQUÊ, a sua Motivação Raiz. Lembre-se disso toda vez que bater a preguiça; que você se deparar com a sua mente dizendo que "isso é uma bobagem"; gerar resistências que o levem a procrastinar, deixar para começar depois. Você é responsável por agarrar essa oportunidade, e aplicá-la em sua vida, de forma prática, ajustando-a à sua realidade.

5. Ao colher os resultados, tenha em mente que você os merece. Aceite a prosperidade em sua vida, e se abra para ir além e receber muito mais. Sinta a satisfação de ter feito seu dever de casa e chegado lá. Comemore, muito! Porém, o qual seu próximo passo? Cuide do que conquistou, e refaça o seu Mapa da Riqueza na Prática, para subir o próximo degrau.

6. De onde veio essa alegria, de onde vieram todas essas oportunidades, vem muito mais, porém, isso está aberto a quem está disposto a agir, com foco, clareza e determinação.

Agora está em suas mãos!

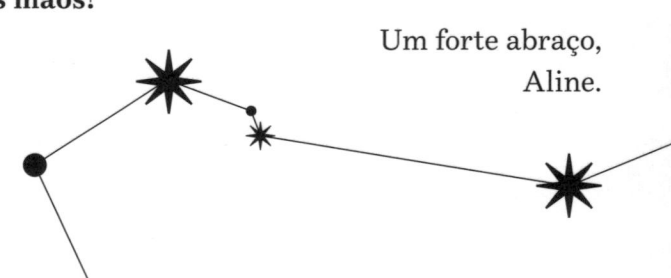

Um forte abraço,
Aline.

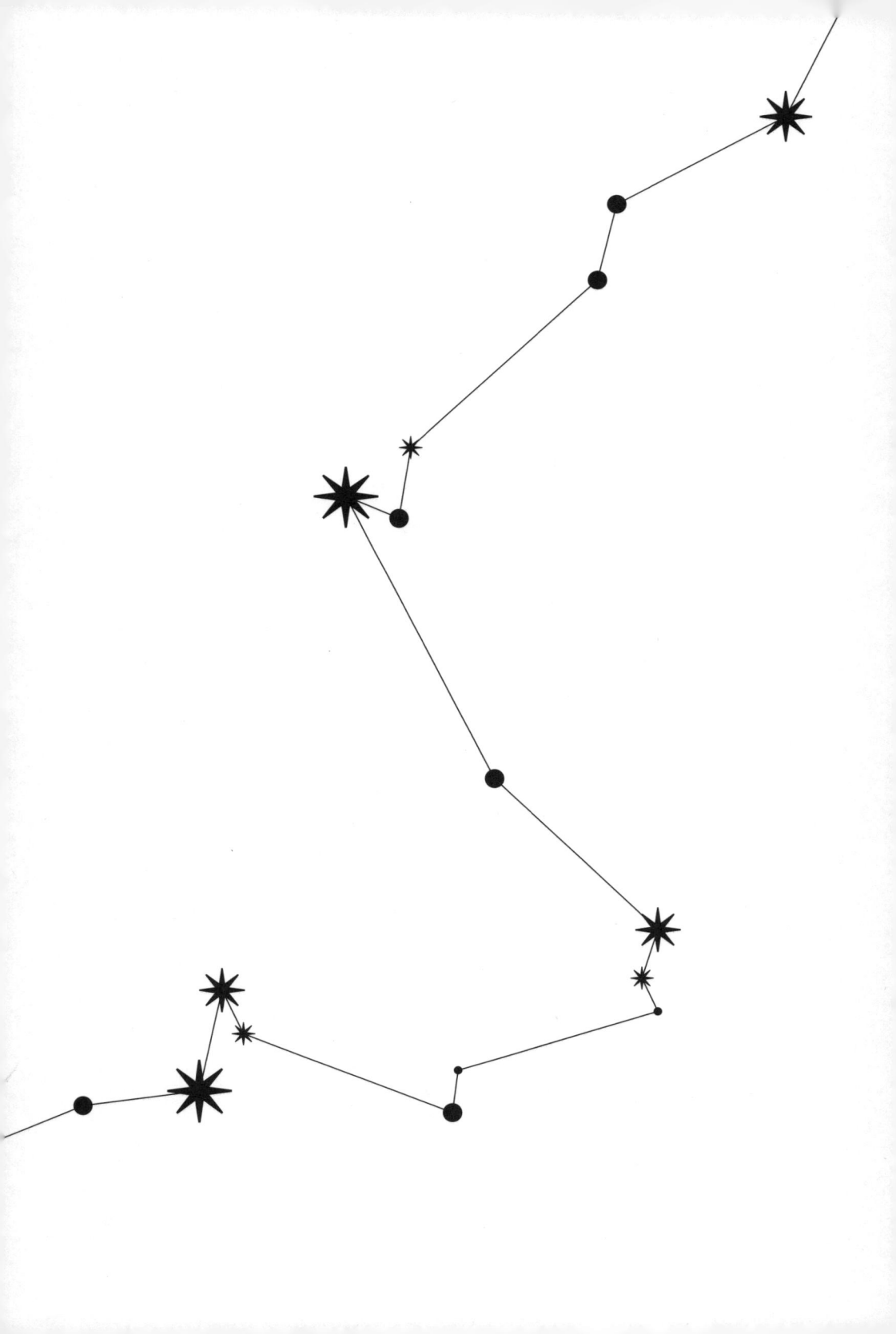

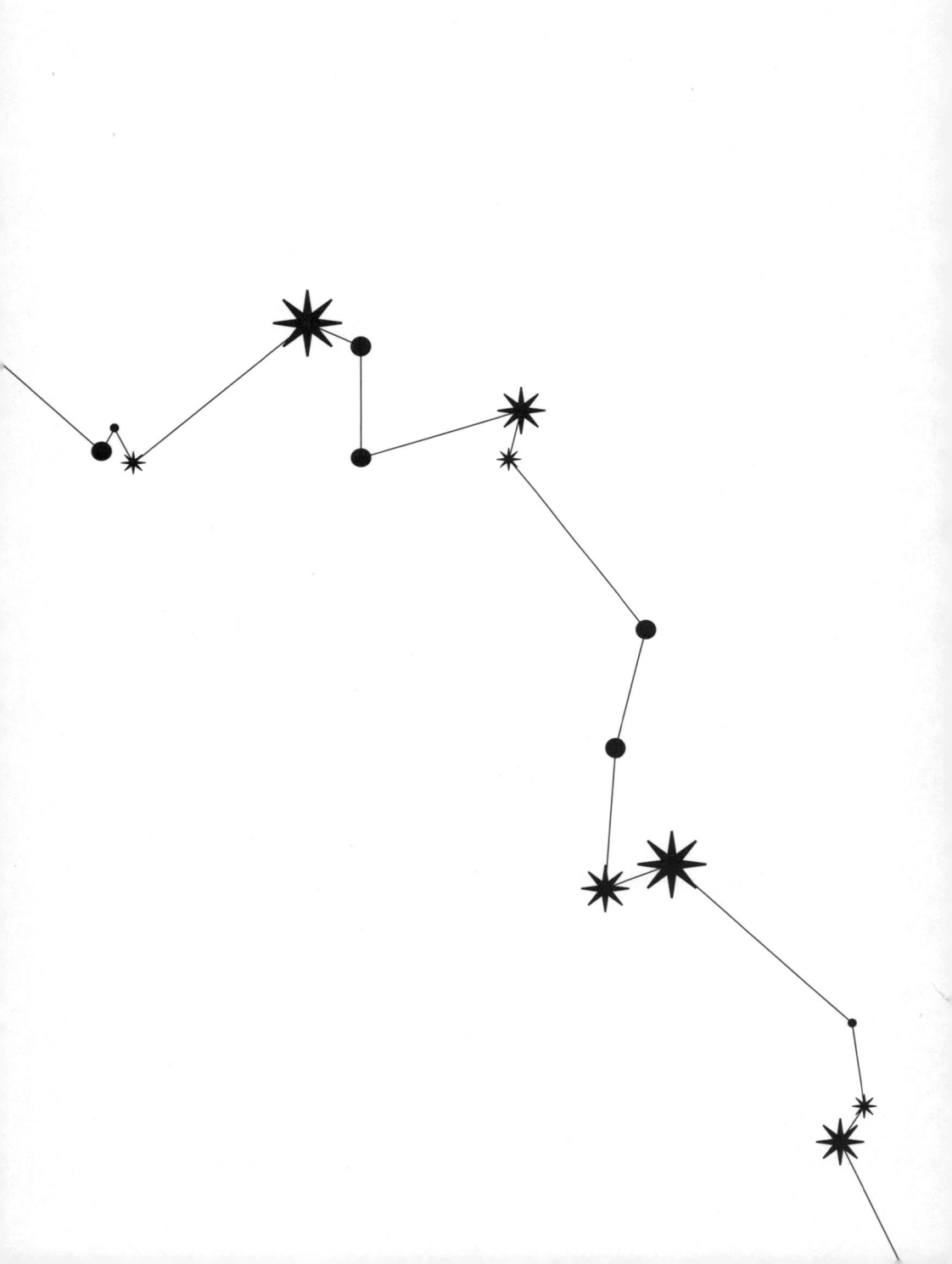

REFERÊNCIAS

ARROYO, Stephen. *Astrologia, Psicologia e os Quatro Elementos*. São Paulo: Pensamento, 2000.

ARROYO, Stephen. *Normas Práticas para a Interpretação do Mapa Astral*. São Paulo: Pensamento, 2002.

CASTRO, Maria Eugênia de. *Astrologia:* uma novidade de 6.000 anos. Rio de Janeiro: Nova Fronteira, 2007.

FORBES. Nova York: Forbes Publishing. Quinzenal. *ISSN*, 0015-6914. 129

GUEDES, Cleide (Org.) *Astrologia:* doze portais. São Paulo: Talento, 2001.

HALL, Judy. *A Bíblia da Astrologia:* o guia definitivo do zodíaco. São Paulo: Pensamento, 2008.

PRESTUPA, Juarez de Fausto. *Tudo o que você queria saber sobre Astrologia e não tinha a quem perguntar*. São Paulo: Madras, 2008.

QUIROGA, Oscar. *Astrologia Real:* o que seu signo quer dizer a você. Rio de Janeiro: Rocco, 2002.

RIBEIRO, Anna Maria Costa. *Conhecimento da Astrologia:* manual completo. Rio de Janeiro: Imperial Novo Milênio, 2008.

RISKE, Kris Brandt. *O Livro Completo da Astrologia:* o jeito fácil de aprender Astrologia. São Paulo: Madras, 2010.

SCHULMAN, Martin. *Os Nodos Lunares*. Astrologia Cármica I. São Paulo: Ágora, 1987.

SOUSA, Vitorino de. *Dicionário de Astrologia*. Lisboa: Aquarius, 1994.

STONE, Pauline. *Astrologia do Carma*. São Paulo: Pensamento, 1997.

TULESKI, Vanessa. *Signos Astrológicos:* as doze etapas para a autor-realização. Rio de Janeiro: Clube de Autores, 2006.

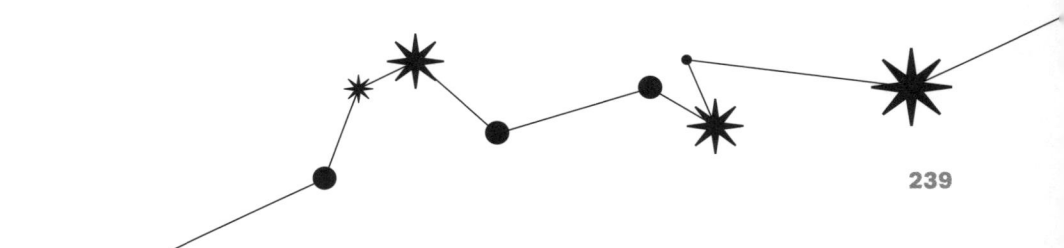

Transformação pessoal, crescimento contínuo, aprendizado com equilíbrio e consciência elevada.

Essas palavras fazem sentido para você?

Se você busca a sua evolução espiritual, acesse os nossos sites e redes sociais:

iniciados.com.br
luzdaserra.com.br
luzdaserraeditora.com.br

luzdaserraonline
editoraluzdaserra

luzdaserraeditora

luzdaserra

Luz da Serra
EDITORA

Avenida 15 de Novembro, 785 – Centro
Nova Petrópolis / RS – CEP 95150-000
Fone: (54) 3281-4399 / (54) 99113-7657
E-mail: editora@luzdaserra.com.br